Vorsicht Schwiegermutter!

Herausgegeben von Heike Abidi und
Anja Koeseling

Vorsicht Schwiegermutter!

Widerstand zwecklos. Schwiegertöchter und -söhne berichten.

BOOKS

Inhalt

Prolog

In jeder Kultur gibt es Mythen über die Entstehung unserer Welt. In einer dieser uralten Geschichten war auch von der Erschaffung der Schwiegermutter die Rede. Über Jahrtausende wurde diese Geschichte mündlich weitergegeben, nur leider wurde sie nie aufgezeichnet und ging verloren, weswegen Genaueres darüber nicht bekannt ist. Wir vermuten, dass die Erzählung ungefähr so lautete:

Irgendwann in grauen, staubigen Urzeiten überfiel die Natur aus heiterem Himmel eine Idee. Sie hatte gerade das Schnabeltier, den Kolibri und die fleischfressende Pflanze erfunden und war überhaupt in ziemlich bizarrer Laune.

»Hmm«, murmelte sie vor sich hin. »Ich nenne es ›Schwiegermutter‹, so viel ist schon mal klar, aber wem hänge ich es nur an?«

Die Natur blätterte ihr großes Buch der Arten und Gattungen durch, denn sie war vergesslich und konnte sich oft nicht einmal merken, was sie erst am Vortag erschaffen hatte.

»Es müsste eine Spezies sein, deren Weibchen sich nicht bis zum Tod unentwegt vermehren, sondern eine recht lange Zeit beschäftigungslos in der Gegend herumhocken.« Die Natur biss sich auf die Unterlippe. Die Quallen fielen schon mal aus, die vermehrten sich ja das ganze Jahr über ohne Pause. Dasselbe galt für die Ziegen, wenn auch ihr Gemecker ziemlich passend wäre.

Die Natur sah nachdenklich zu den Wolken hinauf. »Perfekt wäre es, wenn die Weibchen eine hormongebeutelte Übergangszeit hätten, in der sie für jede Überraschung gut sind.«

Kurz blieb sie bei den Elefanten hängen, aber die Vorstellung, »Schwiegermutter« dort zu installieren, zusammen mit der Lautstärke des Elefantengetrötes, ließ die Natur schaudern.

»Dann kriege ich ja überhaupt kein Auge mehr zu«, schimpfte sie vor sich hin. Aber da war doch noch diese andere Spezies, die der Natur schon beinahe entfallen war.

»Das letzte Mal, als wir sie gesehen haben«, überlegte sie, denn sie neigte anfallartig zum Pluralis Majestatis, »da konnten sie reden. Und das ist immerhin nicht ganz so laut wie das Gejaule aus dem Urwald.« Die Natur, die sehr empfindliche Ohren besaß, verzog schmerzvoll das Gesicht. »Außerdem«, und nun blätterte sie eifrig weiter, »wird das Reden in den Händen von ›Schwiegermutter‹ schärfer sein als ein anständiger Faustkeil. Wo waren sie denn bloß?«

Kurzzeitig verharrte die Natur beim Karpfen. Bei seinem Anblick klingelte irgendetwas in ihrem Hinterkopf. Aber da sie nicht genau sagen konnte, was, und sich bald furchtbar langweilte, setzte sie endlich ihre Lesebrille auf und stieß ... auf die Menschen.

»Ich wusste doch, dass ich sie irgendwo dazugeheftet hatte«, sagte sie, fischte das Blatt aus der Klarsichthülle, die sich die Menschen mit den Kakerlaken teilten, und buchstabierte sich durch die Gebrauchsanleitung.

»Das ist es«, grunzte sie zufrieden und pflanzte aufatmend die Schwiegermutter mitten zwischen die Menschen.

Sie hörte ihnen eine Weile zu und presste sich schließlich die Hände auf die Ohren. »Wisst ihr, damit ihr mal eine Weile die Klappe haltet, schenke ich euch demnächst vielleicht noch so eine Gehirnausbeulung vorn. Damit könnt ihr so nützliche Dinge erfinden wie das Handy und Facebook«, drohte sie und wandte sich mit Grausen ab.

Tja – und jetzt haben wir den Salat.

Schwierig oder nicht?
Das sagt die Wissenschaft.

Mythen sind wie Märchen – sie sind wahr und unwahr zugleich. Man darf ihren Inhalt also nicht mit einer Tatsachenbeschreibung verwechseln. Dennoch sagen sie oft mehr über den Homo sapiens aus als Zahlen und Daten, denn sie arbeiten menschliche Urängste erzählerisch auf.

Aber natürlich soll es hier auch um knallharte Fakten gehen. Was also weiß die Wissenschaft über die Spezies Schwiegermutter?

Etymologie

Fangen wir bei der Bezeichnung an. Viele glauben, der Begriff »Schwiegermutter« habe dieselben Wurzeln wie das Wort »schwierig«. Das erscheint auf den ersten Blick plausibel, ist aber in Wahrheit nicht der Fall. Das Wort »schwierig« kommt von »schwer« und dieser Begriff geht nach Meinung von Experten auf das althochdeutsche »sueran« zurück, was »Schmerz empfinden« bedeutet. Diesen Wortstamm findet man zum Beispiel heute noch in dem Wort »Geschwür«.

Passt doch zur Schwiegermutter, könnten manche jetzt denken, aber tatsächlich lässt sich diese Wortverwandtschaft nicht belegen. Beide Teile des Begriffs »Schwiegermutter« sind nämlich älter als »sueran«. »Mutter« ist ein uraltes Wort mit indogermanischen Wurzeln und mit »Swigar« bezeichnete man schon sehr früh die Mutter des Ehepartners. Der Schwiegervater hieß damals übrigens »Sweher« und das »swig« beziehungsweise »sweh« in diesen beiden Wörtern bedeutete schlicht und ergreifend »durch Heirat verbunden«.

Interessant ist, dass die beiden Wortteile »Schwieger« und »Mutter« erst im 16. Jahrhundert zusammengesetzt wurden, also vergleichsweise spät in der Geschichte unserer Sprache. Das lässt vielleicht darauf schließen, dass man der »Schwieger« lange Zeit keine mütterlichen Gefühle zuschrieb. Möglicherweise standen bei der »Verbindung durch Heirat« eher rechtliche Aspekte im Vordergrund. Einen Hinweis darauf

Das lässt vielleicht darauf schließen, dass man der »Schwieger« lange Zeit keine mütterlichen Gefühle zuschrieb.

gibt das englische Wort für Schwiegermutter, »mother-in-law«. Es betont, dass die Schwiegermutter damals vor dem Gesetz der leiblichen Mutter gleichgestellt war.

Die Franzosen sind, im Gegensatz zu den nüchternen Engländern, geradezu poetisch, wenn es um ihre Schwiegermütter geht. In Frankreich heißen sie »belle-mère«, also »schöne Mutter«, und die Schwiegertochter nennt man dort »belle-fille«, »schönes Mädchen«.

Verbessert diese positive Wortwahl die verwandtschaftlichen Beziehungen? Darüber gibt es keine Studien. Aber vielleicht kann ein Blick auf die Statistik zeigen, ob sie Einfluss auf die Zahl der Eheschließungen in den beiden Ländern hat. Lassen sich französische Liebespaare von den klangvollen Namen blenden? Heiraten sie unbeschwerter als englische Lover?

Die Zahlen zeigen: Das Gegenteil ist der Fall. Im Ranking der Eheschließungen liegt Großbritannien vor Frankreich. Es gibt also keinen Zusammenhang zwischen Wortwahl und Heiratsquote. Daher muss es auch nicht beunruhigen, dass viele Deutsche ihrer Schwiegermutter gern unfreundliche Zweitnamen verpassen: Schwiemu, Schwiegertiger, Schwiegermonster, Schwiegerdrache oder sogar Frau Hölle.

Biologie

Die Wortherkunft verrät also nichts über das wahre Wesen der Schwiegermutter. Ist ein Blick ins Tierreich hilfreicher? Leider nicht, denn die meisten Tiere fallen als Vergleichsobjekt von vornherein aus.

Beispiel Schildkröte: Wenn man seine Eier irgendwo im Sand vergräbt und danach einfach abhaut, hat das unter anderem die Konsequenz, dass man nicht weiß, wer von dem ganzen Nachwuchs, der sich da am Strand tummelt, der eigene ist. Und natürlich kennt man dann auch seine Schwiegerkinder nicht.

Man sollte Schildkröten wegen dieses Verhaltens übrigens nicht vorschnell verurteilen. Viele legen um die zweihundert Eier, da kann man schon verstehen, dass sie ihren Elternpflichten nur ungern nachgehen. Außerdem verzehren Schildkröten auch immer mal wieder ein Jungtier. Es speist sich sicher unbeschwerter, wenn man nicht lange über den Verwandtschaftsgrad nachdenkt.

Aber selbst wenn sich Tiereltern aufopfernd um ihren Nachwuchs kümmern, wie zum Beispiel die meisten Vogelpaare, ist es bei ihnen doch üblich, dass Eltern und Kinder sich nach der Aufzuchtphase aus den Augen gehen oder fliegen. Denn spätestens im nächsten Jahr kommt meist eine neue Generation zur Welt und die pflanzt sich nach kurzer Zeit selbst fort. Alt- und Jungtiere haben dann vor allem die Brutpflege im Kopf, die Pflege verwandtschaftlicher Beziehungen ist für sie unwichtig.

Diese beiden Beispiele aus dem Tierreich verdeutlichen drei ganz grundlegende Unterschiede zwischen dem Homo sapiens und den meisten anderen Tieren: Da ist einmal die Sache mit der Jungenaufzucht. Kaum ein anderes Tier bringt im Laufe seines Lebens so wenige Nachkommen zur Welt wie der Mensch. Zweitens: Kaum ein anderes Tier braucht für die Aufzucht so lange. Und drittens gibt es für die Weibchen fast aller Tierarten kein Leben nach der Kinderphase. Tiere kennen nämlich keine Wechseljahre. Sie bekommen Nachwuchs, bis sie dafür zu schwach sind, und dann sterben sie in der Regel bald. Da bleibt keine Zeit, sich um die Partner des Nachwuchses und möglicherweise auch noch um deren Kinder zu kümmern. Deswegen sind auch Großmütter im Tierreich nahezu unbekannt. Nur bei wenigen Arten – Walen, in Gefangenschaft gehaltenen Schimpansen und Elefanten – konnte man bisher beobachten, dass sich ältere Weibchen um die Betreuung von Jungtieren kümmern, die nicht ihre eigenen sind.

Gibt es Schwiegermütter also wirklich nur bei den Menschen? Oder ist da vielleicht einiges noch unerforscht?

Dafür könnte eine neuere Beobachtung an Bonobos sprechen: Bei diesen Menschenaffen, die eng mit uns verwandt sind, nehmen die Männchen zur »Brautschau« gern ihre Mutter mit. Deren Anwesenheit verbessert nämlich den Sexerfolg der Söhne gravierend. Je höher der Rang der Mama, desto mehr Sex hat der Filius. Aber Achtung, lieber nicht nachmachen: Es gibt keine Studien darüber, ob das beim Homo sapiens ebenfalls funktioniert.

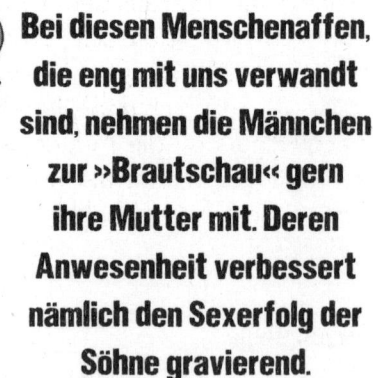

Bei diesen Menschenaffen, die eng mit uns verwandt sind, nehmen die Männchen zur »Brautschau« gern ihre Mutter mit. Deren Anwesenheit verbessert nämlich den Sexerfolg der Söhne gravierend.

Ethnologie

Weil das menschliche Jungtier extrem lang für seinen Reifeprozess benötigt, entwickelten Wissenschaftler die sogenannte »Großmutter-Hypothese«. Danach bringen Omas ihrer Familie evolutionär betrachtet enorme Vorteile. Bei einer so langen Aufzuchtphase kann den Eltern schließlich viel passieren und da kann es lebensrettend für den Nachwuchs sein, wenn im Falle eines Falles ein erfahrenes Weibchen zur Brutpflege bereitsteht. Forscher beobachteten etwa beim Jäger- und Sammlervolk der Hadza in Tansania, wie Großmütter jungen Müttern das Leben erleichterten und sie bei der Nahrungsbeschaffung entlasteten. Die Kinder der Frauen, die so unterstützt wurden, waren größer, schwerer und überlebensfähiger als die Kinder von Müttern, die diese familiäre Hilfe nicht hatten.

Es gibt allerdings auch Studien, die diese Theorie ein Stück weit einschränken, zum Beispiel diese: Evolutionsbiologen haben 2003 ostfriesische Kirchenbücher analysiert, in denen Geburten aus dem 18. und 19. Jahrhundert dokumentiert sind. Hier zeigte sich, dass die Anwesenheit einer Großmutter nur dann positive Auswirkungen auf den Nachwuchs hatte, wenn es sich dabei um die Mutter der Mutter handelte. Lebte hingegen die Mutter des Vaters im selben Haushalt, sank die Überlebensrate ihrer Kinder. Warum das so ist, dafür haben die Wissenschaftler noch keine schlüssige Erklärung gefunden.

Psychologie

Psychologen kennen viele Gründe für die gegenseitige Abneigung von Schwiegermüttern und Schwiegerkindern. Früher war es vor allem das oft schlechte Verhältnis zwischen Schwiegersohn und Schwiegermutter, das im Mittelpunkt der wissenschaftlichen Betrachtungen stand. In Anlehnung an Freud vermutete man, dass das Altern der Schwiegermutter den Mann an das Altern der eigenen Frau erinnern würde.

Heute stehen Konflikte zwischen Schwiegermüttern und Schwiegertöchtern im Vordergrund, vermutlich auch, weil sie ein beliebtes Thema in Frauenzeitschriften darstellen. Als Ursachen nennen Psychologen Neidgefühle, die ihre Wurzeln in mangelndem Selbstwertgefühl auf einer oder auf beiden Seiten haben. Auch unterschiedliche Familien- und Rollenvorstellungen können Fremdheitsgefühle entstehen lassen, ebenso Generationenkonflikte und Trennungsschmerz.

Wenn man das alles liest, könnte man meinen, dass zwischen Schwiegermüttern und ihren Schwiegerkindern fast ausnahmslos Krieg herrscht. Aber das Gegenteil scheint der Fall zu sein: Eine Studie an der Fernuniversität Hagen zeigte, dass Schwiegermütter viel besser sind als ihr Ruf. Und auch Umfragen haben in den vergangenen Jahren immer wieder bewiesen, dass die Hälfte bis zwei Drittel der Befragten mit ihrer Schwiegermutter ganz zufrieden sind.

KAPITEL 1

Erstkontakt: Die Schwiegermutter, das unbekannte Wesen

Verliebtheit ist ja neurobiologisch gesehen nichts anderes als eine psychische Erkrankung mit wahnhaften Zügen.

Zwangsgedanken, manische Erregungszustände und gelegentliche Halluzinationen (Mein Handy hat gezwitschert. Doch. Ich habe es genau gehört.) würden normalerweise vollkommen ausreichen für eine anständige Einweisung in die Psychiatrie. Es gibt nur einen einzigen Grund, warum das nicht geschieht: Man kann ja nicht ganze Menschenhaufen in der Psychiatrie einquartieren.

Dann aber folgt das kalte Erwachen. Denn wenn die Bindung aus welchen Gründen auch immer die Zeit der psychischen Störung überdauert, stellt man fest: Der »einzig geliebte« Mensch mag zwar der einzige sein, den man liebt. Das ändert aber nichts an der Tatsache, dass eine ganze Sippe an ihm dranhängt, die vorher – irgendwie – noch nicht so prominent war. Und diese Sippe will *jetzt* das neue potenzielle Familienmitglied kennenlernen.

Genauer gesagt: die Schwiegermutter.

Normalerweise begegnet man ihr schon innerhalb des ersten Jahres der aufkeimenden Liebe, die so zart und verletzlich ist. Doch wehe, man erfüllt nicht die Erwartungen der Frau Mama. Dann wirkt diese nicht wie Dünger auf das Pflänzlein, sondern vielmehr wie ein Rasenmäher – und man steht ganz schnell wieder allein da. Denn rein instinktiv betreibt die potenzielle Schwiegermutter eine natürliche Auslese in ihrem Revier. Dem Kandidaten oder der Kandidatin drohen viele Stolpersteine: Was macht man denn beruflich? Und die eigenen Eltern, die sind hoffentlich noch zusammen, denn daran erkennt man ja immer schnell die Bindungsfähigkeit ... Also nein, Vegetarismus, eine Unart, die rein gar nicht in ihr Rudel passt, der Bub isst doch so gern seinen Sonntagsbraten. Wie steht es denn mit der Religion? Und Kindern? Und Putzen? Hat man bei diesem Casting für »Deutschland sucht die Superschwiegertochter/den Superschwiegersohn« vor der Schwiegermutter-Version von Dieter Bohlen bestanden und ist in den Recall gekommen, geht es eigentlich erst richtig los.

Meine Hochzeit, zwei Schamaninnen und ein Albtraum aus 1001 Nacht

Ben und ich sind seit acht Jahren ein Paar, seit vier Jahren sind wir Eltern unserer kleinen, ziemlich niedlichen Tochter Paulina. Warum wir nicht verheiratet sind? Weil wir diesen bürokratischen Verwaltungsakt beide spießig fanden. Doch nun ist es trotzdem bald so weit: Ben hat mir während des Winterurlaubs in einer verschneiten Berghütte einen romantischen Antrag gemacht und ich habe Ja gesagt. Wir würden heiraten – und zwar am 6. Juli!

Unsere Kleinfamilie lebt in einer Vorstadt in einer großen Etagenwohnung mit wunderschöner Dachterrasse. Eigentlich ist unser Leben so schön, dass wir die Hauptdarsteller einer Fernsehwerbung für reich machende Finanzprodukte, kalorienfreie Butter oder super-mega-ultra-turbo-weiß waschendes Waschmittel sein könnten. Wäre da nicht meine zukünftige Schwiegermutter.

Hildegard hat vor 15 Jahren Bens Vater – der mittlerweile leider verstorben ist – verlassen und ist in die weite Welt aufgebrochen: Nach Stationen in Indien, Sri Lanka und Nepal wohnt sie nun seit vielen Jahren in den USA. Sie ist gelernte Silberschmiedin und verdient genug mit handgefertigtem Schmuck, um sich ein großes Haus in den Hügeln bei Los Angeles leisten zu können. Ich kannte sie bisher nur vom Telefon und von Fotos, unser Kontakt war eher sporadisch.

Ben hat ein sehr entspanntes Verhältnis zu seiner Mutter – er macht sich keine Sorgen, wenn sie sich mal monatelang nicht meldet. In mein Leben aber brach Hildegard herein wie ein Unfall, der jemand anderem passiert und von dem man den Blick nicht abwenden kann.

Als wir ihr vor vier Monaten am Telefon von unseren Hochzeitsplänen berichteten, beschloss sie, zu unserem schönsten Tag nach Deutschland zu kommen. Dabei war sie nicht mal zur Geburt unserer Tochter Paulina erschienen.

Es war wohl so weit: Ich sollte meine Schwiegermutter endlich persönlich kennenlernen.

16. Mai – noch 53 Tage bis zur Hochzeit

Unser Familienzusammenführungs-Date begann mit Terminschwierigkeiten. Ben rief seine Mutter an und fragte, wann sie denn Zeit hätte, um mit uns gemeinsam essen zu gehen – schließlich würde sie Anfang Juni in Deutschland ankommen und während ihres Besuchs bei ihrer Freundin Gerdi übernachten.

Mitten während des Gesprächs legte Ben den Hörer für einen Moment zur Seite und fragte mich: »Andrea, wann bist du geboren?«

Ich guckte ihn verdutzt an: »Du weißt nicht, wann ich Geburtstag habe?«

Er antwortete: »Doch, na klar. Aber ich meine die Uhrzeit! Meine Mutter muss das wissen, um den Termin für unser gemeinsames Essen zu berechnen.«

»Wie ... was ...?«, stotterte ich. »Moment, ich gucke nach.« Ich griff mir das Fotoalbum mit meinen Kinderfotos. Darin befand sich eine Geburtsanzeige, die meine Mutter liebevoll zusammen mit einer Locke meiner Babyhaare in das Album eingeklebt hatte. »6 Uhr 37!«, informierte ich Ben.

Ben gab seiner Mutter die Uhrzeit durch und legte auf.

»Sag mal, Schatz ... wieso braucht deine Mutter die genaue Zeit meiner Geburt, um einen Termin zum Essen mit uns zu vereinbaren?«, fragte ich.

Er zuckte nur die Achseln. »Du weißt doch, meine Mutter ist ein bisschen anders. Aber eigentlich ist sie auch total normal. Sie ist eben Schamanin und deswegen kann ein solches Date nur nach komplexen Berechnungen der Mondphasen in Verbindung mit unseren Tierkreiszeichen und den Aszendenten geplant werden.«

Sie ist eben Schamanin und deswegen kann ein solches Date nur nach komplexen Berechnungen der Mondphasen in Verbindung mit unseren Tierkreiszeichen und den Aszendenten geplant werden.

Ich prustete innerlich los: Die Mutter meines bodenständigen, rationalen Bens war Schamanin? Sofort hatte ich ein kunterbuntes Kopfkino am Start: Ich sah die Frau, die ich bisher nur von Fotos kannte, in weiten, erdfarbenen Wallegewändern mit einer Adlerschwinge in der Hand um ein Feuer kreisen, während sie wie in Trance vollkommen unverständliche Dinge in sich hinein murmelte. Zwischendrin drehte sie den Kopf in Richtung Himmel und stieß kleine, spitze Schreie aus ...

Zwanzig Minuten später klingelte das Telefon, Ben nahm den Hörer und stellte auf laut. »Der 8. Juni wäre ideal! Die Sternenkonstellation passt perfekt zu uns – wir müssen uns am besten um vier Uhr in der Früh treffen!«

»Mutter, der 8. Juni ist ein Sonntag. Andrea und ich möchten an diesem Tag gern ausschlafen. Und außerdem können wir Paulina nicht mitten in der Nacht aus dem Bett holen. Wie wäre es, wenn wir uns zum Brunch in der kleinen Brasserie am Marktplatz treffen, wo wir früher schon zusammen mit Papa waren? So gegen elf Uhr?«

Widerwillig gab Bens Mutter nach: »Nun gut, vier Uhr früh wäre perfekt gewesen, aber elf Uhr ist auch eine gute Zeit für dieses Treffen. Hauptsache, es wird nicht nach 17 Uhr, das wäre gar nicht gut!«

Ich saß mit offenem Mund auf der Couch – das konnte ja heiter werden!

8. Juni, 10.30 Uhr

Langsam wurde ich nervös: Gleich sollte ich meine Schwiegermutter kennenlernen. Sie war vor zwei Tagen in Frankfurt gelandet und sofort zu ihrer Freundin Gerdi einen Ort weiter gefahren. Ich packte meine Handtasche und nahm Paulina an die Hand. Auf dem Weg zum Auto sah Ben mich auf einmal so komisch an.

»Was ist?«

»Ach, nichts.«

Am Marktplatz fanden wir recht schnell einen Parkplatz und liefen zur kleinen Brasserie – ich freute mich vor allem auf einen leckeren Brunch. Ben öffnete die Tür und wir traten ein. Einen kleinen Augenblick mussten sich meine Augen an das Dunkel gewöhnen und dann sah ich sie: Hildegard! Sie hatte leuchtend rot gefärbtes Haar, lange Fingernägel, die im selben Farbton lackiert waren, und ein paar Kilo zu viel auf den Rippen, die ihr aber nicht schlecht standen. Sie trug farbenfrohe, bequem und trotzdem chic aussehende Kleidung in verschiedenen Rottönen. Hildegard stürmte auf uns zu, öffnete ihre Arme und rief dabei einen Tick zu laut: »Ben! Andrea! Und die kleine Paulina! Ich freue mich so sehr, euch zu sehen!«

Sie knutschte uns der Reihe nach ab, wobei Paulina einen Flunsch zog. »Kommt zu uns an den Tisch, Pamuy freut sich auch schon auf euch!«

Ich warf Ben einen fragenden Blick zu: Wer ist Pamuy? Ben zuckte nur mit den Schultern und wir steuerten zielstrebig auf einen Tisch in der Ecke zu. Dort saß eine Frau, ebenfalls Mitte sechzig, ebenfalls sehr gepflegt, ebenfalls sehr bunt angezogen – wobei sie ganz offensichtlich Lila und Pink liebte und auch verschiedenen Grüntönen gegenüber nicht ganz abgeneigt war.

Ben umarmte Pamuy und sagte: »Gerdi, schön, dich auch mal wieder zu sehen!« Aha, das war also die beste Freundin von Bens Mutter.

»Ich heiße jetzt Pamuy«, sagte Gerdi. »Diesen Namen hat deine Mutter für mich erträumt! Er bedeutet ›Wassermond‹ – passt das nicht perfekt?« Ben und ich guckten uns schon wieder fragend an. »Na, ich kann doch bei Vollmond nie schlafen und außerdem gehe ich so gern schwimmen!«, erklärte Pamuy-Gerdi.

Schon stand der Kellner bei uns am Tisch und nahm die Bestellungen auf. Die Gespräche drehten sich um alte Zeiten, die vielen Kleinstadtgeschichten, die seit der Abreise von Bens Mutter passiert waren, und natürlich auch um Paulina und unsere Hochzeit.

Es hätte ein entspannter Sonntag werden können, wenn Paulina nicht irgendwann »Oma Hildegard« gesagt hätte ...

Meine Schwiegermutter blickte uns alle drei streng an: »Oma? Sie nennt mich Oma? Und dann auch noch Hildegard? Diesen Namen habe ich schon vor zehn Jahren abgelegt! Ich heiße Magaskawee – *Ma-gas-ka-wiii*! Und das bedeutet Schwanenmädchen.«

Paulina schob trotzig die Unterlippe vor: »Das ist ein doofer Name, so heißt doch keiner!«

Ich befürchtete, dass Paulina gleich anfangen würde zu weinen, und erklärte ihr: »Oma Hil..., äh, Magaskawee nennt sich so, weil sie gern so heißen möchte. Sag mir mal nach: Ma-gas-ka-wii – das ist ganz einfach.«

Paulina grinste mich an und antwortete: »Ma-ga-kacka-wii!« Ich zuckte zusammen und blickte vorsichtig in Richtung Hil..., äh, Magaskawee.

Meine Schwiegermutter stutzte einen Moment, schüttelte leicht den Kopf und fing an zu lachen: »Wie Ben in dem Alter – ziemlich kreativ, die kleine Paulina!« Auch Gerdi lachte und so entspannte ich mich wieder und lachte mit. Ben machte das alles offenbar nichts aus, er saß locker zwischen mir und seiner Mutter, plauderte und ließ sich die köstlichen, kleinen Kalorienbomben schmecken.

Es wurde Nachmittag und wir verabschiedeten uns. Magaskawee und Pamuy hatten abends noch ein Treffen mit ein paar anderen Frauen aus einer freien Energie-Tanzgruppe und wir wollten in Ruhe das Wochenende ausklingen lassen. Küsschen rechts, Küsschen links, das übliche Abschiedsszenario.

Wir wollten gerade gehen, da fragte Magaskawee: »Und wann können wir bei euch vorbeikommen? Wir müssen noch eure Wohnung einrichten nach den neuesten heilenden, transzendentalen und klärenden Erkenntnissen. Schließlich sollt ihr eine glückliche, lange Ehe führen!«

Was? Unsere Wohnung einrichten? Die Wohnung, die ich mit viel Liebe über die letzten Jahre hinweg zu unserem gemütlichen, an uns und unsere Bedürfnisse perfekt angepassten Lieblingsaufenthaltsort gemacht habe? Tickte die noch ganz richtig?

Ich holte tief Luft, doch bevor ich Einwände erheben konnte, sagte Magaskawee: »Ich habe schon die Sternenkonstellation ausgewertet – zehn Tage vor eurer Hochzeit passt alles super zusammen! Also kommen Pamuy und ich am 26. Juni bei euch vorbei.« Sprach's und verschwand mit

Pamuy-Gerdi am Arm wie eine rot-orange-grüne, lustig vor sich hin schnatternde Wolke.

»Du wirst ihr ja wohl sagen, dass unsere Wohnung schön ist, so wie sie jetzt ist. Und gemütlich. Und zu uns passt. Wir brauchen keine ›Neuausrichtung unserer Wohnung nach irgendwelchen esoterischen Erkenntnissen‹«, wandte ich mich entrüstet an Ben.

Der meinte nur: »Ach, lass mal, das hat sie bis dahin eh wieder vergessen, reg dich nicht auf!«

Mitte Juni – noch knapp drei Wochen bis zur Hochzeit

Wer jemals geheiratet hat, weiß, wie aufregend, stressig und verrückt diese Zeit vor dem großen Tag ist! Wird alles so werden, wie man sich das erträumt hat? Wird alles rechtzeitig fertig werden? Passt die Platzordnung oder sitzt Nadine neben Olaf, den sie noch nie leiden konnte? Und Tante Gabi mit dem tauben Ohr neben Klaus, mit dem sie zwar verheiratet ist, aber ohnehin seit Ewigkeiten nicht mehr redet? Und Daniela und Udo – die sind beide Singles und würden so gut zusammenpassen. Sitzen die nebeneinander? Wird das Menü so gut schmecken wie beim Probeessen? Und überhaupt – warum heiraten wir eigentlich? Das Leben war doch auch ohne Trauschein super. Machen wir das wirklich richtig? Sollten wir nicht besser einfach alles so lassen, wie es ist? Ach, nein, das geht ja gar nicht, die Location ist reserviert, die Band bezahlt, das Essen bestellt, die Freunde und Verwandten eingeladen. Wir *müssen* das jetzt durchziehen – es gibt keinen Weg zurück!

Ben und ich waren also ziemlich beschäftigt in diesen Tagen und düsten hin und her zwischen Arbeit, Kindergarten und den ganzen Vor-Hochzeits-Terminen wie Anprobe, Weinprobe und Generalprobe. Eines Abends lagen wir erschöpft auf dem Sofa, kuschelten uns aneinander und zählten die Tage bis zur Hochzeit.

»Heute in elf Tagen ist es so weit. Ich liebe dich, Schatz!«, flüsterte Ben und küsste mich zärtlich.

»Ich liebe dich auch, Ben. Sehr!«, säuselte ich und kicherte vor mich hin. »Stell dir mal vor, morgen würde Hildegard-Magaskawee-Schwanenmädchen bei uns vorbeikommen und unsere Wohnung umgestalten!«

Ben zuckte zusammen. »Auweia, heute ist der 25. Juni«, murmelte er.

Ich ahnte Schlimmes. »Hast du vergessen, mit deiner Mutter zu sprechen?«

»Ja, sorry dafür«, sagte er kleinlaut. »Was machen wir nun? Aus der Nummer kommen wir wohl nicht mehr raus – sie hat bestimmt mit Gerdi schon alles vorbereitet!«

Jetzt war ich an der Reihe, die Unterlippe vorzuschieben. »Ben, du weißt doch genau, wie viel Mühe es mich gekostet hat, diese Wohnung so einzurichten, wie sie jetzt ist. Sie ist *schön!* Sie ist *praktisch!* Sie ist *unser Zuhause!* Ich möchte nicht, dass jemand unsere Wohnung energetisch und astral umstylt!«

Ben meinte versöhnlich: »Aber Liebling, wir können das ja alles wieder zurückräumen, sobald sie fertig sind. Sorry, ich habe in all dem Stress echt vergessen, anzurufen. Meinst du nicht, du kannst das für ein paar Tage akzeptieren? Sie ist doch meine Mutter – und bald ohnehin wieder in den USA! Ich bringe alles wieder in seinen Ursprungszustand – versprochen!«

Grummelnd gab ich nach, um des lieben Friedens willen.

26. Juni – noch zehn Tage bis zur Hochzeit

Ich stand sehr früh auf und brachte Paulina in den Kindergarten. Anschließend rief ich in der Firma an und gab Bescheid, dass ich im Homeoffice arbeiten würde. Ben verschwand pünktlich um acht Uhr – der Donnerstag war immer sein besonders stressiger Tag in der Praxis.

Um zehn Uhr klingelte es an der Haustür – ich telefonierte gerade mit einer Kollegin. Mit dem Telefon zwischen Schulter und Ohr und einem Notizblock in der Hand öffnete ich die Tür und schrak zurück: Es waren die Schamanin und ihre Assistentin. Die beiden waren schwer bepackt und unten im Treppenhaus standen noch mehrere Kartons, wie ich mit einem flüchtigen Blick feststellte.

»Guten Morgen, Andrea, hier sind wir!« Hildegard-Magaskawee lächelte mich freundlich an. »Ach, du arbeitest? Lass dich nicht stören, Pamuy und ich übernehmen das mit eurer Wohnung. Du wirst sehen, heute Abend wird auch der letzte Rest schlechter Schwingungen aus euren vier Wänden verschwunden sein! Ihr werdet ganz andere Energieflüsse spüren, versprochen!« Ich winkte den beiden zu und ging zurück ins Arbeitszimmer.

In den nächsten zwei Stunden übte ich mich in Gelassenheit – und das ist nun wirklich nicht meine Stärke. Ich hörte die beiden reden, lachen, Möbel rücken, poltern und rumräumen. Ich zwang mich dazu, in meinem Arbeitszimmer zu bleiben und das alles unkommentiert zu ertragen.

Nach zwei Stunden und einem lauten Knall konnte ich aber nicht mehr anders. Ich öffnete die Tür vom Arbeitszimmer und ging über den Flur in Richtung Wohnzimmer. Tür auf ... und ich stand mitten in einem kitschigen Filmset aus 1001 Nacht! Die Wände waren mit farbigen Tüchern in Erdtönen behängt, kleine Messingvasen, die aussahen wie Aladins Wunderlampe, »verschönerten« unseren edlen, weißen Wohnzimmertisch. Auf dem Designersofa lagen gefühlt hundert Kissen aus dicken Brokatstoffen, die mit goldenen Troddeln und Glitzerapplikationen verziert waren. In einer

Ecke stand ein vollkommen überdimensionierter Zimmerspringbrunnen in Form eines dicken Buddhas, an dessen Körper Wasser ähnlich wie Schweißbäche herunterlief. Außerdem stand kein Möbelstück mehr an dem Ort, an den ich es mal gestellt hatte. Und überall qualmten Räucherstäbchen vor sich hin! Igitt!

Mittendrin in dieser orientalischen Pracht: die zwei durchgeknalltesten Interieur-Designerinnen des Universums! Sichtlich verschwitzt lächelte Hilde-Maga mich an: »Wunderschön, gell? Hier werdet ihr euch von nun an noch viel wohler fühlen!«

Gerade, als ich explodieren wollte, kam Ger-Pam aus dem Schlafzimmer. »Ach, Andrea, schön, dass du nun Zeit hast – ich bin gerade mit dem Schlafzimmer fertig geworden!« Sie griff meine Hand und zog mich hinter sich her – in unser Allerheiligstes. Ich trat über die Schwelle und stand ... mitten in einem indischen Albtraum aus Sternenlandschaften, Kitsch und Knallfarben.

»Chic, nicht wahr?«, hörte ich Hildegard-Magaskawee-Schwanenmädchen neben mir säuseln. »Euer Bett stand mitten auf einer Wasserader, wie Pamuy mit ihrer Wünschelrute herausgefunden hat. Glücklicherweise haben wir das heute behoben, sonst wärt ihr womöglich noch krank geworden!«

Ich sah mich in dem Raum um, der bis vor ein paar Stunden noch mein heiß geliebtes Schlafzimmer gewesen war. Das Bett hatten sie in eine Ecke geschoben, sodass nun einer von uns über den anderen drüberklettern musste, um ins Bett zu kommen beziehungsweise um es wieder zu verlassen. Es war neu bezogen mit einer wild gemusterten Bettwäsche, deren Designer vermutlich zu viele bewusstseinserweiternde Pilze zu sich genommen hatte. Auf dem einen, noch verbliebenen Nachtisch standen ein paar Statuen, aus deren übergroßen Geschlechtsteilen ich nur schließen konnte, dass es sich um Fruchtbarkeitsstatuen irgendeiner Naturreligion handeln musste. Unser Kleiderschrank verschwand hinter einer riesigen Aufstellwand mit ... Ich traute meinen Augen nicht: Motiven aus dem Kamasutra? Ja, ich hatte richtig gesehen, die dreiteilige Wand war mit Paaren verziert, die sich in Stellungen verrenkten, von deren Existenz ich bis heute nicht die blasseste Ahnung gehabt hatte.

Die dreiteilige Wand war mit Paaren verziert, die sich in Stellungen verrenkten, von deren Existenz ich bis heute nicht die blasseste Ahnung gehabt hatte.

Apropos blass: Ich bemerkte, wie mein Kreislauf wegsackte, die Knie nachgaben – und dann wurde mir schwarz vor Augen.

Als ich wieder zu mir kam, lag ich mitten auf unserem Bett, guckte in einen rot-goldenen Baldachin, der mit glitzernden Tierkreiszeichen bestickt war, und hörte meine Schwiegermutter telefonieren.

»Ja, Ben, sie war so glücklich über das, was wir aus eurer schmucklosen und kalten Wohnung gemacht haben, dass sie in Ohnmacht gefallen ist! ... Ja, wenn ich es dir doch sage – sie ist total happy! Kann sie ja auch sein, endlich ist es gemütlich bei euch!«

Ich schloss die Augen wieder und entschied mich, weiterhin die freudige Ohnmacht zu simulieren. Zehn Minuten später hörte ich, wie jemand den Schlüssel in der Haustür umdrehte.

»Da liegt sie, sie kommt wohl gerade wieder zu sich! Das war aber auch eine tolle Überraschung!«, sagte Gerdi, während ich die Augen öffnete.

Ben stand besorgt neben unserem Bett. »Andrea, geht es dir wieder gut? Ich messe mal deinen Blutdruck – ist dir schlecht? Hast du Kopfweh?« Er schien noch gar nicht bemerkt zu haben, in welch einen Albtraum seine Mutter und deren beste Freundin unsere eben noch so schöne Wohnung verwandelt hatten.

»Mit mir ist alles in Ordnung, aber – sieh dich mal um!«

Ben guckte sich im Zimmer um ... dann stand er auf. Sein Blick wanderte über die Sexturner-Aufstellwand hin zu den detailreich ausgestalteten Fruchtbarkeitsstatuen und blieb am farbexplodierenden Baldachin hängen. Dann ging er langsam Richtung Wohnzimmer. Ich hörte, wie er dort hin und her lief. Die beiden Schamaninnen und Verursacherinnen dieses Tohuwabohus lächelten zufrieden vor sich hin und warteten gespannt auf seine Reaktion. Ben holte tief Luft. Gleich würde er schreien und die beiden tollwütig gewordenen Design-Furien aus unserer Wohnung werfen!

Doch er fing an zu lachen. Er lachte, bis er kaum mehr Luft bekam. Sein Lachen war so ansteckend, dass ich auch irgendwann losprustete – obwohl ich das gar nicht wollte! Schließlich hatte diese unheilige Allianz aus Hilmagas und Gerpam gerade unsere Wohnung komplett verunstaltet!

Ben wischte sich die Lachtränen aus dem Gesicht. »Meine Güte, das ist ... entsetzlich ... schrecklich! Das ist alles so unfassbar schlimm, dass es schon wieder ganz wunderbar ist! Diese Farben, diese Accessoires ... und dann diese bumsfidele Wandgestaltung – wo habt ihr denn diese Perlen des Designs her?«

Hildegard und Gerdi sahen sich fragend an. »Wir sind tagelang durch alle Esoterikshops und Indienläden der Stadt gelaufen. Sogar bis nach Frankfurt sind wir gefahren!«, antwortete meine Schwiegermutter mit leichter Empörung in der Stimme. »Und jetzt sagst du, dass es dir nicht gefällt!«

Es wurde still im Raum. Sehr still. Aus den Sekunden wurden gefühlte Minuten.

Dann guckte meine Schwiegermutter ihre beste Freundin an und blaffte: »Komm, Pamuy, wir gehen. Wir sind hier offensichtlich nicht erwünscht!« Sprach's und rauschte aus dem Schlafzimmer Richtung Wohnungstür. Rumms, die Tür war zu.

6. Juni – der große Tag

Ben und ich hatten in der Nacht vor unserer Hochzeit kaum geschlafen. Wir waren beide ziemlich aufgeregt und hatten uns natürlich nicht an das real gewordene Bollywood in unserer Wohnung gewöhnt.

Nach dem großen Knall vor zehn Tagen hatten sich weder Magaskawee-Hildegard noch Pamuy-Gerdi bei uns gemeldet. In den ersten Tagen war das auch besser so, denn Ben und ich waren sauer. Doch je mehr Zeit verging, umso amüsierter waren wir. Da hatten die beiden Schwanenmondfrauen unsere gesamte Wohnung so verschandelt, dass wir uns fast darin verlaufen hätten. Und das in kürzester Zeit!

Um sieben Uhr klingelte der Wecker und wir standen auf, weil gleich die Stylistin kommen sollte, um mich in eine wunderschöne Braut zu verwandeln. Ich wurde also aufgehübscht, meine Haare wurden zu einem Turm aufgebaut, sämtliche Nägel wurden lackiert und mein Gesicht bekam ein tolles Make-up. Mein Etuikleid aus Seide passte wie angegossen – was ein Glück. Beim finalen Blick in den Spiegel schaute mich eine wunderschöne Frau an. Ich war happy!

Dann kam Ben aus dem Arbeitszimmer, in das er sich zurückgezogen hatte. Auch er sah einfach toll aus in seinem Hochzeitsanzug, den wir extra für diesen Tag von einem italienischen Maßkonfektionär hatten schneidern lassen.

Aus ihrem Kinderzimmer kam eine quietschfidele Paulina gehüpft, der meine beste Freundin Susanne in der Zwischenzeit ein ganz bezauberndes Kleidchen angezogen hatte. »Mama und Papa heiraten, Mama und Papa heiraten!«, jubelte sie.

»Gut, dann sind wir ja alle fertig und können aufbrechen«, verkündete Ben.

Wir gingen zum Auto und auf dem Weg dorthin fiel mir auf, dass Ben bedrückt wirkte. »Ist es wegen deiner Mutter? Meinst du, sie wird heute kommen? Zusammen mit Gerdi?«, fragte ich.

»Ich weiß es nicht«, kam die leise Antwort, »aber ich fände es ziemlich blöd, wenn sie nicht erscheinen würde.«

Die Hochzeit

Unsere Hochzeit war romantisch, wunderschön, herrlich, traumhaft, ein einziger Superlativ – eben genau so, wie Ben und ich uns alles ausgemalt hatten. Und auch die anschließende Feier war toll! Unsere Freunde und Verwandten hatten sich ein ziemlich lustiges Programm ausgedacht. Das Essen und der Wein waren exzellent, mein Vater hielt eine Rede, die uns alle zu Tränen rührte, und die Band spielte einen Hit nach dem anderen, sodass ich schon nach kurzer Zeit meine schicken, aber eben unbequemen Schuhe in die Ecke warf, um mit Ben zusammen richtig abzurocken.

Zu unserer großen Freude waren auch Hildegard und Gerdi erschienen. Wie immer farbenfroh gekleidet hielten sich die beiden Frauen aber entgegen ihrem sonstigen Auftreten sehr zurück. Es stand den beiden ins Gesicht geschrieben, dass sie offenbar noch beleidigt waren. Ben und ich beschlossen, das zu ignorieren, um uns diesen Tag nicht zu verderben.

Irgendwann tauten die beiden innendesignenden Schamaninnen dann doch auf: Hildegard tanzte mit Onkel Rudi an uns vorbei. Kurze Zeit später folgte Gerdi, die mit Bens Freund Sascha eine wirklich flotte Sohle aufs Parkett legte.

Plötzlich war das Lied zu Ende und wir alle standen nebeneinander, irgendwie unbeholfen.

Da platzte es aus Hildegard raus: »Na ja, wenn wir ehrlich sind, haben wir schon bei dem einen oder anderen Stück überlegt, ob es vielleicht doch nicht so zu euch beiden passt ...«

Gerdi nickte zustimmend. »Ja, ihr jungen Leute heute habt doch einen recht anderen Geschmack. Das hat man ja an eurer Wohnung gesehen – alles so kalt und ungemütlich! Wir haben es nur gut gemeint, ehrlich!«

Ben und ich lachten die beiden an und mein Mann sagte: »Vergessen wir das – heute wird gefeiert! Und zwar richtig! Wenn ihr mögt, kommt ihr in den nächsten Tagen bei uns vorbei und helft uns, euer innenausstatterisches Wunderwerk wieder zurückzubauen, okay?«

Magaskawee und Pamuy wirkten sichtlich erleichtert: »Okay, Dienstag ganz früh sind wir da. Und die Accessoires geben wir einfach weiter an die Frauen von der Energie-Tanzgruppe, die finden das toll!«

Wir feierten ausgelassen bis in die frühen Morgenstunden.

Dienstag nach der Hochzeit

Pünktlich um neun Uhr standen Hildegard und Gerdi bei uns vor der Tür. Gemeinsam drängten wir die subkontinentalen Einflüsse in unserer Wohnung schnell wieder zurück, hängten die Tücher ab und verpackten die Kissen zusammen mit dem Paravent und den Statuen. Auch unser Bett stand wieder da, wo es stehen sollte. Ein kleiner Diskussionsversuch von Gerdi wurde von Ben mit einem einzigen Blick gestoppt.

Nach nur zwei Stunden sah unsere Wohnung wieder so aus, wie Ben und ich sie liebten: klares, gradliniges Design in gedeckten Farben mit einigen wenigen bunten, sehr wirkungsvollen Accessoires.

Hildegard wollte gerade noch eine letzte Wunderlampe aus Aladins Zauberland wegräumen, da ging ich zu ihr und nahm ihr dieses reich verzierte Kleinod aus Messing aus der Hand. »Liebe Magaskawee, liebe Pamuy – diese kleine Lampe möchte ich gern als Erinnerung behalten. Sie bekommt einen Ehrenplatz in unserem Bücherregal. Und ich werde jedes Mal, wenn ich sie sehe, schallend lachen, das verspreche ich euch!«

Das perfekte Schwiegerdinner

Verstehen Sie mich bitte nicht falsch, ich koche für mein Leben gern. Nichts ist entspannender, als bei einem Glas Rotwein und dezenter Musik etwas zu zaubern, das die lieben Gäste zu schätzen wissen.

Doch heute lag genau da das Problem. Denn es gibt zwar so etwas wie liebe Gäste, jedoch ganz gewiss nicht in Form meiner Schwiegermutter!

Denn es gibt zwar so etwas wie liebe Gäste, jedoch ganz gewiss nicht in Form meiner Schwiegermutter!

Ich möchte nicht voreingenommen klingen, schließlich bin ich der Guten noch nicht begegnet. Mit Klaus war ich erst seit fünf Monaten zusammen. Dennoch wusste ich, dass er der Richtige war. Es passte einfach alles. Umso wichtiger war es für mich, heute einen guten ersten Eindruck zu machen. Alles in allem also keine idealen Voraussetzungen für einen entspannten Abend.

Ach, die ist bestimmt ganz nett, Iris.

Die überhebliche Stimme in meinem Innern gehörte nicht zu mir. Zumindest nicht so richtig.

Nein ehrlich, das ist doch die Mutter von Klaus. Dann muss sie doch nett sein, oder?

Klar. Ich vernahm die Worte und wünschte, ich könnte es glauben. Fünf Monate waren genug, um einen Mann wie Klaus zu durchschauen. Und damit meine ich nicht seine ewige Suche nach dem zweiten Socken oder diese ständige Handy-Starrerei. Es war die Art, wie er von seiner Mutter sprach. Voller Respekt. Nein, voller Angst. So als kämpfe er mit der nackten Panik, wenn er nur an sie dachte.

So viel zu meinen guten Aussichten für den heutigen Abend.

Schweren Herzens machte ich mich an die Arbeit. Vielmehr stand ich vor der geöffneten Kühlschranktür und zerbrach mir den Kopf, was man aus diesen mageren Zutaten wohl kochen könnte.

Zweifel nagten an meinen Nerven. Vielleicht war der heutige Abend keine gute Idee gewesen. Ich rief Klaus an.

»Der Teilnehmer ist im Moment nicht erreichbar«, war die einzige Antwort. War ich etwa das Opfer einer Verschwörung? Verunsichert und allein gelassen?

Aus der Nummer kam ich jetzt ohnehin nicht mehr raus. Ich würde mein Bestes geben und ein zauberhaftes Abendessen servieren. Schließlich hatte Klaus mir wertvolle Tipps gegeben. Da konnte ja nicht so viel schiefgehen.

Ein Blick auf die Uhr. Mir blieben noch knapp fünf Stunden, bis ich zum allerersten Mal meiner zukünftigen Schwiegermutter gegenüberstehen würde. Das würde knapp werden, aber mit gekonnter Planung würde ich das schaffen.

Immer noch genauso ratlos wie zuvor öffnete ich wieder den Kühlschrank. Während ich die gähnende Leere der Kühlfächer bestaunte, hörte ich wieder die Stimme aus dem Off.

Na Iris? Schon eine Idee, was es heute Abend geben wird?

Das hatte mir gerade noch gefehlt! Dass mir meine eigene Einbildung zynische Kommentare um die Ohren schlug!

Zumindest scheint es ja nicht kalorienreich zu werden …

Ich schloss eine Sekunde lang meine Augen, um mich auf die Tatsachen zu besinnen. So schnell ich konnte, schnappte ich mein Survival-Kit – Geldbörse, Handy, Autoschlüssel, Korb. Mir blieben noch vier Stunden und dreiunddreißig

Minuten. Meine Laune stieg merklich, als ich den Supermarkt betrat. Denn Einkaufen war mehr, als nur einen Blechwagen durch die Gegend zu schieben, um irgendwelche Produkte hineinzuwerfen. Einkaufen, das war für eine Köchin wie das Auswählen der Farben für einen Maler. Die reinste Inspiration.

Nur nicht unter solchem Druck wie heute. Ich betrachtete das gammelige Gemüse, das so aussah, als hätte man es mit dem Handkarren von Holland hierhertransportiert.

Noch vier Stunden und fünfzehn Minuten.

Da bleibt dir nicht mehr allzu viel Zeit. Wissen wir denn jetzt endlich, was es heute Abend geben wird?

Selbstverständlich hatte ich mir unterwegs Gedanken über das Menü gemacht. Unter Berücksichtigung von Klaus' Empfehlungen.

Für den Salat brauchte ich Tomaten, denn die liebte seine Mutter, hatte er gesagt. Doch der Anblick dieser matschigen Früchte erregte lediglich mein Mitleid.

Dann vielleicht Gurkensalat? Mit einem raffinierten Dressing konnte er zu einer Delikatesse werden. Schnell suchte ich den passenden Gemüsekorb. Nur leider herrschte hier gähnende Leere.

Es blieb mir nur ein bunter Kopfsalat. Vielleicht mit Oliven und Lauchzwiebeln? Ich liebte einen frischen Sommersalat – Klaus jedoch nicht und seine Mutter dann wohl auch nicht. Schließlich fiel der Apfel nicht weit vom Stamm. Egal, ich hatte ja noch die Hauptspeise und mit der bekam ich sicher zehn Punkte. Wenn ich meinem Schatz glauben konnte, denn der schwärmte für meine Quiche Lorraine mit Pfiff. Und seine Mutter würde sie genauso lieben, hatte er gemeint.

Als ich den frischen Spargel im Korb sah, traf es mich wie ein Blitz. Letzte Woche hatte ich ein neues Rezept ausprobiert: Spargel mit Joghurtdressing. Hörte sich seltsam an, schmeckte aber einfach lecker. Meine Vorspeise stand somit fest.

Guten Mutes raste ich durch den Supermarkt und jagte nach allem, was ich brauchte: Eier, Rahm, Gouda, Speck und Zwiebeln. Natürlich auch nach einer guten Flasche Wein.

Zurück in meiner Küche fühlte ich mich wieder wie ein Mensch. Ein gutes Gefühl. Vielleicht lag es daran, dass ich endlich anfangen konnte. Ohne nachzudenken, griff ich nach meiner liebsten Rührschüssel. Der Teig für die Quiche würde ein Kinderspiel werden.

Ob die Mutter von Klaus mein Essen wirklich mögen würde? Eine Reihe von möglichen Szenarien drängte sich beharrlich in meinen Verstand. Zweifel stiegen auf und ich verspürte ein ungutes Drücken in der Magengegend.

Ob es der Iris wohl gelingt, ihre Schwiegermutter mit Quiche Lorraine zu beeindrucken?

Das war das Dumme an so einem Sprecher aus dem Off. Man konnte keine gusseiserne Bratpfanne nach ihm werfen.

Ich hatte ohnehin keine Zeit für so etwas. Die lief mir nämlich geradezu davon. Nicht einmal mehr drei Stunden blieben noch.

Im Geiste ging ich die Ingredienzien noch einmal durch. Super, alles da. Ich hätte zufrieden sein können. Wäre da nicht dieser kleine Teufel in meinem Ohr gewesen, der mich langsam in den Wahnsinn trieb.

Na Iris, hast du auch an alles gedacht?

»Hab ich!«, schnauzte ich den unsichtbaren Gesprächsteilnehmer selbstsicher an. »Alles da.«

Wirklich alles?

Leicht irritiert sah ich meine Einkäufe noch einmal durch. Unsicherheit schlich sich in meinen Verstand und lähmte mein neu gewonnenes Selbstbewusstsein. Wie ein tückisches Gift.

Alles?, wiederholte die ätzende Stimme.

Es war wie eine juckende Stelle am Rücken, die man nicht kratzen konnte. Unerreichbar, und doch war sie da.

Auch den Muskat?

Muskat. Kein Muskat! Nicht einmal eine winzige Nuss. Verdammt. Quiche Lorraine ohne Muskat, das war wie eine Kerze ohne Docht. Sofort stürzte ich los, um Muskat zu kaufen.

Als ich wieder nach Hause kam, war Klaus schon da.

Und die Uhr zeigte gnadenlos an, dass mir nur noch zwei Stunden blieben. Da half es mir herzlich wenig, dass er mit Dackelblick in meiner Küche herumstand.

»Wie läuft's?«, fragte er vorsichtig und schien sich im gleichen Augenblick zu wünschen, dass er mich nicht gefragt hätte. Ein Wimpernschlag von mir und er gab den Weg frei.

Schweigend machte ich mich an die Arbeit. Schneller als gedacht landete die Quiche im Backofen. So viel dazu. Während ich die Kerzen auf dem Tisch ausrichtete, stellte ich Klaus die Frage: »Sag mal, wie ist deine Mutter eigentlich so?«

Sofort erblasste seine Gesichtsfarbe. Er suchte nach Worten. Vielleicht auch nach Ausflüchten. Wer konnte das schon sagen?

»Na ja«, sagte er. Sonst nichts. Aber das genügte, ich hatte verstanden. Wenn sie wirklich so ein Drache war, dann stellte ich besser den Feuerlöscher bereit.

Eine Stunde später kehrte langsam so etwas wie Ruhe ein. Die Spargel-Joghurt-Vorspeise sah so aus, wie es meiner Erwartung entsprach, und auch die Quiche Lorraine war gelungen. Verschwitzt, aber glücklich betrachtete ich mein Werk.

Na, Iris? Hast du jetzt alles, was man für ein Drei-Gänge-Menü braucht?

Der schon wieder. Diesmal konnte er mich nicht verunsichern. Das schwor ich mir still. Denn jetzt war es an der Zeit, mir Gedanken über mein Aussehen zu machen. Wie wäre es mit dem roten Kleid? Nein, das wäre eindeutig ein bisschen overdressed.

Ein Drei-Gänge-Menü?, wiederholte das ungreifbare Ekelpaket.

Vielleicht doch eher bequem in Jeans? Die mit den drei Nähten?

Drei?

Mein geistiger Kleiderschrank verschwand. Zurück blieb nur die Zahl drei. Siedend heiß fiel es mir ein. Ich hatte nur Vorspeise und Hauptspeise. Alles andere als ein perfektes Dinner. Ich hatte nur Vorspeise und Hauptspeise.

Weil die Nachspeise fehlte!

Bestimmt ist die Schwiegermutti keine Süße. Sind sie doch meistens nicht.

Ich schwor mir, mich eigenhändig auf die Suche nach diesem Menschen zu machen, der da unvermittelt in meinen Kopf hineinsprach, sobald alles vorbei war.

»Ich kriege dich, hörst du?«

»Hast du etwas gesagt, Iris?«, fragte Klaus.

»Ich habe keinen Nachtisch«, blaffte ich ihn an.

Er machte so ein bestürztes Gesicht, dass es mir sofort leid tat. Ich sah in das fassungslose Klausgesicht und zuckte mit den Achseln.

»Ich weiß was.« Ein Siegerlächeln erschien auf seinen Lippen und rettete meine Stimmung. Normalerweise hätte ich mich jetzt vorsehen müssen. Doch Verzweiflung macht leichtgläubig.

Deshalb lauschte ich einfach nur dem, was er zu sagen hatte.

»Mama mag nichts so sehr wie fertige Schokodesserts. Ehrlich!«

Ungläubig begann ich seine Worte nachzuvollziehen. »Pudding aus dem Plastikbecher?«

»Natürlich«, grinste er. »Dafür lässt sie alles stehen und liegen.«

Wäre ich nicht so verzweifelt gewesen, dann hätte ich das sicher nicht in Betracht gezogen. So aber hatte ich keine Wahl. Schließlich war es seine Mutter. Und die kannte er wohl hoffentlich besser als ich. Stirnrunzelnd gab ich nach und Klaus verschwand durch die Haustür.

Ich dagegen verzog mich schnurstracks ins Schlafzimmer zu meinem Kleiderschrank.

Es klingelte.

Schon als ich den feindseligen Ton hörte, rutschte mir das Herz fast in die Hose. Übertragen gesprochen, denn ich hatte mich am Ende doch für das rote Kleid entschieden. Ich war es, die zur Tür eilte und öffnete.

Die Frau, die dort draußen stand, sah aus wie eine skurrile Omi. Allein die Hochsteckfrisur war filmreif, denn sie trotzte der Schwerkraft entgegen allen mir bekannten physikalischen Gesetzen. Sie trug ein schwarzes Kleid, was ihr den Anschein einer Trauernden verlieh. Oder war es eher der einer Richterin?

»Hallo«, sagte ich und gab ihr die Hand. »Ich bin Iris.«

Ihre viel zu kleinen Augen funkelten mich durch die dunkle Hornbrille misstrauisch an. So als wollte sie sagen: Ich beobachte dich!

Mit tiefer Stimme entgegnete sie: »Und ich bin Frau Url-berg. Die Mutter von Klaus.«

So verstrich die Gelegenheit für ein spontanes Du. Und auch meine Hand nahm sie nicht, sondern platzierte darin ihren staubigen Mantel, den sie vorsorglich schon ausgezogen hatte.

»Hallo Mama«, flüsterte Klaus kleinlaut und drückte ihr einen Kuss auf die faltige Wange. Was war mit meinem selbstsicheren, smarten Freund los? Wo war der hin?

Frau Urlberg trat ein und schritt wie ein General bei der Inspektion seiner Truppen meinen Flur entlang. Mit einem kaum wahrnehmbaren Kopfschütteln begutachtete sie die Gute-Laune-Fotos von mir und meinen Mädels ebenso wie die knallrote Telefonkommode. Klaus führte sie tief

Frau Urlberg trat ein und schritt wie ein General bei der Inspektion seiner Truppen meinen Flur entlang.

ins Herz meiner Wohnung bis ins Wohnzimmer, wo der Esstisch stand. Mit einem Mal kam mir meine Deko jämmerlich und billig vor. Meine Schwiegermutter schien es ganz ähnlich zu sehen. Jeder Blick war gnadenlos.

Hier ging es ums nackte Überleben.

Während ich mich an Mutter und Sohn vorbei in die Küche schlängelte, um den Aperitif zu holen, entging mir nicht, wie sie mit einem Zeigefinger über eines meiner Regale strich.

Wäre sie nicht meine zukünftige Schwiegermutter gewesen, hätte ich das nicht still hingenommen. So viel stand fest. Tief durchatmen und weiter ging's. Ich schnappte mir das Tablett mit den Gläsern und setzte mein nettestes Lächeln auf.

Klaus reichte unserem Gast freudestrahlend das Getränk. Seine gute Laune verschwand sofort, als sie keine Anstalten machte, es entgegenzunehmen.

»Was ist das?«, fragte sie ernst.

Hilflos schaute er mich an. »Hugo. Mit Limette.« Demonstrativ nahm ich mir selbst ein Glas.

»Mein Arzt hat eine Allergie gegen Zitrusfrüchte diagnostiziert.« Ihr Blick ruhte streng auf ihrem Sohn. Jedes Muskelzucken, jede noch so kleine Reaktion abwartend.

»Du hast doch immer ...«, setzte Klaus an.

Aus meiner Zuschauerperspektive wusste ich von Anfang an, dass dieser Versuch zum Scheitern verurteilt war.

»Seit Jahren nicht mehr«, schnitt sie ihm das Wort ab. Ihre Stimme besaß einen keifenden Unterton, so vorwurfsvoll, dass mein Freund nichts mehr sagte.

Na, der konnte später was erleben!

Ohne nachzufragen, holte ich ein Glas Mineralwasser. Mit kritischem Blick nahm sie es entgegen. Schweigsam tranken wir unseren Aperitif, schneller als gewöhnlich. Als Mutter und Sohn sich schon mal an den Tisch setzten, richtete unser Gast erst einmal das Besteck neu aus. Dann lächelte sie zu mir herüber, wobei ihr Gesichtsausdruck irgendwie ... gequält wirkte.

»Was gibt es denn heute?«

Da ist der Gast aber ungeduldig, Iris, kommentierte der unsichtbare Nervtöter.

»Spargel mit Joghurtsoße«, entgegnete ich vorsichtig.

»Joghurtsoße?« Vielleicht war es die Art, wie sie ihre linke Augenbraue anhob, die mich stutzig machte.

Ich warf Klaus noch einen schnellen, strafenden Blick zu und verschwand wieder in die Küche.

Dort atmete ich erst einmal tief durch.

Aus dem Wohnzimmer drangen einzelne Wortfetzen an meine Ohren. Die beiden unterhielten sich über Unverträglichkeiten und die schwierige Kunst, etwas geschmacklich Ansprechendes zu kochen. Na ja, eigentlich war es eher sie, die sprach. Klaus schien seine Sprache verloren zu haben.

Ich fasste mir ein Herz und brachte die Vorspeise hinaus. Als ich die Teller abstellte, beobachtete ich genauestens die Reaktion meiner Schwiegermutter.

Begeisterung sah anders aus.

Sie stocherte und schob und stocherte und schob. Hob kurz den Spargel an, um zu sehen, mit welcher Konsistenz die Soße heruntertropfte. Ihre Augen, die immer wieder zu Klaus wanderten, verrieten mir, dass sie im Geiste eine Punktetafel hochhielt. Irgendwo zwischen zwei und drei, mutmaßte ich. Mein Freund wagte nicht, mich anzusehen.

Okay, Zeit, zur Hauptspeise überzugehen. Während ich die Quiche Lorraine auf die Teller verteilte, blendete ich die Frage aus, ob diese Frau Urlberg wirklich so gut schmecken würde, wie Klaus mir versichert hatte. Dazu richtete ich den Sommersalat an und arrangierte alles möglichst appetitlich, denn das Auge aß ja bekanntlich mit.

Nicht ohne Stolz brachte ich die Teller aus der Küche.

Das Gesicht meines Freundes begann zu strahlen. Kein Wunder, schließlich gab es nichts, das er so sehr mochte wie meine Quiche.

Wie der Sohn, so die Mutter, dachte ich. Und wurde sofort eines Besseren belehrt.

»Ein Kuchen?«, fragte sie. »Ein Kuchen als Hauptspeise?«

»Quiche Lorraine!«, verbesserte Klaus (anscheinend hatte er seine Stimme wiedergefunden) und meinte, sie damit zu beeindrucken.

»Aha«, antwortete seine Mutter gelangweilt. Es war geradezu filmreif, wie langsam sie ein winziges Stückchen abschnitt und dann in Zeitlupe zu ihren Lippen führte, als erwartete sie etwas Hochgiftiges. Bereits nach zwei Bissen schob sie demonstrativ den Teller von sich. Nur um anschließend nach dem Salatteller zu greifen.

Zeit zu kapitulieren. Ich wagte kaum, hochzusehen. Erst als ich meinte, Essgeräusche zu hören, traute ich mich. Schwiegermama führte Gabel für Gabel meines Sommersalates zum Mund. Ich bildete mir ein, tatsächlich ein Lächeln in ihrem Gesicht zu erkennen.

»Na, wenigstens die Beilage konnte man essen.« Mit diesem Spruch schob sie den leeren Salatteller zur Seite. Das sollte sicherlich ein Kompliment sein. Mein Freund zeigte keinerlei Reaktion und gab sich seiner Lieblingsspeise hin. Wortlos trug ich die Teller ab und warf meinem Schatz böse Blicke zu. Nein, eher tödliche Blicke. Aber das klappte ja nie.

»Ich hole die Nachspeise. Da werden Sie sich sicher freuen. Die hat nämlich Ihr Sohn besorgt.« Ich hatte gute Lust, die Fertigdesserts einfach so auf den Tisch zu knallen.

Aber das war unter meiner Würde. Somit holte ich drei Glasschüsselchen aus dem Schrank und verteilte das Dessert. Am Schluss garnierte ich die Schokocreme noch mit Raspeln und Sprühsahne. Schnell und günstig. Die Nachspeise sah ziemlich erbärmlich aus.

Vielleicht hätte man vorher mal fragen sollen, was der Schwiegermutti so schmeckt?

Spätestens jetzt hegte ich ernsthafte Mordgedanken gegen meinen inneren Kommentator.

»Hab ich!«, zischte ich dem ungewollten Zaungast zu.

»Schatz, hast du etwas gesagt?«, fragte Klaus schüchtern aus dem Wohnzimmer.

Wen hast du denn gefragt? Den lieben Klaus?

Es gab sie, diese Momente, in denen alle Puzzleteile ineinandergriffen und ein Bild entstand, das man bis dahin nicht hatten erkennen können. Der Klaus. Ein Mann, wie er im Buche steht. Einer von denen, die niemals wirklich zuhören. Wie konnte jemand wie er auch nur annähernd wissen, welche Art Mensch seine Mutter war? Oder was sie mochte?

Kalter Schweiß perlte auf meiner Stirn.

»Iris?« Klaus rief nach mir, ebenso ahnungslos wie penetrant.

Fieberhaft überlegte ich. Es war zu spät. Als ich die Nachspeise auftrug, schwitzte ich Blut und Wasser.

Ohne auch nur den Löffel in die Hand zu nehmen, schob unser Gast das Dessertschälchen zur Seite. Und setzte zu einer Strafpredigt an.

»Schätzchen, da haben Sie sich von meinem Bengel ganz schön um den Finger wickeln lassen. Er hat sich noch nie dafür interessiert, was anderen schmeckt. *Er* mag Fertigdesserts und *er* mag Quiche. Was ich will, weiß er gar nicht. Da bin ich wohl auf dem Weg der Erziehung falsch abgebogen. Aber wissen Sie was? Ihr Salat war einfach nur lecker. Und, wenn es Ihnen recht ist, würde ich gern auf das Du zurückkommen. Ich bin die Anne.«

Perplex ob so vieler Freundlichkeiten auf einen Schlag strahlte ich die Gute geradezu an und reichte ihr meine Hand. Und Klaus ... ja, der verdrückte sich still und leise. So wie er sich den ganzen Abend schon verhalten hatte. Komischerweise war ich nicht mal traurig darüber.

»Weißt du was, Anne? Ich hätte da noch ein paar Zutaten im Kühlschrank. Wie wäre es, wenn wir uns etwas Leckeres kochen?«

Da lachte meine Beinahe-Schwiegermutter herzhaft los. Mit einem Glas Rotwein und dezenter Musik öffneten wir die Kühlschranktür.

Schwiegermütter küssen besser

»Denkst du an unsere Verabredung heute Abend?« Katrin zog ihren Blazer vom Bügel und schlüpfte hinein.

»Welche Verabredung?« Jann wälzte sich im Bett auf die andere Seite. Als Musiker hatte er einen seinen Arbeitszeiten gemäßen Biorhythmus entwickelt, leider vollkommen gegenläufig zu Katrins Bürozeiten in der Kanzlei.

»Jetzt ärgere mich nicht.«

»Ja, ja, ich kann's kaum erwarten, deine Mutter kennenzulernen.« Jann gähnte und griff nach Katrins Wade, als sie in ihrem Businessoutfit am Bett vorbeiging.

»Hmmm, Frau Anwältin«, gurrte er und streichelte langsam am Bein nach oben, »was fühle ich denn da? Haben Sie Gnade, Hohes Gericht, ich bekenne mich schuldig im Sinne der Anklage. Bestrafen Sie mich.« Seine Finger wanderten weiter. »Sie könnten mir auch gern noch ein paar Gesetze eintrichtern«, flüsterte er und seine Stimme wurde rau. »Hoppla«, Jann richtete sich halb auf. »Du trägst ja Strapse.«

»Das sind doch keine Strapse, bloß halterlose Strümpfe.«

Katrin entwand sich elegant seinem Griff. »Ist ein Trick von meiner Mutter«, erklärte sie im Hinausgehen. »Ich sehe dem Richter in die Augen und denke, wenn du wüsstest, was ich drunter trage ... Man kriegt diesen, diesen ...« Katrin wedelte mit den Fingern vor ihren Augen herum.

»... Killerblick«, vollendete Jann den Satz.

»Genau! Drück mir die Daumen, ja? Wir sehen uns heute Abend im Restaurant. Mit Jackett.«

Katrin warf ihm eine Kusshand zu und schloss die Tür. Jann sank stöhnend im Bett zurück.

»Womit habe ich das verdient?«, rief er ihr nach.

Als Jann Katrins Auto wegfahren hörte, drehte er sich auf den Rücken und starrte an die Decke, als stünde dort heute zur Abwechslung einmal ein klar ausgearbeiteter Zukunftsplan. Gestern hatte nichts geklappt. Erst war das Studio falsch gebucht worden, dann waren die Verstärker ausgefallen und schließlich waren sie mit dem Produzenten in Streit geraten, weil der Vollidiot verlangt hatte, eine mainstreamigere Waschmaschinenversion des Songs einzuspielen. Schließlich war er mit den Bandkollegen gründlich versackt. Seine Laune war auf dem Tiefpunkt. Da fehlte die große Familienzusammenführung gerade noch! Katrin hatte ums Verrecken nicht locker gelassen. Sie waren gerade mal ein knappes Jahr zusammen, aber irgendwie schien sie das offizielle Okay ihrer Mutter zu brauchen. Immerhin hatte es Monate gedauert, bis Katrin selbst es sich erlaubt hatte, mit einem so wenig standesgemäßen Typen wie ihm zusammen zu sein. Papa Staatsanwalt schien noch aus dem Grab heraus Gesetze zu zitieren, mit denen er gegen ihre Verbindung protestieren wollte, der alte Spießer. Wie war es Katrin nur gelungen, trotz dieses Elternhauses und ihrer kometenhaften Jungjuristinnenkarriere so down-to-earth zu bleiben?

Jann schlug die Decke zurück und verschränkte einen Arm hinter dem Kopf. Mit der anderen Hand glitt er unter den Bund seiner Boxershorts.

Wie war das vorhin gewesen? Katrins Mutter hatte ihrer Tochter zum Tragen von Strapsen geraten? Nicht gerade das übliche Schwiegermutterklischee, dachte Jann. Katrin war eher der knabenhafte Typ, sie hatte wohl nicht nur die Juristerei von ihrem Daddy geerbt. Katrins Mutter musste im Gegensatz zu ihr ein ziemlich heißer Feger sein, wie er aus Erzählungen wusste, und hatte sich den Chef der Kanzlei geschnappt, als sie gerade frisch von der Sekretärinnenschule gekommen war. Auch dass die 18 Jahre Altersunterschied

Mutter und Tochter eher wie Schwestern wirken ließen, die beiden sich äußerlich kein bisschen ähnelten und die Frau Mama außerdem aussah wie Simone Thomalla, hatte Katrin irgendwann erwähnt.

Waren ja irgendwie doch keine schlechten Aussichten ...

Wie war noch gleich der Spruch, den ihm sein Alter mit auf den Weg gegeben hatte? Guck dir die Mutter an, dann weißt du, wie die Tochter mal aussehen wird. Und in diesem Fall konnten sich offensichtlich beide absolut sehen lassen.

Ungeduldig stand Jann vor dem Eingang des Hotelrestaurants. Immer wieder sah er auf seine Uhr und kontrollierte sein Smartphone. Er wartete seit zwanzig Minuten auf Katrin. Wenigstens eine SMS hätte sie ihm schreiben können. Allmählich ging ihm das Herumstehen gewaltig auf die Nerven. Erneut rief er sie an und hinterließ eine weitere Nachricht auf der Mailbox.

Jann steckte das Gerät in seine Jackentasche. Sein Rücken war schon schweißnass. Hätte er sich bloß nicht das verdammte Jackett aufquatschen lassen. Er würde wohl oder übel endlich reingehen müssen, noch länger konnte er Katrins Mutter unmöglich warten lassen. Genau so hatte er sich das vorgestellt: Seine Freundin ließ ihn hängen und er musste die peinliche erste Musterung ohne sie überstehen.

Als er das Restaurant betrat und seinen Blick über die Tische schweifen ließ, wurde ihm bewusst, dass er kein Präsent dabei hatte. Immerhin hatte er damit gerechnet, Katrin an der Hand zu haben. In der jetzigen Situation wären ein Blumenstrauß oder eine Schachtel Pralinen sicher nicht verkehrt gewesen. Herrgott, das hier war schließlich nur Katrins Mama, mit der er locker ein paar Minuten höfliche Konversation durchstehen würde, bis Katrin hoffentlich endlich ihren süßen, kleinen Knackarsch ...

»Sie müssen Jann sein!«

Eine Stimme wie Velourleder. Fest und gleichzeitig samtig. Jann spürte ein Prickeln im Nacken und drehte sich um.

Vor ihm stand eine Frau, so perfekt, dass es Jann für einen Moment den Atem verschlug. Simone Thomalla?, dachte Jann. Du! Kannst! Nach! Hauuuse gehn ...

Er musste unwillkürlich grinsen.

Katrins Mutter reichte ihm die Hand, fixierte ihn und sagte: »Nenn mich Maria.«

»Freut mich, Sie, dich ... Ich bin zu spät. Tut mir leid.« Jann versuchte, sich zu konzentrieren. »Äh, ich ... also ... Katrin ist leider noch nicht da, ich konnte sie auch nicht erreichen.«

»Kein Problem«, Maria winkte ab. »Das kenne ich schon mein ganzes Leben lang. Schriftsätze, Verhandlungen, Aktenstudium. Die Mandanten sind immer wichtiger als der Ehepartner. Daran gewöhnst du dich besser gleich. Ich sitze dort drüben.« Maria deutete auf einen Tisch in einer kleinen Nische.

»Klein, edel und intim hier, nicht wahr?«, fragte sie, als Jann ihr unbeholfen den Stuhl zurechtrückte. »Ein Gentleman, das gefällt mir. Darauf hat Katrins Vater auch immer Wert gelegt.«

»Schön ... alles hier.« Jann versuchte, den Blick von Marias leicht gebräuntem Dekolleté zu lösen. Eine lange Silberkette mit einer glänzenden Perle am Ende leitete den Blick des Betrachters direkt zwischen ...

»... absolut empfehlen«, drang Marias Stimme in seine Gedanken. Sie schlug die Karte auf.

»Wie bitte?« Jann blickte auf und spürte, wie ihm das Blut in den Kopf schoss. In seinen Ohren rauschte es leicht. War alles mit ihm in Ordnung? Dies hier war seine zukünftige Schwiegermutter und er bekam einen Schweißausbruch wie ein Dreizehnjähriger, der zufällig einen Blick in die Mädchenumkleidekabine erhascht hatte? »Ah, ja«, sagte er und seine Augen flogen über die Buchstaben, ohne ihren Sinn zu erfassen. Zanderfilet mit Risottokruste an Bärlauchschaum und mediterranem ... Jann schüttelte unwillkürlich den Kopf.

»Ich komme öfter hierher. Soll ich für uns beide bestellen?«, bot Maria an und klappte die Karte zu. »Weiß, Rosé oder Rot?«

»Rot«, sagte Jann erleichtert.

Als der Kellner kam, um die Bestellung aufzunehmen, konnte er Maria unauffällig betrachten. Katrin hatte recht gehabt. Es bestand nicht die geringste Ähnlichkeit zwischen den beiden. Vielleicht ein wenig die Nase? Und das Lächeln. Ganz eindeutig. Bekam Katrin dabei nicht auch solche Grübchen? Janns Blick blieb an Marias Haar hängen. Es floss mit sanftem Schwung über die Schulter, sodass Jann seine Hand förmlich davon abhalten musste, die Finger darin zu vergraben. Rasch griff er nach dem kunstvoll gefalteten Serviettenschwan und breitete das Tuch auf seinem Schoß aus.

Maria nahm gerade ihre Hand vom Unterarm des Kellners, wo sie diese platziert hatte, um der Bestellung mehr Nachdruck zu verleihen, als ihr Handy klingelte. Jann registrierte, wie ihr Finger über das Display wischte, und konnte nicht anders, als sich vorzustellen, wie es aussähe, wenn sie mit diesen roten Nägeln seinen ...

»Süße! Wir warten schon seit Ewigkeiten, gerade habe ich bestellt. Wo steckst du? - Es ist Katrin«, bedeutete sie Jann und hörte eine Weile zu. »Oh, Schätzchen, das ist ja furchtbar ... Geht es dir gut, ja? ... Okay, pass auf dich auf ... Nein, keine Sorge, Jann und ich werden uns nicht langweilen ... Doch, ganz nett, soweit ich bis jetzt beurteilen kann.« Maria zwinkerte Jann zu. »Mache ich ... Ich dich auch ... Nimm gleich ein heißes Bad. Bis morgen, Spatz. Ich ruf dich an.«

Sie legte das Handy beiseite. »So was Unnötiges! Platter Reifen. Direkt vor dem Gerichtsgebäude«, erklärte sie. »Katrin ist jetzt bei der Polizei, kann sein, dass es eine Racheaktion war oder einfach bloß Zufall. Ich soll dich grüßen.«

»Himmel«, sagte Jann, »das gibt's doch gar nicht.«

»Ja, schade«, meinte Maria. »Ausgerechnet heute. Sie nimmt sich ein Taxi direkt nach Hause, die arme Maus.« Kopfschüttelnd hob sie das Glas mit dem Aperitif, das der Kellner während des Telefonats serviert hatte. »Katrin hat ihr Handy übrigens in der Kanzlei liegen lassen, sie hat gerade von der Polizei aus angerufen.«

»Sie haben einen Anruf frei«, zitierte Jann mit strenger Stimme aus einem Film.

»Und den verwendet sie für ihre Mama.« Maria lächelte. »Ist das nicht lieb?«

Jann nickte.

»Auf Katrin«, sagte Maria.

»Auf ihre Mutter«, fügte Jann hinzu und stieß sein Glas leicht gegen ihres.

»Und auf einen schönen Abend!« Maria senkte das Glas, nahm mit dem Zeigefinger einen Tropfen Sekt auf, der an der Außenseite des Glases entlangperlte, und leckte ihn ab. Auf ihrem Finger blieb ein Hauch Lippenstift zurück.

Jann schob das Besteck zurecht und räusperte sich.

»Ich komme öfter hierher, wie gesagt ...«, meinte Maria, ließ den Satz im Raum stehen und betrachtete Jann ungeniert. »Katrin hat erzählt, du wärst ein richtig guter Sänger«, plauderte sie dann.

»Singer/Songwriter, sagt man.« Jann lehnte sich zurück. Distanz schaffen, auf bekanntes Terrain zurückziehen, dachte er und begann zu erzählen.

Während des Hauptgerichts griff Maria in ihre Tasche und reichte Jann einen Stapel Fotos über den Tisch. Katrin bei der Einschulung, Katrin beim Reiten, beim Ballett, mit Zahnlücke und mit nacktem Babypopo auf einem Schafsfell.

»Sie ist einfach eine wundervolle Tochter«, sagte Maria und hauchte ein Küsschen auf das Babyfoto.

Später kam Maria auf Janns Beruf zurück. »Es gibt viele Groupies bei den Konzerten, kann ich mir vorstellen«, sagte sie mit fragendem Unterton. Ihre Wangen glühten, der Kellner hatte gerade den letzten Rest aus der Weinflasche in ihre Gläser gefüllt.

Jann schüttelte den Kopf, dann nickte er. »Schon«, gab er grinsend zu. »Aber es sind alles dermaßen junge Hühner, die müssten einem vorher den Ausweis zeigen.«

»Vor was ...?«, hakte Maria nach. Sie legte das Besteck beiseite und schlüpfte aus ihrem Jäckchen. Sie fasste die Haare für einen kurzen Augenblick mit beiden Händen zu einem Pferdeschwanz zusammen. Die silberne Kugel rollte über dem Ansatz ihrer Brüste hin und her. »Eduardo hat es heute gut gemeint mit dem Chili in der Pasta, was?«, sagte sie und wedelte sich etwas Luft in den leicht geöffneten Mund. Dann schüttelte sie die Haare aus, pustete ein paar Fransen aus der Stirn und nahm einen Schluck Mineralwasser. »Wir hätten besser Milch bestellt.«

Jann tat, als ob er mit den Resten auf seinem Teller beschäftigt wäre. »Stimmt«, murmelte er. Mittlerweile war er kaum mehr zu einem klaren Gedanken in der Lage. In seinem Kopf mischten sich Bilder von Marias Erzählungen über Katrins Kindheit mit wilden Fantasien darüber, was er mit dieser unfassbar sinnlichen Frau in einem Hotelbett anstellen würde.

Unvermittelt legte Maria ihre Hand auf seine. Ein schmerzhaft süßes Gefühl jagte durch seine Lenden.

»Wollen wir vor dem Dessert noch ein bisschen frische Luft schnappen?«, fragte sie.

Janns Zunge fühlte sich an wie festgenagelt. Er nickte schwach.

»Wunderbar«, sagte Maria, tupfte den Mund mit der Serviette ab und erhob sich. Der schwarze Lederrock raschelte leise, als sie ihn zurechtstrich. »Gehen wir.«

Vor der Tür empfing sie kühle Abendluft. Jann atmete tief durch. Kopfkino anhalten, Kopfkino anhalten. Das konnte alles nicht gut gehen. Wie sollte er seiner zukünftigen Schwiegermutter je wieder unter die Augen treten? Jann dachte verzweifelt an all die Kaffeekränzchen, Sonntagsbesuche und Weihnachtsfeiern, die ihm noch bevorstanden.

Maria hakte sich kurzerhand bei ihm ein und führte ihn den Weg entlang.

»Ist ein bisschen dunkel hier«, kicherte sie.

»Gut, dass der Mond scheint«, erwiderte Jann lahm. Sein Gehirn arbeitete auf Sparflamme.

»Autsch!« Maria taumelte auf den hohen Absätzen und Jann spürte ihre Haare an seinem Kinn, als er sie enger umfasste. Ihr Parfum war betörend. Die Duftmoleküle hatten sein limbisches System geentert.

»Guck, hier ist eine Bank«, sagte Maria und ließ sich darauf nieder. Dabei öffnete sich der Seitenschlitz ihres Rockes und gab den Blick auf die Spitzenborte der Strümpfe frei.

Jann unterdrückte ein Stöhnen, als er sich neben sie setzte. Sie sah ihn an. »Na, mach schon«, murmelte sie und schloss die Augen. Jann umfasste ihren Nacken und zog sie sachte zu sich heran. Ihre Zungen fanden sich, wund von der Schärfe des Essens und träge vom dunklen Rotwein. Maria seufzte.

»Darf ich vorstellen?«, Katrins Stimme drang nur verzögert in Janns Gehör. Sein Körper reagierte schneller. Reflexartig zog er die Hand unter dem Rock seiner Schwiegermutter hervor. Jann wurde übel. Wo kam Katrin denn auf einmal her? Er wandte sich um. Sie kam den Weg herunter, neben sich eine aparte blonde Frau mit Perlenhalskette und durchscheinendem Porzellanteint, die tatsächlich aussah wie eine ältere Ausgabe von ihr selbst.

»Meine Mutter«, bestätigte Katrin seine schlimmsten Befürchtungen.

»Armer Schatz«, sagte Katrins Mutter mit einem abfälligen Blick auf den Freund ihrer Tochter und legte den Arm um sie. »Wieder einer durchgefallen.«

Maria erhob sich und reichte den Frauen die Hand. »Tja, das tut mir leid ...«, sagte sie bedauernd. »Ich schicke Ihnen dann die Rechnung. Wie immer ...«

»Gute Arbeit«, lobte Katrins Mutter.

Maria zuckte mit den Schultern. »Schade um ihn, eigentlich. Wie gesagt, tut mir wirklich leid.« Dann strich sie ihren Rock glatt und ging zum Restaurant zurück.

»Katrin, warte, es ist alles ganz ...«, rief Jann.

»Wichser!«, brüllte Katrin zurück, als sie zum Parkplatz rannte. Anders als vor Gericht wurde in diesen Angelegenheiten dem Angeklagten nicht das Recht auf das letzte Wort gestattet.

Meine liebste Schwiegermutter

Als ich meiner ersten Schwiegermutter erstmals begegnete, war ich noch jung. Viel zu jung, um zu wissen, dass es sich bei der Dame mittleren Alters um meine spätere Schwiegermutter handeln würde. Dennoch war ich durchdrungen von einer unheilvollen Ahnung, die mich dazu zwang, der Situation, die sich an der Tür des gediegenen Einfamilienhauses abspielte, mit der gebührenden Ernsthaftigkeit zu begegnen. Meine Vorahnung lähmte mich so sehr, dass ich nicht imstande war, die glänzenden Seiten meiner gerade heranreifenden Persönlichkeit zu zeigen, und mehr über die Schwelle stolperte als schritt. Dabei sagte ich, noch ehe ein Gruß über meine Lippen gekommen war, den verhängnisvollen Satz »Ich muss meine Hose retten«, was meine Schwiegermutter dazu veranlasste, sich ebenso grußlos wie motiviert dem Rettungsversuch zu widmen. Leider verbesserte die gerade ins Zentrum der allgemeinen Wahrnehmung gerückte Hose – eine glänzende lange Sporthose, die mir auf der Anreise wohl zu dicht an die Fahrradkette geraten war – den von mir hinterlassenen Eindruck nur unwesentlich und ich bedauerte ein wenig, nicht im Smoking mit Sportwagen vorgefahren zu sein. »Hallo«, hätte ich zwei Treppenstufen auf einmal nehmend gerufen, »Sie müssen die charmante Mutter meiner wunderbaren zukünftigen Frau sein«, ihr einen perfekt arrangierten Blumenstrauß in die Hand gedrückt und mich mit lobenden Worten über den geschmackvoll gestalteten Hausflur geäußert.

Stattdessen stand ich also da, analysierte im verschwitzten Geiste meinen schlechten Auftritt und ließ die Schwiegermutter gewähren, die prüfend und die effektivsten Handlungsoptionen abwägend die schwarzen Ölflecken am

Hosensaum unter die Lupe nahm. Schließlich griff sie nach einem weißen Taschentuch und rieb ein wenig an der Hose herum, gab es aber bald wieder auf und mir stattdessen ein paar detaillierte Reinigungstipps für meine Mutter mit auf den Weg.

Man sollte vielleicht erwähnen, dass sich diese Szene auf dem Dorf abspielte. Dieses hatte knapp dreihundert Einwohner und meine erste Schwiegermutter war darin aufgewachsen. Von Beginn ihrer Tage an – das Säuglingsalter einmal abgerechnet – hatte ihr Leben aus Arbeit bestanden. Arbeit auf dem Acker des elterlichen Nebenerwerbsbetriebs, Arbeit in der Beaufsichtigung der jüngeren Geschwister und Arbeit in der Dorfschule, wo es auch noch den Volksschulabschluss zu erlangen galt. Hätte ich meine Schwiegermutter am Tag unserer ersten Begegnung schon länger gekannt, wäre mir bewusst gewesen, wie passend mein eigentlich unpassender Auftritt gewesen war. Mit dem Satz »Ich muss meine Hose retten« gab ich ihr nämlich einen Anlass, ihrem permanent pulsierenden Arbeitsbedürfnis Raum zu geben. Small Talk war nicht ihre Sache, ich hatte also alles richtig gemacht.

Folgerichtig kam es wenig später auch schon zur Hochzeit. Für das Fräulein Tochter und mich wurde der Dachboden ausgebaut, wir richteten uns nach den Ideen meiner Schwiegermutter ein – und trennten uns nach einem kinderlosen Jahr in aller Freundschaft.

Es ist müßig, nach dem Schuldigen dafür zu suchen, aber mit der gebotenen Selbstkritik muss ich doch zugeben, dass ich es war, der die von meiner Schwiegermutter in mich gesetzten Erwartungen nicht erfüllen konnte. Beim Rasenmähen hatte ich immer die Gräser an den Rändern stehen lassen, die Autowäsche mehr halbherzig betrieben und bei den im Haushalt anfallenden handwerklichen Kleinarbeiten regelmäßig versagt. Außerdem war ich evangelisch – ein Umstand, der mich in dieser lebensfrohen Katholikenfamilie als verkopft und bieder erscheinen ließ.

Also ging ich und nahm mir vor, es das nächste Mal besser zu machen.

Mein Weg führte aus niedriger Häuser dumpfen Gemächern hinaus an die Universität, wo ich in urbanem Kontext meinen Geist zu befreien hoffte. Ein Vorhaben, das sich erfreulich gut in die Tat umsetzen ließ, dann das Studium war anspruchslos und es blieb viel Zeit, sich in Studentenkneipen ausgiebig im freien Denken zu üben. Hilfreich war dabei auch das eine oder andere Getränk, das mich, nach frühmorgendlicher U-Bahn-Heimfahrt, das sanfte Geraune der Nachmittagsvorlesung wie durch Watte verfolgen ließ. Nie im Leben hatte ich mich derart schonen können wie im Studium und nirgendwo gestaltete sich mein häusliches Umfeld so wenig fordernd wie in der WG, in der ich nun lebte. Dabei traf der alte Kalauer »WG heißt ›Wir gammeln‹« nur bedingt unsere Lebenssituation, denn tatsächlich spülten wir mindestens alle 14 Tage das Geschirr und auch den Müll muss irgendjemand mal vor die Tür getragen haben ...

Wie das Leben so spielt, ließ es sich in diesem Nirwana-ähnlichen Zustand nicht vermeiden, dass ich eine Bekanntschaft machte. Ich zeigte mich nicht nur über die Maßen humorvoll und charmant, sondern auch äußerlich als eine Augenweide. Kurz und gut: Ich landete bei einer zweisprachig aufgewachsenen Griechin, die mich, kaum dass ich zu einer ihrer Partys eine Stunde zu früh erschienen war, zu ihrem neuen Liebhaber erkor. Es ist übrigens nicht ganz einfach, zu einer von einer Griechin veranstalteten Party nicht zu früh zu erscheinen. Wenn Griechen nämlich sagen, sie treffen sich um acht Uhr, dann meinen sie, dass sie sich irgendwann im Laufe des Abends treffen, aber keinesfalls vor neun. Selbstverständlich war mir diese unausgesprochene Übereinkunft völlig unbekannt und so stand ich um Viertel nach acht vor der Wohnungstür. Da alle anderen Gäste Südeuropäer oder zumindest Kenner der Gepflogenheiten waren, hatten wir die Wohnung über eine Stunde für uns allein, sodass die groben Planungen für den Ablauf unserer Hochzeitsfeier am Ende des Abends bereits abgeschlossen waren.

Wir heirateten zu Ehren meines bereits verstorbenen Schwiegervaters in Athen – ein rauschendes Fest, wie ich es vorher noch nicht erlebt hatte. Unermesslich war die Anzahl an Verwandten und Freunden der Familie, die bis zum Morgengrauen mit uns aßen, tranken und vor allem auch tanzten. Es fehlte an nichts, oder besser gesagt, an beinahe nichts, denn es fehlte meine Schwiegermutter. Sie war Deutsche und, wie man mir erzählte, aus Prinzip nicht angereist. Mochte mit den Griechen und ihrem Land nichts mehr zu tun haben. Hatte noch an den tiefen Narben der Trennung zu leiden, brachte es nicht einmal über sich, eine Glückwunschkarte zu schicken. Anna, meine Frau, schien das nicht zu wundern, was mich wiederum wunderte, denn sie bewahrte auch nach diesem traurigen Ereignis ihr durch und durch gutes Mutterbild und rüttelte nie daran.

Eines schönen Tages, etwa zwei Jahre nach unserer Hochzeit, verkündete Anna, ich müsse nun unbedingt ihre Mutter kennenlernen. Sprach's, wuchtete eine vorher gepackte Tasche in den Kofferraum ihres roten Kleinwagens, den sie prompt anließ, und hieß mich mit feurigem Blick, endlich einzusteigen. Da ich die Spontaneität meiner Frau zwar nicht teilte, gleichwohl aber an ihr schätzte, folgte ich und reiste ohne vorherige Ankündigung mit zu meiner Schwiegermutter, die als gut situierte Kaufmannstochter in ihrem Geburtshaus in Hamburg lebte. Schwiegermutter empfing uns um 18 Uhr zum Abendessen und ich musste anerkennen, dass ich schon schlechter gespeist hatte. Entsprechend langte ich zu, zumal mich die lange Anfahrt hungrig hatte werden lassen. Als wir das Mahl beendet und auch ein zweites Glas Wein getrunken hatten, ergab es sich, dass ich ein paar Minuten mit meiner Schwiegermutter allein im Zimmer war, was von ihr ohne Umschweife zu einer kleinen Unterredung genutzt wurde. Dass sie mir zur Hochzeit gratulieren wolle, meinte Schwiegermutter, auch, dass ich es mit meiner Frau gut getroffen hätte. Ob die Hochzeit zur Zufriedenheit verlaufen sei und Griechenland mir gefallen habe, fragte sie und ich antwortete wahrheitsgemäß mit Ja. Gern hätte ich ihr ein bisschen mehr darüber erzählt, denn unsere Hochzeit war auch in meiner Erinnerung noch ein beeindruckendes Ereignis geblieben, für das ich jedem Abwesenden gewünscht hätte, ein Anwesender gewesen zu sein. Schwiegermutter hakte jedoch nicht weiter nach und wechselte prompt das Thema: Politik, ein Gebiet, bei dem man eigentlich nicht gewinnen kann. Meine Meinung zu den Freien Demokraten wollte sie hören. Die Partei wurde damals noch vom großohrigen Genscher geführt, der gewiss eine respektable Figur genannt werden musste. Also entschloss ich mich zu größtmöglichem Wohlwollen und äußerte mich einigermaßen anerkennend ob der permanenten Parlamentspräsenz, fügte allerdings flapsig hinzu, dass man die Partei bei aller Sympathie ja nicht gleich wählen müsse. Schwiegermutter sprach noch kurz über Kunst und Kultur, hatte offenbar ein Faible für einen gewissen Richard Wagner, den ich leider – ich bedauerte es ehrlich und aufrichtig – nicht kannte, bevor eine strahlende Anna wieder zu uns trat und fragte, ob wir uns gut unterhalten hätten. Wir bejahten, Anna und ich verlebten noch ein paar schöne Stunden im Hause der Schwiegermutter und machten uns am nächsten Morgen wieder auf den Heimweg.

Eine Woche später erklärte mir Anna gleichermaßen freundlich wie präzise, warum wir uns nun trennen müssten.

Sie hätte einen mehrseitigen Brief ihrer Mutter erhalten, in welchem diese erläutert hätte, warum ich der falsche Mann für ihre Tochter sei. Obwohl ich es nicht ganz glauben mochte, versicherte mir Anna, dies hätte nichts oder zumindest nicht ausschließlich mit Richard Wagner zu tun. Aber die Meinung ihrer Mutter sei nun einmal unumstößlich, also könne man, so gern man auch würde, nichts machen. Das sah ich natürlich ein, drückte Anna noch einmal aus vollem Herzen und machte mich auf die Suche nach einer neuen Bleibe.

Meine dritte Schwiegermutter war von einem anderen Schlag. Sie hieß Hedwig und so nannte ich sie vom ersten Tag an. Hedwig war Busfahrerin und arbeitete im Linienverkehr der ehemals eigenständigen Stadt Wanne-Eickel. Es waren die frühen Neunziger, man durfte allerorten noch rauchen, was Hedwig auch rund um die Uhr praktizierte. Ihre Tochter hatte ich berufsbedingt kennengelernt. Ich leitete mittlerweile eine kleine Abteilung in einem nur unwesentlich größeren Institut und meine zukünftige dritte Frau hatte die undankbare Aufgabe, mir als Sekretärin zur Seite zu stehen. Es muss nicht erwähnt werden, dass sie dies auf allerbeste Weise erledigte. Auch nicht, dass sie außerordentlich gut aussehend und darüber hinaus noch einige Jahre jünger war als ich. Erwähnt werden sollte höchstens, dass Sabrina – den Namen hatte Sabrina nicht von Hedwig, sondern von Egon, ihrem sturen westfälischen Erzeuger erhalten – nicht wirklich meine große Liebe war. Dafür aber liebte sie mich und, mehr noch, verlor auch nie ein kritisches Wort, wenn ich Dinge tat, die ihr nicht behagten. Möglicherweise behagte ihr sogar alles, was ich tat, denn sie lachte stets und blickte bewundernd an mir empor. Da ich ein Mensch war und obendrein ein schwacher, gefiel mir dieses ungewohnte Gefühl, im engsten Kreis ein Superstar zu sein, und so tat ich mich mit Sabrina auch außerhalb unserer Arbeitszeit zusammen.

Die Beziehung erwies sich als stabil, da jeder den anderen sein ließ, wie er war, und so war es nur logisch, dass ich bald Hedwig kennenlernte. Wir fuhren mit dem öffentlichen Nahverkehr zu ihr und ich staunte nicht schlecht, als die Busfahrerin uns nach der Endstation anwies, in ihrem Privatfahrzeug Platz zu nehmen. Sabrina hatte mich überhaupt nicht vorgewarnt und so fand ich mich plötzlich neben der rauchend fahrenden Hedwig wieder, die mich mit dem in Wanne-Eickel wohl maximal möglichen Charme auf Herz und Nieren prüfte: »Wer bisse? Watt machse? Hasse Arbeit?« Darauf Sabrina genervt und in ganz anderer Art und Weise, als ich es von ihr gewohnt war: »Mensch Mutta, ich tu den doch von die Arbeit kenn'!«

Daheim bei Egon wurd's dann gleich gemütlich und wir fachsimpelten vor dem Fernseher sitzend, ob der FC Schalke wohl jemals noch Deutscher Meister werden würde.

Prompt schaltete sich Hedwig ein und sagte, die Kippe diesmal im linken Mundwinkel: »Ihr müsst ja nich gleich heiraten. Datt Sabrina hat schon viele Kerls gehabt, muss nich denken, datt ett mit dir watt besseret gibt.« Sabrina war genervt, die Litanei wohl kennend, ich neugierig auf das, was wohl als Nächstes kommen würde.

Ihr müsst ja nich gleich heiraten. Datt Sabrina hat schon viele Kerls gehabt, muss nich denken, datt ett mit dir watt besseret gibt.

»Der Egon und ich, wie wir jung warn, da hamm wa viel zu früh Ja gesacht. Watt hätten wir noch erleben können, vor allem ich. Auf mich war datt halbe Viertel scharf und ich Idiot sach Ja zum Egon, watt Egon?«

»Ja, ja«, sacht Egon, »datt iss schon scheiße mit Schalke. Verliern die zu Hause gegen Kaiserslautern, da kannse gar nich so viel saufen, wie de kotzen willst!«

»Siehsse, so tut der mir zuhörn, wa? Gar nich tut der mir noch zuhörn. Der Egon war im Schacht und hat genuch gehört, aber auf mich warn se alle scharf, wie bei datt Sabrina, wa!«

Die Herzlichkeit, mit der Hedwig die müde lächelnde Sabrina tätschelte, beeindruckte mich und ich zögerte nicht, mich nach diesem Besuch ein drittes Mal in das Abenteuer einer Ehe hineinzustürzen.

Zweifelsohne war Sabrina in zwei Welten zu Hause und ich hätte mich schlecht gefühlt, ihr die bessere, in der ich nach eigener Einschätzung die Hauptrolle spielte, wieder zu verschließen. Die Trauung war eine schlichte standesamtliche Angelegenheit, aber doch so feierlich, dass Hedwig erst hinterher wieder rauchte. Überhaupt zeigte sich diese während der Feierlichkeiten für ihre Verhältnisse zurückhaltend, was möglicherweise auch daran lag, dass wir nach der Zeremonie nur kurz aßen und dann direkt wieder nach Hause gingen. Wären wir zu Hause geblieben, wer weiß, ich wäre vielleicht noch heute mit Sabrina verheiratet. Wir blieben aber nicht lange zu Hause, sondern fuhren zusammen in die Flitterwochen. Wir, das waren Sabrina, ich und Hedwig. Egon war nicht mitgekommen, denn einer musste ja zu Hause nach dem Rechten sehen. Außerdem, das sagte er nicht offiziell, hatte Schalke während unserer Reise zwei Heimspiele und ein Auswärtsspiel in Dortmund – wer da fehlte, hatte ein Problem. Vielleicht wäre Egon trotz allem sogar mitgekommen, wenn Hedwig ihn gefragt hätte. Aber das hatte sie nicht, genauso wenig wie sie uns gefragt hatte, ob wir uns über ihre Gesellschaft in unseren Flitterwochen freuen würden.

Eigentlich wollten wir ja in die Bretagne reisen, aber als Hedwig das hörte, buchte sie kurzerhand um.

»Die Bretannje iss nur wat für Schwachmaten«, meinte sie, ohne sich weitere Gedanken über kulturgeografische Hintergründe zu machen. »Fahrt nach Malle, da wisster, watter habt!«

»Malle« erwies sich dann auch als echter Volltreffer. Wir wohnten in einem Drei-Sterne-Hotel direkt am Strand, an dem ich allmorgendlich die Ehre hatte, unsere drei Badetücher zu positionieren. Wir hatten feste Plätze. Sabrina lag rechts, ich links und in der Mitte Hedwig. Den Sonnenschirm steckten wir immer so in den Sand, dass Hedwigs Gesicht im Kernschatten blieb. Das war auch besser so, denn der viele Sangria wäre Hedwig in der prallen Sonne womöglich nicht bekommen.

»Auf Malle«, rief sie immer, wenn sie mit uns anstieß, »und darauf, datt ihr inn eure Ehe immer Bock zum Vögeln habt!«

Tja, was nutzt der größte Bock, wenn immer Hedwig in der Mitte liegt?

Die Strandtage waren äußerst abwechslungsreich. Manchmal lagen wir auf dem Rücken, manchmal auf dem Bauch. Zuweilen kam es vor, dass wir auch auf der Seite lagen. Einmal, es war ein etwas bewölkterer Tag, an dem wir den Sonnenschirm gar nicht gebraucht hätten, lag Sabrina auf dem Rücken, Hedwig auf dem Bauch und ich auf der von Hedwig abgewandten Seite.

Die Strandtage waren äußerst abwechslungsreich. Manchmal lagen wir auf dem Rücken, manchmal auf dem Bauch.

Das war irgendwie lustig, denn ich konnte unbeobachtet Hedwigs Zigaretten im Sand verbuddeln. Lustig wurde es auch an den Abenden, wenn wir Hedwig von den üblichen Kneipen zurück ins Hotel schleppen mussten. Es war ein stetes Ritual, bei dem Hedwig nach allen Richtungen gleichzeitig auszubrechen drohte. Zudem drohte sie auch nach allen Richtungen gleichzeitig zu brechen, aber zum Glück blieb es in diesem Fall bei Drohgebärden. Im Hotelzimmer – wir hatten ein Dreibettzimmer – kam Hedwig dann regelmäßig wieder zu sich und forderte uns massiv auf, unseren ehelichen Pflichten nachzukommen, wir seien schließlich nicht zum Spaß da.

»Ich will jetz ma sehen, datt dein Kerl nen Hengst iss, Sabrina! Datt kann ja wohl nich sein, datter hier wieder inne Seile hängt! Und schnarchen tuter auch noch, wie dä Egon, nää, nää, nää!«

Man mag Hedwigs Interesse an einem sexuell aktiven Mann für ihre Tochter in Ehren halten, aber mich lähmten diese Aufforderungen doch zu sehr. Als Sabrina Anstalten machte, ihrer Mutter zuliebe die Pflicht zu erfüllen, packte ich die wichtigsten meiner Sachen und ging. Meinen Job im Institut kündigte ich. Um die Scheidungsangelegenheiten kümmerte sich Hedwig, die über einen außerordentlich guten Draht zu den zuständigen Stellen verfügen musste. Wanne-Eickel habe ich seither selbst mit nicht-öffentlichen Verkehrsmitteln nicht mehr angesteuert. Auch wenn es mir um Egon und den FC Schalke, der in Dortmund eine Klatsche bezogen hatte, ein wenig leid tat – ich brauchte das nicht mehr. Was ich jetzt brauchte, war Urlaub.

Natürlich machte ich Urlaub in der Bretagne. Zwar nicht in dem hübschen Ferienhäuschen, das ich ursprünglich für Sabrina und mich reserviert hatte, sondern unterwegs mit dem Rucksack über einsame Klippenpfade wandernd, wo mir der Atlantikwind und das Gekreische der Seevögel alle schlechten Gedanken aus dem Hirn trieben. Es war herrlich. Am Abend mit müden Beinen in einem Gasthaus mit freiem Fremdenzimmer einkehren, ein Glas Cidre, vielleicht auch zwei, ein gutes, einfaches Essen und ein himmlischer Schlaf auf französischen Matratzen. Ein Frühstück mit noch warmem Baguette und gesalzener Butter, frische französische Milch von bretonischen Kühen und ein Blick in den Wanderführer vor dem Start der nächsten Etappe. Sonne und Wolken in gesundem Wechsel, alles viel echter und ehrlicher als auf den touristischen Inseln des Südens, und für die Seele die reinste Wiedergeburt. Mutter Erde hatte mich ganz und gar für sich eingenommen und mehr als die einfachsten Errungenschaften unverputzter Naturstein-Zivilisation brauchte es nicht, um mein Glück perfekt zu machen. Ganz sicher hätte es keine weitere Frau gebraucht. Hätte, hätte – Fahrradkette.

Ich traf Natalie auf einer meiner ausgedehnten Etappen auf dem Sentier des Douaniers, dem alten Zöllnerpfad. Sie trug wie ich bequeme Freizeitkleidung und festes Schuhwerk, hatte allerdings anstelle eines Rucksacks nur einen Einkaufskorb dabei. Sie fühlte sich möglicherweise von meinem zügigen Wanderschritt gehetzt, möglicherweise aber lag es auch an ihrem überladenen Korb, dass an einer besonders engen und abschüssigen Stelle ein Blumenkohlkopf zu Boden stürzte und gefährlich nah an die beinahe senkrecht abfallende Klippe heranrollte, unter der das Meer gurgelnd und schäumend lauerte. Natalie bückte sich instinktiv und ich, in Gedanken ganz woanders weilend, konnte nicht anders, als sie ebenso instinktiv an den Hüften zu greifen, um ihr den Tod, dem sie ganz gewiss auch allein hätte entgehen können, vom Leibe zu halten. Natalie jedoch, den Blumenkohl wieder im Korb verstauend, drehte sich zu mir, lächelte mir scheu entgegen und dankte in kurzen, aber ernst gemeinten Worten. Das Gesicht, in das ich blickte, verzauberte mich wie noch keines zuvor. Es war sanft, von tiefschwarzem im Wind wehendem Haar umrahmt und strahlte trotz seiner Blässe eine Lebendigkeit und Wärme aus, die ihresgleichen suchte. Ich konnte also gar nicht anders, als der jungen Frau zu folgen, weg vom Klippenpfad, ein Stück landeinwärts bis hin zu der kleinen Kate, in der sie mit ihrer Mutter wohnte.

Wie zum Einverständnis mit meiner von mir bis dahin unentdeckt gewähnten Verfolgung ließ Natalie die Tür hinter sich offen. Als ich die dämmrige Stube betreten und auf Natalies schweigende Aufforderung am Tisch Platz genommen hatte, war dieser bereits für meine Teilnahme am Abendbrot mit gedeckt.

»Maman«, sprach Natalie mit wunderbaren französischen Worten, »dieser Mann ist mir gefolgt und möchte bei dir um meine Hand anhalten.«

Aus dem Sessel hinter dem Ofen erhob sich eine ebenso gedrungene wie schattenhafte Gestalt und begab sich in langsamen Schritten zum gedeckten Tisch.

»Dann wollen wir ihn mal unter die Lupe nehmen, liebe Natalie«, sprach die Gestalt, die also Natalies Mutter war, und es wunderte mich weniger, als ich mir eingestehen mochte, dass ich verstehen konnte, was sie so schnell und leise dahinsagte.

Natalie musste ihre überwältigende Schönheit von ihrem Vater mitbekommen haben – so viel stand nach erster Begutachtung des anwesenden Elternteils fest. Und diese Begutachtung war intensiv, denn Natalies Mutter kam mir mit ihrem von unfreundlichen Runzeln durchfurchten Gesicht so nahe an das meinige, dass ich das sachte Zucken ihres Augenlides wahrnahm, als sei es der große Wischer einer Windschutzscheibe. Böse blickte sie mich an, vielleicht auch weniger böse als skeptisch, und die Zukunft ihrer wahrscheinlich geliebten Tochter keinesfalls aufs Spiel setzend. Schließlich wandte sie sich an Natalie und sagte zu ihr einen Satz, dessen Übersetzung mir das Blut in den Adern gefrieren ließ. »Dieser Mann ist vom Teufel besessen. Stürz ihn bei nächster Gelegenheit von der Klippe.« Und im gleichen Atemzug,

Dieser Mann ist vom Teufel besessen. Stürz ihn bei nächster Gelegenheit von der Klippe.

ein leichtes Lächeln umspielte ihre auf einmal freundlich wirkenden Mundwinkel, fügte sie an mich gerichtet hinzu: »Bienvenu et bon appétit!«

Appetit hatte ich keinen mehr, aber auch nicht den Mut zu gehen, denn draußen dämmerte es bereits und das nächste Dorf war noch weit. Also kämpfte ich mich auf einem engen Bänkchen kauernd durch die Nacht, immer in Sorge, Natalie, die auf einmal gar nichts Zauberhaftes mehr an sich hatte, könnte mir zur Freude ihrer Mutter ein Küchenmesser zwischen die Rippen rammen. Schließlich – ich musste wohl doch noch kurz eingenickt sein – huschte ich mit dem ersten Hauch von Morgenhelle aus der Hütte und sah zu, dass ich Land gewann.

Kein Zweifel: Ich war gerade noch einmal mit dem Leben davongekommen. Aber konnte ich mich darüber wirklich freuen? Genügte es mir, der Spielball anderer zu sein, die Erwartungen anderer zu erfüllen? Nein, der Mensch sollte nicht allein sein. Aber immerhin konnte er es und deshalb würde ich mich niemals mehr einem weiblichen Wesen mit ernsthaften Absichten nähern – zumindest nicht, ohne vorher dessen Mutter kennengelernt zu haben. Also fasste ich einen Entschluss ...

Im Grunde war es einfach, denn ich hatte bei meinem Plan, die ideale Schwiegermutter zu finden, auf nichts und niemanden Rücksicht zu nehmen. Ich war frei, ungebunden, nicht einmal eine Arbeit zwang mich noch dazu, an einem bestimmten Ort zu bleiben, und so überlegte ich zunächst, in welchem Milieu ich die Dame antreffen wollte. Zu klein sollte die Ortschaft nicht sein, auch nicht zu touristisch, eher urban, aber doch nicht arrogant. Unter keinen Umständen dürfte die Frau aus einer gut situierten Hamburger Kaufmannsfamilie kommen und auch die eingebildeten Shopping-Queens der Münchener Schickeria konnten mir gestohlen bleiben. Ich entschied mich nach einigem Überlegen für Freiburg im Breisgau – intelligent, alternativ, aber auch keine Stadt, die sich in wirtschaftlicher Hinsicht hinter anderen zu verstecken brauchte. Hier suchte ich mir erst einmal eine Wohnung und fand eine wirklich schöne mit freiliegenden Balken und angenehmer Atmosphäre. Ich richtete mich mit dem Nötigsten ein, meldete mich bei der Arbeitsagentur arbeitssuchend – schwiegermuttersuchend konnte ich mich ja nicht melden – und hielt Ausschau nach einer Tanzschule.

Ich fand eine, die tatsächlich noch einen Charleston-Kurs anbot, und meldete mich an. Wer in der heutigen Zeit Charleston lernte, so viel stand für mich fest, verfolgte damit unter keinen Umständen irgendwelche fragwürdigen Absichten. Charleston war für mich ein Tanz, mit dem man so offenkundig rein gar nichts mehr anfangen konnte, dass es nur die reine, ungetrübte Lebensfreude sein musste, die einen antrieb. Und lebensfroh sollte meine Schwiegermutter sein. Sie sollte leben und leben lassen. Vor allem Letzteres. Mehr erwartete ich nicht.

Maren übertraf meine Erwartungen um Längen. Sie tanzte nicht nur hervorragend Charleston, sondern hatte auch einen sensationellen Sinn für Humor. Sie war gut aussehend, gebildet, handwerklich begabt und zupackend. Und sie hatte eine Art, auf andere Menschen zuzugehen, die Eisklumpen zu Wasser werden ließ. Nach dem dritten oder vierten gemeinsamen Charleston nahm ich mein Herz in beide Hände und fragte diese fabelhafte Frau, ob sie meine Schwiegermutter werden wolle. Maren lachte laut auf – sie lacht oft, weil sie das Leben trotz all seiner Widrigkeiten immer auch zum Lachen findet – und sagte laut »Ja!«. Und dann noch zweimal: »Ja! Ja!«

Ihre lachenden und jubelnden Ausrufe brachten sogar die Musik zum Innehalten, aber niemand der Anwesenden hatte den Grund für Marens Freudenausbruch mitbekommen und so wurde rasch weitergetanzt.

Dass Maren nur einen Sohn hat, zudem einen heterosexuellen, störte nicht, denn der war nicht kleinkariert,  **Dass Maren nur einen Sohn hat, zudem einen heterosexuellen, störte nicht.** sondern heiratete mich, weil er gerade nichts Besseres zu tun und die Nase vom Single-Dasein voll hatte. Felix, ein glücklicher Bursche, der mit mir so manches gemein hat, erwies sich als angenehmer Mitbewohner.

Bis zum heutigen Tag lässt er mich mal in Ruhe, mal unterhält er sich mit mir – ganz wie es uns beliebt. Und manchmal, wenn wir samstags zusammen die Sportschau sehen, kommt seine Mutter Maren zu Besuch. Sie macht uns dann drei gut gekühlte Bierflaschen auf, setzt sich zwischen uns auf die Couch und lässt es sich gut gehen. Das Leben ist schön mit dieser Schwiegermutter. Ich glaube, ich bin verliebt.

KAPITEL 2

Typisch Schwiegermutter – Verhaltensmuster einer dominanten Spezies

Sind Sie noch da? Immer noch dieselbe Schwiegermutter? Erstkontakt gut überstanden? Sie wollen heiraten ...

Sie wissen, dass das auch bedeutet: sich in die Herde einzusortieren. Schon mal etwas von »Leitstute« gehört? Oder »Stutenbissigkeit«?

Ihre Schwiegermutter hat bisher noch nicht versucht, Sie zu beißen? Es ist natürlich möglich, dass Sie nicht besonders gut schmecken. Viel wahrscheinlicher aber hat sie andere Tricks zur Hand. Zum Beispiel gute Ratschläge. Nur, um zu helfen, oder was haben Sie gedacht? Gern besetzt sie dafür auch Ihr Gästezimmer – allein schon, um zu kontrollieren, ob Sie ihre Ratschläge befolgen.

Offener Widerstand? Versuchen Sie es ...

Zu den instinktiven Verhaltensmustern der Schwiegermutter gehören klug gewählte Präsente, die weniger Freude bereiten sollen, sondern vielmehr den eigenen Rang in der Hierarchie des Rudels zementieren. Auch neigt sie dazu, den Bau der jüngeren Generation als ihr Territorium zu betrachten und auf ihre eigene subtile Weise zu annektieren – indem sie aufräumt und umdekoriert.

Ganz erstaunlich ist, dass Schwiegermutter-Exemplare aus den unterschiedlichsten Besiedlungsgebieten – von Finnland bis in den Orient – ganz ähnliche Instinkte entwickelt haben.

Hätten Sie's gewusst?
15 interessante Fakten über Schwiegermütter

1. Die Angst vor der Schwiegermutter bezeichnet man als »Pentheraphobie«.
2. Wer Google fragt: »Warum sind Schwiegermütter so ...«, bekommt als ersten Vorschlag »böse«, als zweiten »gemein« und als dritten »eifersüchtig«.
3. Auf Venezianisch heißt Schwiegermutter »Madona«.
4. Der Kanadier Kenneth Parks fuhr eines Nachts 23 Kilometer weit mit seinem Auto und brachte seine Schwiegermutter um. Anschließend konnte er sich an nichts mehr erinnern. Er litt unter »Mondsucht« und wurde aufgrund eines medizinischen Gutachtens freigesprochen.
5. »Echinocactus grusonii«, der sehr unbequem aussehende »Kaktus des Jahres 2008«, wird umgangssprachlich »Schwiegermutterstuhl« genannt.
6. Laut der Psychologin Andrea Kettenbach gibt es vier Typen von Schwiegermüttern.
   Typ eins: die nette, aufmerksame und fürsorgliche Schwiegermutter, die manchmal von der Schwiegertochter sogar als »gute Freundin« bezeichnet wird.
   Typ zwei: die gemeine, hinterhältige, sich ständig einmischende und von daher böse Schwiegermutter.
   Typ drei: die nervige, aber nützliche Schwiegermutter. Sie hat das Wohl der Familie im Auge und unterstützt diese, mischt sich aber auch ein.
   Typ vier: die defensive, desinteressierte Schwiegermutter. Merkmal: Wenige Konflikte, dafür viel kühle Distanz und Oberflächlichkeit.

7. In den USA gab es früher einmal jährlich einen Schwiegermutter-Tag.

8. »Schwiegermutter« ist auch eine umgangssprachliche Bezeichnung für einen Klammerentferner; außerdem für eine Einfädelungshilfe, um den Faden besser durch das Nadelöhr zu führen; und nicht zuletzt für eine elastische, vierzackige Klammer mit kurzem Gummizug, die bei der Wundversorgung hilft, Verbände zu schließen.

9. Der 53-jährige Clive Bunden war 2007 der erste Brite überhaupt, der seine Schwiegermutter heiratete. Der Trauung ging ein 15-jähriger Rechtsstreit voraus, der erst am Europäischen Gerichtshof für Menschenrechte endete. Der Brite war 1992 nach seiner illegalen Heirat mit Brenda Bailey (66), der Mutter seiner Exfrau, verhaftet worden.

10. In früheren Zeiten nannte man Schwiegermütter »Schwäherin« oder »Schwieger«.

11. Ein eher unbekanntes Märchen der Gebrüder Grimm hieß *Die Schwiegermutter* und war purer Horror. Auszug: Die böse Schwiegermutter lässt die Königin mit ihren zwei Söhnen im Keller einsperren. Sie schickt den Diener, ihr das eine Kind in brauner Soße zu kochen, dann das andere in weißer.

12. 1961 stand der Song *Mother-in-Law*, also »Schwiegermutter«, von Ernie K-Doe auf Platz eins der US-Charts. 1994 veröffentlichten Huey Lewis and the News eine Cover-Version.

13. 2005 feierte Jane Fonda nach 15 Jahren Leinwandpause ihr Comeback in der romantischen Jennifer-Lopez-Komödie *Das Schwiegermonster*.

14. »Latte di Suocera«, was »Schwiegermuttermilch« bedeutet, heißt ein italienischer Kräuterlikör mit 75 Prozent (!)

Alkohol. Bereits nach zwei Gläschen soll die Gehmotorik versagen.

15. Horror gibt es nicht nur im Märchen: 2010 töteten zwei Frauen in Afghanistan ihre Schwiegermutter in einem Backofen. Der Bruder der Ermordeten tötete darauf eine der Frauen mit einer Kalaschnikow, die ihm die Taliban geschickt hatten, damit er nach den Regeln der Scharia Selbstjustiz üben konnte. Die zweite Frau verschonte er, weil sie schwanger war.

Der verschwundene Pass

Sie waren es wirklich. Ein wenig ungläubig schaute ich den Spielern der ägyptischen Fußballnationalmannschaft nach, die durch die Ankunftsebene des Frankfurter Flughafens pilgerten. Natürlich wusste ich, dass sie bald ein Freundschaftsspiel gegen Deutschland bestreiten würden. Doch wie es schien, waren die Spieler zufälligerweise genau dem Egypt-Air-Flieger entstiegen, auf den ich wartete. Mein halbes Herz schlägt, nicht nur fußballtechnisch, für das Land am Nil, aus dem ein Teil meiner Familie stammt. Ich sah den Spielern freudestrahlend nach, wie sie mit Louis-Vuitton-Rucksäckchen bepackt und überdimensionalen Kopfhörern auf den Ohren auf der Suche nach dem Ausgang durch die ziemlich leere Halle irrten.

Suchend blickte ich mich unter den Leuten in der Ankunftshalle um. Der Strom der Menschen ebbte bald ab und ich war nahezu allein. Dabei sollte doch mein Freund Hisham ankommen, zusammen mit seiner russischen Frau Helena, die von Hishams Familie kurzerhand den ägyptischen Namen Héla verpasst bekommen hatte, um sie zu arabisieren.

Sie waren auf Reisen und machten einen Zwischenstopp in Deutschland. Mit im Gepäck hatten sie ihren Sohn, der bald seinen ersten Geburtstag feiern würde. Ein ägyptisch-russisches Sinnbild ihrer globalen Liebe – allein sein Name war schon Beweis genug dafür: Mohammed Boris.

Die kleine Familie wurde von Hishams Mutter begleitet, der Frau, die, wie sie gern betont, Hisham unter furchtbarsten Schmerzen zur Welt gebracht hat. Faizah, die Siegreiche. Sie ließ es sich nicht nehmen, ihrem Enkel auf der abenteuerlichen Reise durch die Fremde zur Seite zu stehen. Ihr »Nur Ayini«, wie sie ihn nennt, das »Licht ihrer Augen«. Die fidele Reisegruppe war eigentlich gerade auf dem Weg nach Russland. Mohammed Boris lebt mit seinen Eltern am Roten Meer und nun sollte der kleine Ägypterrusse auch der nicht-arabischen Verwandtschaft präsentiert werden. Als Hisham gehört hatte, dass seine Nationalmannschaft gewissermaßen um die Ecke spielen würde und dann auch noch gegen den amtierenden Weltmeister, hatte er kurzerhand beschlossen, einen Umweg in Kauf zu nehmen. »Ist doch alles Europa«, hatte Hisham leichtfertig am Telefon gemeint. Für ihn sah es anscheinend so aus, als tummelten sich alle Länder in Europa auf einem überschaubaren Fleck. Dass es vom Niederrhein, wo ich wohne, bis nach Novosibirsk, wo Hélas Eltern leben, über 4500 Kilometer sind, spielt in diesem Weltbild keine Rolle. Ist ja alles Europa. Den Hinweis, dass Novosibirsk in Asien liegt, verkniff ich mir. Andererseits sind es auch von Marokko bis nach Syrien fast 4500 Kilometer und für den gemeinen Europäer ist das doch alles die arabische Welt.

In diesem Moment aber war ich mir nicht mal sicher, ob sie es bis nach Frankfurt geschafft hatten. Als ich fast schon nicht mehr damit rechnete, öffneten sich die Türen noch einmal und da waren sie endlich. Hisham, bepackt wie ein Karawanenkamel, Héla, die missmutig ihre Leopardenfelljacke überwarf, und ihre Schwiegermutter Faizah, die eine

Sie drückte den stattlichen Stammhalter so fest an sich, als würde sie jeden Moment mit einem Entführungsversuch rechnen.

Tasche unter dem einen und Mohammed Boris im anderen Arm hielt. Sie drückte den stattlichen Stammhalter so fest an sich, als würde sie jeden Moment mit einem Entführungsversuch rechnen.

»Hat etwas länger gedauert«, erklärte Hisham mir mit einem kurzen Nicken zu seiner Mutter und während er mich umarmte, raunte er mir ins Ohr: »Sie hat eine ganze Reisetasche voller ägyptischer Bananen mitgebracht. Für Mohammed.«

Oh, ein typischer Fall von übergroßer Sorge um das Wohl des kleinen Paschas. Wie ich erfuhr, war sie davon ausgegangen, in Deutschland keine Bananen zu bekommen. Zumindest nicht die, an die der kleine Pharao gewöhnt war. Dass japanische Touristen aus Angst um die eigene Gesundheit deutsches Leitungswasser meiden, hatte ich schon mal gehört. Aber dass arabische Reisende die deutsche Banane ablehnten, war doch irgendwie grotesk. Nun, den Zollbeamten war der betörende Duft der teils zerquetschten Früchte derart verdächtig vorgekommen, dass sie Hishams Mutter glatt für eine Drogenschmugglerin gehalten hatten, die ihren Stoff tarnen wollte. Das hatte zu einer exklusiven Durchsuchung des kompletten Gepäcks geführt. Und zwar aller Koffer. Es waren nicht weniger als sieben. Wie es schien, hatte Hélas Schiegermutter, »Hamât« auf Arabisch, ihr beim Packen »geholfen« und Mohammed Boris' komplettes Kinderzimmer mitgenommen.

Es dauerte eine Weile, bis Hisham und ich alles im Auto verstaut hatten. Einzig die Tasche mit der Bananenpampe stand noch auf dem Boden vor dem Kofferraum. Der Wagen war neu und die Aussicht auf Obstflecken im ersten Neuwagen meines Lebens erschien mir wenig rosig. Héla, die

anscheinend nichts gegen die deutsche Banane an sich ein-
zuwenden hatte, las mir meine Gedanken von der Stirn ab
und stellte die Tasche heimlich neben einen Mülleimer. Ich
lächelte sie an, wir verstanden uns auch wortlos.

Ohne Bananenpampe ging es los in das kleine
Niederrhein-Örtchen, in dem ich mit meiner Familie lebe. Auf
der knapp zweistündigen Fahrt döste fast die ganze Mannschaft, nur die Hamât war noch hellwach, die sich partout
weigerte, den Anschnallgurt anzulegen. Das würde sie in
Ägypten ja auch nicht tun, sagte sie, als ich sie darauf hinwies.
Ich hatte einmal das Vergnügen gehabt, sie als Beifahrer zu
begleiten, und fand damals, dass sie eigentlich sogar zwei
Gurte benutzen sollte, so wie sie fuhr.

Kurz vor Mitternacht erreichten wir mein Zuhause. Meine
Frau und die Kinder waren noch bei meinen Schwiegereltern an der Nordsee und so hatte ich für alle Gäste Platz. Ich
freute mich auf die kommenden drei Tage. Ich würde meiner ägyptisch-russischen Reisegruppe Deutschland zeigen,
zumindest einen kleinen Teil davon. Und zum krönenden
Abschluss würden wir uns das Fußballspiel ansehen. Es fand
in Düsseldorf statt, keine Viertelstunde entfernt, und ich hatte
vier VIP-Karten besorgt. Sie waren teuer gewesen, aber sie
waren für meine Gäste. Und Mohammed Boris kam umsonst
rein. Da konnte man sich das mal leisten.

»Ich hole Brötchen«, sagte ich am nächsten Morgen gut
gelaunt, um meinen an Fladenbrot gewöhnten Gästen die
deutsche Brotbackkunst näherzubringen. Doch schon zog
mir Hishams Mutter den Autoschlüssel aus der Hand.

»Ich fahre«, erklärte sie mir in einem Ton, der keinen
Widerspruch duldete, und erzählte, dass sie seit Neuestem
im Besitz eines internationalen Führerscheins sei. Außerdem könne jemand, der in Kairo Auto fährt, überall fahren.

Das mag stimmen. Aber in Kairo sind die Menschen an den Kairoer Verkehr gewöhnt. Diesen an den Niederrhein zu tragen, kam mir so vor, als importierte man eine subtropische Virenkrankheit nach Europa. Niemand wäre immun. Meine kläglichen Versuche, ihr die Autofahrt auszureden, endeten mit einer Niederlage. Wir stiegen also in meinen beulenfreien Wagen ein und Héla sprang hinzu. Sie nutzte – auf Hishams Initiative hin – jede sich bietende Gelegenheit, das etwas angespannte Verhältnis zu Faizah aufzulockern und etwas mit ihr zu unternehmen. Sie hatte sogar angefangen, intensiv Arabisch zu lernen, allerdings mit mäßigem Erfolg. Bislang hatte sie sich mit Englisch und Russisch durch das Land am Nil schlagen können. Faizah war von der Aussicht auf eine nicht-ägyptische Schwiegertochter nicht gerade begeistert gewesen. Sie hatte nie einen Hehl daraus gemacht, dass sie sich eigentlich eine ägyptische Braut für ihren verhätschelten Mittvierziger wünschte. Doch der nun in zweiter Ehe verheiratete Hisham hatte sich durchgesetzt und seiner Mutter die lebenslustige Héla vor die Nase gesetzt. Also wurde ein Schwiegermutter-Schwiegertochter-Harmonisierungsprogramm auf Basis gemeinsamer Aktivitäten wie dieser Autofahrt gestartet. Ich legte, natürlich als Einziger, einen Sicherheitsgurt an. Der Motor heulte auf und mein Wagen fuhr laut hupend los. Die Straße war zwar völlig leer, doch Hupen gehört in Ägypten einfach dazu. Ich wurde noch Zeuge, wie dem Opa von gegenüber die Vorfahrt genommen wurde, dann schloss ich für einen Moment die Augen, als würde ich so unsichtbar. Himmel, dachte ich, er wird das Auto auf jeden Fall erkannt haben. Während ich versuchte, die Hamât dazu zu bringen, etwas langsamer zu fahren, fragte ich mich, ob wir es lebend bis zum Bäcker schaffen würden. Und wieder zurück. Und ob mein Auto noch dasselbe sein würde.

Die Nervosität stand mir sicher ins Gesicht geschrieben, als wir tatsächlich unversehrt und mit Brötchen wieder zu Hause ankamen. Auch Héla war leicht grün um die Nase. Ich vermutete, dass sie Faizah in Novosibirsk Fahrverbot erteilen würde. Diese aber war völlig entspannt.

»Du solltest ein Schaf schlachten lassen, das Blut auf das Auto gießen und das Fleisch den Armen spenden«, riet sie mir. Das habe ihr Nachbar auch gemacht, als er ein neues Auto hatte. So

»Du solltest ein Schaf schlachten lassen, das Blut auf das Auto gießen und das Fleisch den Armen spenden«, riet sie mir.

würde das Unglück ferngehalten. Für einen Moment ließ ich mir den Gedanken durch den Kopf gehen, ehe ich ihn verwarf. Eine solche Aktion würde meinem kleinen Dorf sicher genug Gesprächsstoff für viele Jahre bieten.

Nach dem Frühstück sollte das Sightseeing-Programm starten. Während sich die Damen fertig machten, nutzte Hisham die Gelegenheit und griff sich seinen Sohn. Dazu kam er selten genug. Seine Frau und seine Mutter führten eine Art Dauerkampf um Mohammed Boris. Der kleine, überaus wohlgenährte Wüstenprinz brauchte im Grunde keinen Meter allein zurückzulegen. Er wurde ständig getragen und geherzt. »Wenn das so weitergeht«, meinte Hisham, »lernt das Kind niemals laufen.«

Ehe wir ins Auto stiegen, schwankte die Hamât kurz zwischen ihrem Enkel und meinem Autoschlüssel. Der Ruf der Gene war schließlich lauter und sie überließ mir das Fahren.

»Hast du deinen Pass?«, fragte Hisham seine Mutter beiläufig. »Man sollte ihn immer dabei haben, falls etwas passiert.« Während ich mich fragte, was bei einem Bummel durch die

Düsseldorfer Altstadt passieren sollte, wurde das Rascheln neben mir immer lauter. Hishams Mutter fand das notwendige Reisedokument in ihrer überdimensionalen Handtasche nicht. Kurze Zeit darauf waren wir alle mit der Suche danach beschäftigt.

»Ich hab's«, rief die Hamât schließlich und ich wollte gerade erleichtert durchatmen, denn bald würde die Schiffstour über den Rhein starten, die ich eingeplant hatte. Doch sie hielt gar keinen Reisepass in den Händen.

»Wo ist er denn?«, fragte ich irritiert.

»Er muss in der Tasche mit den Bananen sein«, sagte sie freudestrahlend und mir fiel die Kinnlade herunter. Héla ging es ähnlich. Die Tasche samt Pass war wohl bereits auf dem Weg in die Frankfurter Müllverbrennungsanlage.

»Hattest du nicht die Bananen ins Auto gebracht?«, fuhr die Hamât Héla an, als wir ihr erklärten, dass die Tasche seit dem vorherigen Abend vermisst wurde. »Das ist deine Schuld. Wieso hast du nicht besser aufgepasst? Die Bananen waren extra für dein Kind. Sieh nur, was du angerichtet hast.«

»Wahrscheinlich ist uns die Tasche gestohlen worden«, warf ich ein und malte ein düsteres Bild von Deutschland, in dem sich selbst in den kleinsten Straßen mehr Kleinkriminelle tummelten als auf einem orientalischen Basar. Schließlich ließ sich Hishams Mutter von dem Unsinn überzeugen, was allerdings nicht dazu führte, dass sie ihrer Schwiegertochter die vermeintliche Unaufmerksamkeit vergab. In jedem Fall war der Pass weg und ohne den würde die Hamât nicht nach Russland und wohl auch nicht zurück nach Ägypten kommen. Wir brauchten also dringend ein neues Reisedokument.

Nach einer längeren Diskussion entschlossen wir uns, das Programm zu ändern. Statt nach Düsseldorf wollten wir zurück nach Frankfurt ins Konsulat fahren. Das allerdings, erfuhr ich einen ernüchternden Anruf später, wurde gerade renoviert und war daher geschlossen. Uns blieb die Wahl zwischen dem anderen Konsulat in Hamburg und der Botschaft in Berlin. Wir entschieden uns für die Bundeshauptstadt. Ich tankte voll und es ging los.

Während der Fahrt riss sich Héla ihren pummeligen Filius unter die lackierten Nägel und verhätschelte ihn nach allen Regeln der Kunst. Ihr Mann hatte beschlossen, sich Deutschland auf seine ganz eigene Weise zu erschließen: Er schlief. Hélas Hamât, die neben mir saß, nutzte die Gunst der Stunde, während wir durch einen schwülen, deutschen Spätsommertag fuhren, und wies ihre Schwiegertochter auf einige Versäumnisse hin.

»Hisham sieht schlecht aus«, meinte sie und wickelte bedächtig ein Bonbon aus dem Papier. »Fast schon abgemagert.«

Ich warf einen Blick in den Rückspiegel. Héla und ihr Mann schafften es tatsächlich fast im Alleingang, die für drei Personen ausgelegte Rückbank zu füllen. Wohlgemerkt, ich fahre einen Familienvan. Die Babyschale fand kaum Platz zwischen ihnen und ich machte mir ernsthaft Sorgen, ob der mittlerweile darin vor sich hinträumende Stammhalter versehentlich erdrückt werden könnte.

»Das kommt von dem vielen russischen Essen«, meinte die Hamât entschieden und betätigte den Schalter für das Fenster. Damit waren nun alle Scheiben unten und es zog wie auf einem Ozeandampfer.

»Die Bohnen würden ihn auf Dauer fett und schwach machen«, erwiderte Héla in akzentschwerem Arabisch und spielte dabei auf Hishams Lieblingsessen an: Foul, ein ebenso nahrhafter wie sättigender Bohnenbrei, den seine russische Ehefrau nicht ausstehen konnte und darum nicht kochte.

Faizah antwortete nicht. Schweigend schnippte sie das Bonbonpapier hinaus, das von der Aerodynamik getrieben durch das Fenster hinter ihr wieder ins Auto hineinflog und dem schlafenden Hisham auf der Nase landete.

Zwischen Héla und ihrer Hamât folgte ein längerer Disput über das Für und Wider der verschiedenen Küchen, der schließlich in einem Unentschieden endete. Beide Seiten waren gleichermaßen beleidigt. Wir waren kaum bis hinter Hannover gekommen, als ein weiteres Konfliktthema hochkochte: die sprachliche Erziehung von Mohammed Boris. Natürlich würde der wohlgenährte Racker Arabisch lernen, schließlich lebte er am Roten Meer. Doch Héla hatte beschlossen, dass er noch eine weitere Sprache erlernen sollte. Russisch. Eine Entscheidung, die Faizah bis heute nicht begreifen konnte.

»Wozu?«, fragte sie und sah ihre Schwiegertochter an, als habe die beschlossen, ihrem Sohn Bayrisch beizubringen. »Mit wem soll er denn Russisch reden?«

»Er ist ein Russe«, entgegnete Héla.

»Russe? Mein Nur Ayini? Er ist Ägypter!«

»Nun, er ist irgendwie beides«, warf ich ein, in der Hoffnung, den Disput bis Magdeburg ersticken zu können. Ich fühlte mich von Hisham allein gelassen, dessen Kopf mittlerweile auf die Seite gerutscht war, während das Bonbonpapier wie eine Loriot-Nudel auf seiner Nase klebte.

»Mehr Ägypter als Russe«, beharrte Faizah. »Denn er lebt in Ägypten.«

Den Hinweis, dass jeder Mensch rein genetisch betrachtet immer ein wenig mehr von der Mutter besitzt und Mohammed Boris demnach eher ein 49,x-prozentiger Ägypter war, verkniff ich mir. Ehe mir etwas Friedenstiftendes einfiel, meldete sich Héla zu Wort, die ihren Wonneproppen mittlerweile wieder aus der Babyschale gebastelt hatte und nun so fest an ihren ausladenden Busen presste, als wollte Faizah ihn ihr jeden Moment entreißen. Ich hoffte, dass uns nicht zufällig ein Polizeiauto überholte. Eine Einladung zum klärenden Gespräch würde mir endgültig die Laune verderben.

»Vielleicht wird er ja einmal nach Russland ziehen«, malte Héla das absolute Horrorszenario für ihre Hamât in die streitgetränkte Innenraumluft meines Neuwagens.

»Nie«, rief Faizah empört. Héla sagte darauf nichts und ich fürchtete, das Harmonisierungsprogramm war gerade beendet worden. Hishams Vater, wäre er anwesend gewesen, hätte vielleicht etwas zum Guten bewirken können. Oft genug hatte der eher ruhige Ehemann der Hamât als ausgleichendes Element zu seiner schnell aufbrausenden Ehefrau fungiert. Doch er war angesichts seiner Flugangst nicht mitgekommen. Vielleicht, so vermutete ich, hatte er aber auch einfach nur vorhergesehen, wie es zwischen seiner Frau und der Schwiegertochter auf Reisen sein würde.

Für den Rest der Fahrt herrschte weitgehend Schweigen, nur gelegentlich unterbrochen von einem schreienden Baby und einem schnarchenden Hisham.

Als wir in Berlin eintrafen, war ich der einzige Wache. Ich fand einen Parkplatz vor der Botschaft und weckte die ganze Bande auf. Hisham fummelte sich das Papier von der Nase und Mohammed Boris drückte seine Freude über den ersten Berlin-Besuch seines Lebens mit anhaltendem Schreien aus.

In der Botschaft war es so voll, dass ich befürchtete, wir würden an jenem Tag nicht mehr drankommen. Das änderte sich allerdings, als es dem kleinen Halbägypter gelang, eine Viertelstunde ohne Luftholen durchzubrüllen. Mittlerweile hielt ihn wieder die Großmutter auf dem Arm, die der Ansicht war, er würde bei ihr leiser schreien als bei seiner Mutter. Derartige Feinheiten vermochte mein lärmgeschädigtes Ohr nicht mehr auszumachen. Wir wurden dank Mohammed Boris' enormen Lungenvolumens gut einem Dutzend Wartender vorgezogen. Ägypter sind außerordentlich kinderlieb, doch hier dürfte auch Selbstschutz eine nicht unerhebliche Rolle gespielt haben. So war der Protest der anderen Wartenden eher gering. Die Hamât stürmte bewaffnet mit dem schreienden Baby zu einem Botschaftsangestellten, dicht gefolgt von ihrer Schwiegertochter, die ihren Sohn wohl nicht aus den Augen lassen wollte. Hisham hatte es sich währenddessen schon längst im Wartebereich auf zwei Stühlen bequem gemacht und döste.

Der Diplomat hörte sich geduldig alles an und erfuhr sicher mehr, als ihm lieb war. Den Exkurs von Faizah über die Unaufmerksamkeit ihrer Schwiegertochter unterbrach er mit dem ebenso knappen wie ernüchternden Hinweis, dass wir für den Pass zwar grundsätzlich an der richtigen Adresse seien, kurzfristig aber nichts zu machen sei. In einigen Wochen könne sie ihren neuen Pass entgegennehmen.

Nichts zu machen? In einigen Wochen? Während die Hamât in den obligatorischen Streitmodus schaltete und allein durch die Lautstärke versuchte, den Kontrahenten in die verbalen Knie zu zwingen, begann ich nachzudenken. Und ehrlich gesagt, die Gedanken führten mich an kein gutes Ende. Ich stellte die einfache Gleichung auf: Kein Pass gleich keine Weiterreise gleich Aufenthalt der Hamât bei mir zu Hause. Und zwar so lange, bis die ägyptische Bürokratie ein neues Reisedokument hervorgebracht hatte. Auf unbestimmte Zeit also. In einigen Wochen schon? Wer's glaubt. Ich erinnerte mich an Geschichten über behördliche Vorgänge am Nil, deren Ende erst die Nachkommen des ursprünglichen Antragstellers erlebt hatten. Mir wurde Angst und Bange. Nun, ich mag Hishams Mutter. Besonders im Urlaub. Aber bei mir zu Hause? Himmel, hätte ich die Tasche mit der Bananenpampe doch nur in den Kofferraum gestellt.

Héla dagegen sah aus, als hätte sie einen Lottoschein gefunden – mit sechs richtigen Kreuzen. Die Aussicht auf einige Wochen ohne ihre Hamât ließ sie strahlen wie ein Honigkuchenkamel.

Mit halbem Ohr bekam ich mit, wie der Botschaftsangestellte von personellen Engpässen, vielen Anfragen und überlasteten Mitarbeitern erzählte. Am Schreibtisch nebenan klingelte tatsächlich ununterbrochen das Telefon – während die Dame, die auf dem dazugehörigen Bürostuhl saß, beflissen auf ihrem Handy herumtippte. Nun, auch wenn die Arbeitsmoral besser gewesen wäre, das nahende Länderspiel dürfte auch in höchsten diplomatischen Kreisen zu einem emotionalen Ausnahmezustand geführt haben, der triviale Passangelegenheiten nebensächlich erscheinen ließ. Ich vermutete, ich würde viele der hier Arbeitenden in Düsseldorf im Stadion wiedertreffen. Ernüchtert (ich), zeternd (Hishams Mutter) und unerwartet zufrieden (Héla) erhoben wir uns. Faizah wollte gerade erneut den Mund aufmachen, um ihre Schwiegertochter als alleinige Schuldige an dem Schlamassel anzuklagen, da erbleichte die Hamât und sah sich so hektisch um, als habe man ihr gerade das Portemonnaie aus der Tasche gezogen, während Hélas Gesicht mit einem Mal frappierend dem einer Marmorstatue ähnelte. Für einen Moment stand ich auf dem Schlauch, dann erkannte auch ich es. Einer fehlte. Mohammed Boris hatte sich aus dem Wüstenstaub gemacht. Irgendwo zwischen dem Urteil des Botschaftsangestellten und dem ersten Schwall ihrer unübersetzbaren Flüche hatte die resolute Faizah ihren Enkel abgesetzt, um beide Hände zum Gestikulieren frei zu haben. Und der Kleine hatte sich – wohl auf allen Vieren – auf die Suche nach etwas gemacht, was noch spannender als seine schreiende Oma war. Eine oberflächliche Untersuchung des Büros führte uns nicht weiter und so schloss die Suche nach Mohammed Boris bald auch die restlichen Teile der Botschaft ein. Selbst die SMS-tippende Kollegin des unkooperativen Diplomaten schaltete sich ein. Sie berichtete ihrer Freundin aus Kairo am Telefon ganz genau, was gerade vor ihrer Nase geschah. Mit jedem Moment, den die Suche andauerte, wurde die Hamât schweigsamer, nur um schließlich wortreich bei ihrer Schwiegertochter um Verzeihung zu bitten. Zuletzt lagen bei beiden die Nerven blank und sie heulten Tränen der Verzweiflung. Héla malte bereits düstere Bilder von einem umherirrenden Kind in die Luft, das nichts zu essen hatte und sicher verhungern würde. Das hielt ich nun doch für übertrieben. Es waren gerade einmal ein paar Minuten vergangen, seit sein Verschwinden festgestellt worden war.

Wir suchten indes unverdrossen weiter. Nach einer Viertelstunde machte ich mir auch langsam Sorgen. Die Botschaft war sicher nicht klein, aber Mohammed Boris hätte längst wieder auftauchen müssen, vorausgesetzt, er war überhaupt noch hier. Kurz bevor ich anregte, die örtliche Polizei einzuschalten, erschien Hisham mit seinem zufrieden schlafenden Sohn im Arm. Er sei gerade aufgewacht, als Mohammed Boris in den Flur gekrabbelt war, erzählte er, während seine Frau und seine Mutter gleichzeitig vor Freude losschrien. Kurzerhand hatte er seinen Sohn mitgenommen, um mit ihm die berühmte Berliner Luft zu schnappen. Nun regnete es und da seien sie wieder zurückgekommen, meinte er. Ob denn alles klar mit dem Pass sei?

Der Tag darauf war geprägt von einer seltsamen Stimmung irgendwo zwischen überschwänglicher Freude über das Auftauchen des halbrussischen Zankapfels und bedrückter Niedergeschlagenheit angesichts der anstehenden Trennung der Reisegruppe. Tatsächlich taten Hisham und seine Mutter so, als müsste die Hamât in ein nordkoreanisches Geheimgefängnis. Dabei würde sie die Zeit bis zur Ausstellung der neuen Dokumente bei mir verbringen. Ich fand, ich sei ein besserer Gastgeber als Kim Jong-un, wollte aber nicht beleidigt sein. Ein Gutes hatte die Sache mit Mohammed Boris' Beinaheverschwinden aber doch noch: Faizah, die Schwiegermutter, war wieder zurechtgestutzt, wie ein wildwuchernder Jasminstrauch, an den Hand gelegt worden war.

Am nächsten Tag saßen wir in der Düsseldorfer Esprit-Arena und schauten uns das Länderspiel an. Die Stimmung war immer noch ein wenig gedrückt. Zumindest bis zu dem Moment, in dem Ägypten in Führung ging. 1:0 gegen Deutschland. Unser Jubel erfüllte den ansonsten totenstillen VIP-Raum. Am Ende stand es immerhin 1:1. Ein Sieg, wenn man es einmal aus Sicht der Pharaonen betrachtete, wie die Nationalmannschaft vom Nil dort auch genannt wird. Die VIP-Tickets waren ihr Geld wirklich wert gewesen. Auch nach Spielende gab es so viel zu essen, wie man wollte. Die Hamât wusste das zu nutzen und holte irgendwo aus ihrer Tasche eine alte Zeitung hervor, in deren Seiten sie anfing das Kuchenbüfett einzupacken. Ich tat so, als gehörte sie nicht zu mir. Stattdessen erblickten meine Augen einige der Offiziellen des ägyptischen Fußballverbands. Allen voran den Trainer der Pharaonen, der ägyptische Jogi Löw. Wahrscheinlich musste er noch Sponsoren die Hände schütteln. So weit kam er aber gar nicht. Gerade wollte er Hishams Mutter umrunden, während sie Schokoladenkuchen in den Sportteil wickelte, als er wie vom Blitz getroffen innehielt. Er starrte sie an, sie starrte zurück und dann brach ein arabischer Redeschwall los, dem ich als Teilzeitägypter bald nicht mehr recht folgen konnte. »Was ist denn da los?«, fragte ich Hisham, der die Currywurst für sich entdeckt hatte. Aufgrund eines sprachlichen Missverständnisses mit einer Servicekraft hielt er sie für halal, also für einen Moslem erlaubt. Dass sie aus Schweinefleisch besteht, also haram und damit verboten war, erwähnte ich lieber nicht.

Wir hatten nie darüber gesprochen, wie liberal er in kulinarischen Dingen ist.

»Sie kennt ihn«, meinte er erstaunt und starrte seine Mutter an, als würde er sie gerade das erste Mal sehen. Die Hamât machte sich normalerweise nicht viel aus Fußball, von Ausnahmen wie diesem Spiel abgesehen. Jetzt aber plauderte sie unerwartet vertraut mit dem Nationaltrainer, als würden sie sich seit einer Ewigkeit kennen, dann schüttelten sie sich die Hände und die Hamât kam freudestrahlend auf uns zu. »Alles klar«, meinte sie.

»Und was ist klar?«, fragte Hisham seine Mutter.

»Ich reise mit ihnen«, sagte sie, als wäre es das Normalste der Welt.

»Mit ihnen?« Hisham klappte die Kinnlade herunter und er hörte schweigend zu, während seine Mutter alles erklärte. Sie kenne die Mutter des Nationaltrainers und ihn selbst noch als Kind. Die Familien wären Nachbarn im selben Kairoer Vorort gewesen und die Hamât hätte öfters auf den Nationaltrainer aufgepasst. Man hätte sich aus den Augen, aber nicht aus dem Sinn verloren. Die Hamât hätte gar nicht gewusst, was aus ihm geworden war. Nun war es für den Nationaltrainer eine Selbstverständlichkeit, ihr zu helfen.

Ich sah ihn gerade mit ein paar wichtig aussehenden Leuten reden, darunter erkannte ich den Angestellten aus der Botschaft. Der Nationaltrainer wollte dafür sorgen, dass man ihr noch in dieser Nacht in Berlin irgendein Übergangsdokument zur Einreise nach Ägypten ausstellte, das dann rechtzeitig am Frankfurter Flughafen bereitliegen würde, wenn die Nationalmannschaft wieder nach Kairo flog. Mit ihr als Ehrengast. Ich glaube, da konnte sie es verschmerzen, dass sie Mohammed Boris nicht nach Sibirien folgen würde.

So fuhren wir sie am nächsten Tag zum Hotel der Nationalmannschaft in Düsseldorf. Nach einer tränenreichen

Verabschiedung stieg sie in den Mannschaftsbus ein, als gehörte sie zum Team, und winkte so lange, bis der Bus außer Sicht war. Ich brachte dann Hisham samt Familie zum Düsseldorfer Flughafen, wo sie die Maschine nach Novosibirsk nahmen.

Hisham, Héla und Mohammed Boris reisten glücklich nach Russland und Faizah hatte ihrem Namen alle Ehre gemacht. Die Siegreiche hatte über die ägyptische Bürokratie triumphiert. Ein Zwangsexil am Niederrhein blieb ihr somit erspart.

Ein paar Tage nach dem Besuch räumte ich das Gästezimmer auf und fand unter dem Bett einen ägyptischen Reisepass. Er musste der Hamât wohl doch aus einem anderen Gepäckstück gerutscht sein. Ich habe ihn für das nächste Mal aufgehoben. Man weiß ja nie.

Der teure Enkel

Ein Telefongespräch.

Auf der einen Seite der Telefonleitung ein kleines Reihenhaus, eines von der Sorte, in deren Garten man zwar einen Grill aufstellen kann, aber dann keinen Hausherrn mehr, der das Grillgut wendet. Unter dem Spitzdach des Reihenhauses gibt es einen Raum mit zwei Ikeaschreibtischen, in dem die erwachsenen Bewohner des Hauses im Sommer problemlos saunen, Eukalyptusbäume züchten oder Hühnereier ausbrüten könnten, im Winter hingegen problemlos Bier kühlen, Tiefkühlpizza aufbewahren oder schlittschuhlaufen. Der Rest des Häuschens wird von Kinderzimmern, überwiegend von der Größe einer Großfamilienwaschmaschine, und sonstigen Funktionsräumen eingenommen. Kinder gibt es nämlich mehrere und sie haben ungefähr 15 Hobbys, darunter Fußball, E-Gitarre, Rhönrad, Fagott und Filzen. Reiten und Tennis fallen aus Kostengründen aus. Ein neues MTB-Rad ebenfalls, die Bewohner des Reihenhauses gehen – wenn die Zeit es erlaubt – auf Kleiderbörsen und Flohmärkte. Wenn man sie da nicht findet, dann auf Fußballplätzen und Elternabenden.

Auf der anderen Seite: ein frei stehendes Haus aus den Sechzigerjahren mit überdimensional großem Wohnzimmer voller gepflegter Lederfauteuils – gut sichtbar von außen durch die ebenfalls überdimensional großen Panoramafenster. Alles hier lappt etwas ins Gigantische, auch der Garten: Rasen, wohlpolierte Rhododendronbüsche, Sitzgruppen aus Teak. Ja, Teak – nicht etwa seine armen Verwandten. Und neulich hat der Hausherr dem Aufsitzrasenmäher einen eigenen Schuppen spendiert.

Die Teakbesitzerin: eine ergraute Dame mit teuren Perlenohrringen im guten, älteren Alter, Seidentuch in makellosen Falten, scharf geschnittene Nase, von ihr herabstürzend zwei ebenfalls makellose Falten, lebhafte Augen, die eine schnelle Zunge vermuten lassen, sportlich-gepflegtes Äußeres. Name: Erika.

Die Reihenhausbewohnerin trägt auch Ohrringe, selbst gebastelt von der mittleren Tochter. Sie sehen entfernt aus wie zwei sich übergebende Pinguine. Um den Hals hat sie ein Tuch, das ebenfalls sehr selbst gebastelt aussieht, aber den Zweck hat, die tobenden Halsschmerzen in Schach zu halten. Haare? Ja, auch. Sehen ein wenig aus, wie zu lange und mit den falschen Farben in der Waschmaschine gewaschen und anschließend nicht gebügelt. Sportlich-ungepflegtes Äußeres. Konkret: eine Jogginghose und ein Sack-T-Shirt, dessen Farbe Weiß zu nennen, eine sehr dehnbare Auslegung von »Weiß« wäre. Name der Reihenhausbewohnerin: Lina.

Lina sitzt neben dem Telefon. Festnetz. Mit Flatrate.

Sie beobachtet das Telefon. Man könnte glauben, sie hätte Angst, das Telefon würde ihr jeden Moment entwischen. Tatsächlich ist es aber ein gewöhnliches Telefon, dessen Hörer friedlich in seinem Bettchen schlummert.

Lina seufzt und greift sich den Hörer. Sie tippt eine Nummer ein. Sehr, sehr langsam.

Nun presst sie den Hörer ans Ohr.

»Erika?«

»Ach ... hallo, Lina! Bist du das wirklich? Ich habe deine Nummer gar nicht erkannt!«

»Nein, das kannst du auch nicht – wir haben vor einiger Zeit den Anbieter gewechselt.«

»Das ist aber nett, dass *du* wieder einmal anrufst! Wir haben ja schon längere Zeit nichts voneinander gehört!«

»Ja ... das stimmt. Muss etwa zwei Jahre her sein.«

»Tatsächlich! *So* lange hast du dich also nicht mehr gemeldet?!«

Lina schluckt.

»Ja ... ich hoffe, es geht euch gut?«

»Gut – ja, weißt du, das ist ein weites Feld, nicht wahr? In unserem Alter stellt sich schon das eine oder andere Zipperlein ein. Hat dir denn Jan nicht erzählt, dass ich neulich an der Hand operiert wurde? Wegen eines Überbeins?«

»Doch ... ja ... ich glaube ...«

»Na, das will ich doch wohl meinen! Aber euch, euch geht es doch sicherlich gut, oder?«

»Ja ... doch. Aber hat Jan nicht erwähnt, dass Elisa ... Ich meine, das mit der Blinddarmoperation?«

»Ja, natürlich! Das arme Kind! Aber Kinder kommen schnell wieder auf die Beine, nicht wahr?«

Nun ... schon. Es sei denn, sie haben einen Blinddarmdurchbruch, liegen anschließend eine Weile auf der Intensivstation und man muss ein bisschen um ihr Leben bangen, denkt Lina. Dann kann es auch mal ein wenig länger dauern, das mit dem Heilen.

»Wie alt ist denn die kleine Elisa?«, erkundigt sich Erika jetzt.

»Acht.«

»Was für ein nettes Alter. Ist sie denn gut in der Schule?«

»Doch. Aber was ich dich eigentlich fragen wollte ...«

»Ich nehme an, dass Jans Kinder alle gut in der Schule sind. Das hat er mir gegenüber jedenfalls angedeutet. Und es wäre ja auch kein Wunder ... schließlich vererbt sich Intelligenz: Und über Jans Erbanlagen ...«

Gut, dass Jan die Klappe gehalten hat! Ben etwa hat ja außer Jans luxuriösen Erbanlagen auch noch Linas Gene geerbt. Und da sind einige recht exzentrische dazwischen. Solche, die gern dafür sorgen, dass man sitzen bleibt und solche Sachen ...

»Apropos Erbanlagen«, fährt Lina schnell dazwischen. »Ben hat mir gegenüber geäußert, dass er ein paar Träger seiner Erbanlagen gern mal wieder sehen würde.«

Ben ist in der Pubertät. Menschen in der Pubertät haben seltsame Wünsche. Häufig möchten sie wissen, woher sie kommen, damit sie danach entscheiden können, wohin sie gehen. Wobei der zweite Teil des vorherigen Satzes

Ben ist in der Pubertät. Menschen in der Pubertät haben seltsame Wünsche.

eher Linas Interesse als Bens ausdrücklicher Wunsch ist. Und über die Motive bei Ben für den ersten Teil des Satzes ist sich Lina auch nicht ganz im Klaren.

»Träger seiner Erbanlagen?«, rätselt jetzt die Angesprochene durch das Telefon.

»Na ... dich und Herbert«, antwortet Lina strahlend.

»Ach, wie ... wie nett! Wie ... wie alt ist der kleine Ben denn jetzt?«

»Gerade 14 geworden!«

»Warum hat er denn nicht selbst angerufen?«

»Er war sich nicht sicher, ob ihr ihn überhaupt noch erkennt«, gibt Lina zurück. Es klingt säuerlicher als beabsichtigt.

»Ja, dann ... dann sollten wir vielleicht einen Termin vereinbaren.«

Erikas Stimme klingt ratlos, stellt Lina fest. Vielleicht, weil jetzt hier eine Einladung ausgesprochen werden müsste. Der letzte Satz hängt eine Weile wie heimatlos in der Luft. Dann rafft Lina sich auf und holt tief Luft.

»Also, Erika, ihr seid herzlich eingeladen ...«

Doch Erikas Stimme, jetzt deutlich weniger ratlos, legt sich über Linas: »Hör mal, Lina ... unser Terminkalender ...«, Blättern, »... ist so ... derartig voll. Wir könnten Ben ... noch den 15. anbieten. August. Ja, am 15. ab 16:15 Uhr hätten wir Zeit. Mag er da zum Tee kommen?«

Lina beißt die Zähne zusammen. Daher also ihr Zögern. Nicht etwa, weil sie auf eine Einladung gehofft hatte. Natürlich weiß sie, dass der 15. mitten in der ersten Ferienwoche liegt. Und natürlich hat Jan ihr erzählt, dass sie für die ersten beiden Ferienwochen schon fest gebucht haben.

»Erika, das ist in den Ferien. Da sind wir schon im Urlaub.« Linas Stimme klingt erstickt. Warum Ben auch immer seine Großeltern sehen wollte, sein Wunsch klang echt.

»Habt ihr denn an keinem anderen Tag Zeit? Also ... Ben ist auch ganz pflegeleicht«, versucht Lina es wieder. »Ich meine, er ... er liest viel und gern und ist eher ... ruhig. Und leise.«

Puh. Nein, das macht man nicht. Lina lügt wirklich nicht gern, aber das hier muss man auch nicht als Lüge bezeichnen, es ist eher eine Dehnung der Wahrheit. Ben liest wirklich gern. Echte Buchstaben. Die auf Bildschirmen stehen. Da aber jede Menge. Und ruhig ist er nach dem Fußballtraining auch. Und leise? Auch. Wenn er E-Gitarre mit Kopfhörern übt, dann ist er insgesamt leise. Wenn er ohne übt, ist *er* auch leise, aber die Gitarre weniger ... Lina beißt sich trotzig auf die Unterlippe. Ben ist ein ganz

Lina lügt wirklich nicht gern, aber das hier muss man auch nicht als Lüge bezeichnen, es ist eher eine Dehnung der Wahrheit.

normaler 14-Jähriger, verflixt noch mal! Und sie muss ihn nicht anpreisen wie ein Stück Fleisch!

»Ja, ich denke ... Also, es tut mir wirklich leid, aber da ist wirklich nichts zu machen! So gern wir Ben einmal wieder gesehen hätten ...«

»Warum seid ihr denn dann nicht zu seinem letzten Schulkonzert gekommen? Er hätte sich wirklich gefreut!«

»Vermutlich waren wir beschäftigt!« Die Stimme klingt pikiert. »Du kannst doch nicht erwarten, dass wir uns für unsere Enkel immer bereithalten!«

»Aber ... aber ihr wart doch noch nicht einmal bei seiner Einschulung dabei!« Lina spürt, wie ihr beinahe die Tränen kommen. Vor Wut wohlgemerkt.

»Lina - diese Einschulungsfeiern halten wir für absolut überflüssig und überschätzt. So etwas gab es zu unserer Zeit gar nicht!« Im Hörer atmet es heftig. »Kind, so eine Einschulung ist auch kein Ersatz für eine christliche Feier. Wenn Ben Erstkommunion gehabt hätte ... oder notfalls auch Konfirmation - auch wenn es mich bei dem Gedanken an euren Gemeindepfarrer ein wenig schüttelt -, wären Herbert und ich selbstverständlich gekommen! Aber ihr musstet euch ja dafür entscheiden, ...«

»... die großen Kinder nicht taufen zu lassen«, murmelt Lina gleichzeitig mit ihrer Schwiegermutter. Diesen Kampf hat sie schon beim letzten Mal nicht gewonnen. Selbst Jan hält ihr das bis heute vor.

»Und im Übrigen ...«, die Stimme der Schwiegermutter klingt jetzt leicht gehässig, »im Übrigen - als wir das letzte Mal bei euch waren, war das nicht zu Emilys Taufe? Jedenfalls war deine Mutter bei der Feier keineswegs anwesend, Lina! Ich weiß überhaupt nicht ...«

Ja, nachdem sie Jan endlich nachgegeben hatte und ihre jüngste Tochter hatte taufen lassen - da war ihre eigene Mutter tatsächlich nicht zur Feier erschienen. Wie auch zu anderen Familienfeiern nicht - zum Beispiel zu Bens Einschulung.

Lina schluckt trocken.

»Meine Mutter ist tot«, sagt sie müde.

»Ach ...«

»Und bevor du fragst: Meine Mutter ist gestorben, als ich 18 war.«

»Oh ...«

»Und deinen Vater habe ich auch schon längere Zeit nicht gesehen«, versucht es die Gegenseite diesmal über die andere Flanke.

»Dafür gibt es eine einfache Erklärung: Meinen Vater hast du noch nie gesehen.«

»Ach ...«

»Das liegt daran, dass ich meinen Vater auch noch nie gesehen habe.«

»Oh ... Unglaublich!«, haucht es aus dem Hörer und es klingt sehr entrüstet.

Lina zieht es vor, ihrer Schwiegermutter nicht zum wiederholten Male ihre Familienverhältnisse zu erklären. Denn dann würde sie sich nur zum wiederholten Male die schwiegermütterlichen Ansichten anhören müssen.

»Ja, das macht es manchmal etwas schwierig mit den Kindern. Also ... dass ich einfach ... na ja, dass niemals jemand ... auch wenn ich oder die Kinder krank sind und ...«

Gut, es klingt etwas weinerlich. Lina zieht unhörbar die Nase hoch. Beinahe. Es macht nämlich Spaß. Nasehochziehen. In telefonischer Gegenwart ihrer Schwiegermutter.

»Na, für die Not gibt es ja auch Babysitter«, hält ebenjene jetzt fest.

»Sieben Euro die Stunde. Minimum.« Das kommt wie aus der Pistole geschossen. Resultat vieler, vieler Diskussionen mit ihrem Mann, der ja der Sohn ihrer Schwiegermutter ist.

»Mädchen, nun tu doch nicht so, als sei es so schwer, Kinder großzuziehen! Ich habe doch auch eins erzogen. Und das ohne jeg-li-che Fremdbetreuung, wie sie euch doch heute so üppig zur Verfügung steht! Und der Jan ist ja wahrlich gelungen! Diese Selbstverständlichkeit, mit der ihr eure Kinder heute in Kindergärten parkt oder in Ganztagsschulen – ich weiß ja nicht ...«

Eine Weile stockt das Gespräch, denn Lina ist verwickelt in komplizierte Berechnungen.

»Ah. Na ja. Aber hat dir nicht auch *deine* Schwiegermutter ziemlich viel geholfen?«

»Na ja, ziemlich viel ... Also weißt du, Lina!«

»Täglich. Hat Jan gesagt.«

»Sie wohnte ja schließlich auch mit in *unserem* Haus! Und hatte wirklich *nichts* anderes zu tun!«

Lina verkneift sich die Bemerkung, dass es zu dieser Zeit noch *ihr* Haus gewesen war. Das Haus der Schwiegermutter ihrer Schwiegermutter. Sozusagen ihrer Schwiegergroßschwiegermutter, an die Lina mit warmen Gefühlen denkt.

»Sie hat dir auch ziemlich lange geholfen, oder?!« Dies ist in Wirklichkeit keine Frage. Es ist eher eine Feststellung.

»Wir mussten sie ziemlich früh ins Altersheim bringen.«

»Früh. Ah. Jan hat mir erzählt, seine Oma hätte ihn betreut, bis er zehn war.«

»Aber Lina – mit zehn fangen die Schwierigkeiten bei Jungen doch erst richtig an!«

»Von den Schwierigkeiten habt ihr aber nicht allzu viel mitbekommen, nicht wahr?«

Indigniertes Schweigen im Telefonhörer.

»Jan ist doch mit knapp elf Jahren schon ins Internat gekommen!«, holt Lina sanft die grausamen Fakten in das schwiegermütterliche Gedächtnis zurück.

»Er ist nicht in ein Internat gekommen – er ist nach Salem gekommen! Und wie hat ihm das gutgetan! Er war doch in dieser überaus ... gewöhnlichen Schule nicht mehr zu halten!

Viel zu intelligent war der Knabe! Die Lehrer dort konnten ihm nichts mehr bieten! Kein Wunder, dass er sie so auf Trab gehalten hat. Also, Lina, Jan hätte gar nichts Besseres passieren können!«

»Jan hat das etwas anders ausgedrückt.«

»Wie bitte? Was hast du gesagt, Lina?«

»Nichts, nichts. Ich habe nur etwas schwer geatmet«, sagt Lina und atmet schwer. Nur zur Sicherheit.

»Also weißt du, Lina: Wir haben unseren Enkelkindern gegenüber kei-ner-lei Verpflichtungen! Das muss doch einmal gesagt werden!«

»Nein, natürlich nicht. Aber ich dachte, ihr wärt vielleicht daran interessiert, sie gelegentlich zu sehen. Vielleicht wenigstens alle zehn Jahre einmal. Ich weiß ja, dass ihr beschäftigt seid ...«

»Na, das kannst du laut sagen! Bei Herbert ist ja jetzt auch noch die Ehrenpräsidentschaft im Ruderverein dazugekommen.«

»Ah ... richtig. Zu der Ehrenpräsidentschaft im Tennisverein, nicht wahr?«

»Und zum Vorsitz im Heimatverein«, entgegnet der Hörer spitz.

»Viel zu tun. In der Tat«, murmelt Lina.

»Und zurzeit hat Herbert auch noch eine überaus schmerzhafte Sehnenscheidenentzündung, das darfst du nicht vergessen.«

»Ja, ich weiß. Vom Tennisspielen. Irgendwoher muss die Ehrenpräsidentschaft ja kommen.«

»Und wir sind ja auch wahrlich nicht mehr die Jüngsten.«

»Nein, entschuldige. Da hast du vollkommen recht. Aber wart ihr nicht letzte Woche noch in Mexiko?«

»Wie lange wir das schon geplant haben! Und nun gab es diesen großartig günstigen Flug ... Lina, da müsst ihr unbedingt auch einmal hinfliegen. Diese Städte im Dschungel ... und das Meer ... warm, glasklar. Wir haben ja geschnorchelt, hat Jan das erzählt? Also, fan-tas-tisch!«

Lina räuspert sich. Mexiko – gute Idee. Oder Tibet. Vielleicht auch Dubai, wo sie gerade dar- über nachdenkt. Als Ferienorte für eine Familie alle etwa gleich wahrscheinlich. Vielleicht wenn sie das Haus abbezahlt haben und das Studium der Kinder finanziert und die Katze und die Meerschweinchen und den Hamster ... Hier hört Lina auf zu überlegen.

»Aber Jan hat uns doch über deine Kinder regelmäßig auf dem Laufenden gehalten!«, wirft Erika jetzt ein.

Regelmäßig – ja. Auch einmal jährlich ist durchaus regel- mäßig.

»Da fällt mir ein – du könntest mir ja mal wieder Bilder von deinen Kindern schicken, Lina! Das könntest du wirklich mal wieder machen. Die letzten Bilder sind ja schon fünf Jahre alt! Das habe ich ja nun schon öfter angemahnt, erinnerst du dich? Und die Kinder müssen sich doch so verändert haben! Also du kannst nun wirklich nicht sagen, dass ich mich für deine Kinder nicht interessiere, Lina! Es kommt ja auch so wenig von dir!«

Irgendetwas schnürt Lina die Kehle zu. Macht sie hand- lungsunfähig. Lässt ihren Sprechapparat Wörter sprechen, denen sie zuhört, als kämen sie von einer Fremden: »Ja, die Kinder haben sich in der Tat sehr verändert. Besonders Ben, der ...«

Ein Geistesblitz erhellt Linas Inneres so sehr, dass sie unwillkürlich die Augen zusammenkneift. Es ist kein Geistesblitz von der freundlichen Sorte. Oh nein, er ist vielmehr von der Art, der Gewitterturbulenzen von der Stärke einer Naturkatastrophe folgen. Allerdings werden in diesem Fall die Turbulenzen erst folgen, wenn Lina sich in Sicherheit gebracht haben wird. Ja, es ist gewissermaßen ein rabenschwarzer Geistesblitz und er geht so: Luis, der gerade 18-jährige Nachbarssohn, sucht doch einen Job. Eigentlich ein netter Kerl, ein wenig aufbrausend vielleicht. Lina ist neulich mit ihm an den Mülltonnen zusammengestoßen. »Zusammengestoßen« in jeglichem Sinn des Wortes, denn Luis hatte *seinen* Müll in Linas Tonne gekippt und das hatte die Tonne aus verschiedenen Gründen – der Geruch von Luis' Müll spielte dabei auch eine Rolle – für Lina unbrauchbar gemacht.

Nun ist es nicht so klug, sich mit jemandem wie Luis ernsthaft anzulegen, auch dafür gibt es mehrere Sorten von Gründen. Deswegen hat Lina Luis auch nicht gezwungen, den Müll wieder aus ihrer Tonne herauszukratzen. Nein, sie hat eher unverbindlich geschimpft und dabei waren sie ins Gespräch gekommen.

Luis sucht einen Job. Freiberuflich. Es passt leider überhaupt nicht in sein Lebenskonzept, irgendwo als Angestellter ausgenutzt zu werden, hat er Lina erläutert. Dies trifft sich ganz gut mit den Interessen der meisten Arbeitgeber, die Lina kennt. In der Regel bevorzugen sie junge Menschen, die eine Ausbildung hinter sich gebracht haben, allein schon als Beweis dafür, dass besagte junge Menschen in der Lage sind, jeden Tag das Bett zu verlassen.

Sie bevorzugen auch die mit Schulabschluss. Und solche mit einem eher geringen Gewaltpotenzial haben auch bessere Karten.

Aber freiberuflich - gewissermaßen als freier Schauspieler -, das würde ihm bestimmt liegen! Früher hatte er doch im Schultheater gespielt. Ja, bis sie ihn dort rausgeschmissen hatten. Nicht nur aus dem Theater, sondern, wo sie schon dabei waren, gleich aus der ganzen Schule. Dann ist er Geld verdienen gegangen. Freiberuflich. Sehr tüchtig, wenn auch nicht ganz ... legal. Aber beim Drogenhandel kamen ihm seine schauspielerischen Talente bestimmt zugute.

Und seit Neuestem - seit Ben so hochgeschossen ist und jetzt auch noch, um dieses süße, kleine Mädchen aus seiner Klasse zu beeindrucken, regelmäßig ins Fitnessstudio geht - müssen sich Ben und Luis regelmäßig anhören, dass sie aussehen wie Brüder. Wer der Ältere sein soll, dazu gibt es wechselnde Ansichten. Dabei ist in Wirklichkeit Luis vier Jahre älter als Ben.

Ja, es ist ein sehr komplizierter, gewissermaßen verästelter Geistesblitz, der Lina überfällt, aber als er verdämmert, seufzt Lina zufrieden.

Es ist alles nur eine Frage des Honorars.

»Weißt du was, Erika? Was man so alles verschusselt, wenn es auf die Ferien zugeht. So viel zu tun vor den Ferien - die Abschlusskonzerte der Kinder und die Klassengrillabende und die Organisation, wer die Wände in der Grundschule streicht und ...«

»Also, Lina, das musst du mir nun wirklich nicht sagen. Jahrelang war ich im Elternbeirat. Und außerdem ...«

»Dann kannst du bestimmt verstehen, dass mir das vollkommen untergegangen ist.«

»Was denn, meine Liebe?«

»Der Wasserschaden.«

»Was für ein Wasserschaden denn?«

»Hat dir Jan denn nichts davon erzählt? Der Wasserschaden in unserer Ferienwohnung auf Texel natürlich.«

»Ach ...«

»Du musst dir keine Sorgen um deine Enkel machen. Dass sie sich erkälten oder so. Der Besitzer ist schon dabei, die Wand wieder trockenzulegen. Sie haben sogar diese Raumtrockner aufgestellt.«

»Tatsächlich! Das ist aber nett! Dann könnt ihr doch sicherlich fahren! Das geht heutzutage mit solchen Geräten ja so schnell, dass ...«

»Ja, ganz so schnell auch wieder nicht. Also ... natürlich werden wir fahren. Nur eben ... lass mich nachschauen, damit ich nun nichts Falsches sage ... ah ja: zwei Wochen später. Aber ... hör mal, das ist ja großartig, dann passt das ja doch mit dem Besuch von Ben bei euch. Wunderbar! Da wird Ben sich aber freuen!«

»Ich ... nun ...«

»So ... am 15. hattest du doch gesagt ... Schon eingetragen. Prima. Vielleicht bringt Ben ja noch einen Freund mit, wenn ihr nichts dagegen habt. Dann können sie bei euch auf dem Garagenplatz Fußball spielen. Du weißt ja, Jungs in dem Alter werden sonst leicht zappelig, wenn sie sich nicht austoben können.«

Luis wird sehr körperlich, wenn er nicht zappeln darf. Das muss noch mit seinem Entzug zusammenhängen.

»Ah ja, hat er denn nette Freunde, der Ben? Ich meine, solche, die auch gern lesen? So ruhige? Ich muss zugeben, ich bin ein wenig irritiert: Wie passen denn Fußballspielen und Lesen zusammen?«

»Ach, sie spielen immer nur kurz Fußball. Ziel ist, dass das Gehirn wieder besser durchblutet ist, sagt Ben. Denn dann – sagt er – ist er wieder aufnahmefähiger für seine Bücher. Aber natürlich liest sein Freund auch gern. Ben ist nur mit Viellesern befreundet.«

Lina beißt sich auf die Unterlippe und atmet tief ein, um jegliches Kichern zu unterdrücken. Ob Luis' Freund überhaupt lesen kann? Und wen er wohl mitbringen wird?

»Ja ... ja. Oder Herbert spielt mit ihnen Monopoly. Das mochte Ben doch früher so gern!«

Monopoly. Ben?

Monopoly. Luis! Vielleicht, wenn Herbert echtes Geld einsetzt. Lina rettet sich in einen Hustenanfall, als sie an den Preis der Schlossallee denkt. Apropos Geld: Ob sie sich Luis' Freund überhaupt leisten kann? So ein Diplom-Schwerverbrecher ist sicherlich nicht ganz billig. Aber möglicherweise sein Geld wert – das werden die Verhandlungen zeigen.

Lina räuspert sich: »Also, am 15., wunderbar! Und mach dir nur keine Umstände, Erika – die Jungen bringen Kuchen mit!«

Die Leitung knistert und gluckert. Vielleicht hat sich Erika in den Hörer erbrochen.

»Mögt ihr lieber Kuchen oder Torte?«, flötet Lina. »Oder Plätzchen?« Wobei Lina einfällt, dass man, wenn man das Backen den »Jungs« überlässt, sicherlich gewisse illegale Substanzen in den Plätzchen finden wird. »Sag doch was, Erika!«

Die Leitung hustet.

»Ach, wenn du mich so fragst«, röchelt es. »Herbert liebt ja Schichttorten, ganz besonders ... Baumkuchen.«

Lina lächelt. Langsam, leise, versonnen fährt die Spitze ihres Zeigefingers die Umrisse des Hörers nach. Baumkuchen. Na ja, sie kennt da einen Bäcker, der kann vieles möglich machen.

»Sag mal, Lina – hat Jan eigentlich eine neue Mobilnummer? Ich wollte ihm doch so gern noch zu seinem beruflichen Erfolg gratulieren! Und ich erreiche ihn einfach nicht!«

Die schwiegermütterliche Stimme klingt etwas kräftiger. Vielleicht sieht sie noch ein Schlupfloch in die Freiheit aufleuchten?

Lina lächelt. Ah, wie sich alles fügt. Sie spürt Flügel an ihrem Rücken wachsen – wenn auch keine Engelsflügel, wenn man ehrlich ist. Eher eine Art Drachenflügel.

»Ja, die Firma hat wohl den Anbieter gewechselt. Und, ob du es glaubst oder nicht, ich habe seine neue Nummer auch noch nicht! Und diese Woche ... weißt du, ist er auf einer Fortbildung mit seiner ganzen Abteilung. Da kann man ihn ganz schlecht stören ...« Hier braucht es eine dramaturgische Pause. Lina atmet zweimal tief ein, bevor sie fortfährt. »Aber sobald ich die Nummer habe, gebe ich sie dir. Versprochen.«

Natürlich ist es unendlich albern, die Finger hinter dem Rücken zu kreuzen. Aber da Lina eigentlich keine Lügnerin ist, muss sie sich absichern. Vielleicht haben die Kinder recht und es hilft tatsächlich. Dann würde es vielleicht reichen, sie nur in die Vorhölle zu katapultieren.

»Gut ... Ja. Dann hören wir ja noch voneinander. Und ... ja, wir freuen uns auf den 15. Auf jeden Fall. Dann grüß doch Ben mal von seiner Großmutter! Und sag ihm, wir freuen uns auf ihn! Wirklich!«

»Ja, das werde ich tun, Erika. Auf jeden Fall! Wie schön, dass es nun klappt, nicht wahr?«

Hier gibt der Hörer ein schwer fassbares Geräusch von sich, das man sich mit viel gutem Willen zu einem herzlichen »Auf Wiedersehen« zurechtinterpretieren kann. Lina besitzt zurzeit viel guten Willen. Beinahe zu viel guten Willen.

Sie legt auf. Dann lächelt sie in den Spiegel im Flur hinein und freut sich über die strahlende, um Jahre verjüngte Person, die ihr entgegenlächelt.

Die Falle ist zugeschnappt.

Liisa – Vermutungen über eine Finnin

Genau genommen ist Liisa nicht meine Schwiegermutter und Eero nicht mein Schwiegervater – weil ich mit Maria formal nicht verheiratet bin. Aber das macht uns allen nichts aus. Vermute ich zumindest, da ich, wie ich zu meiner Schande gestehen muss, auch nach über zehn Jahren (fast) perfekter Liebe so gut wie kein Finnisch spreche. Das hat seine Nachteile, aber auch den Vorteil, dass ich, sollte schwiegermütterliche Kritik geäußert werden, davon nichts mitbekomme.

Mittelfinnland

Jeden Sommer fahren Maria und ich ein paar Wochen nach Mittelfinnland, zur Seenplatte, wo Liisa und Eero ein wunderschönes See- und Waldgrundstück haben und jegliches Finnland-Klischee auf das Beste erfüllt wird. Dazu gehört unter anderem das Sommerblockhaus – hier sitze ich dann die meiste Zeit, genieße das Offline-Sein und widme mich meinen Studien. Auf dem Strommast sitzen die Möwen und gucken kritisch.

Zweimal am Tag gehe ich ein paar hundert Meter durch den Wald zwecks Aufnahme fester Nahrung im oder vor dem Haupthaus. Manchmal fahren wir in die 25 Kilometer entfernte Stadt, manchmal geht es in die Beeren und zwei- bis dreimal die Woche ist Saunazeit. Gelegentlich gibt man mir Gelegenheit, den guten Schwiegersohn zu geben. Dann darf ich was streichen oder reparieren oder gar Holz hacken. Die Zulassung zu letzterer Tätigkeit musste ich mir allerdings erst über lange Zeit erarbeiten – es gibt Dinge, bei denen die Finnen offensichtlich wenig Spaß verstehen. Patriarch Eero betrachtet das nach Jahrzehnten in der Waldwirtschaft als seine ureigene Domäne. Merkwürdige Südländer, Berliner gar, die anscheinend meistens mit Nicht-Handwerklichem beschäftigt sind, müssen sich da sehr anstrengen, wenn sie an die Axt wollen.

Zu Liisas Reichen gehört ihr Garten: Kartoffeln, Tomaten, Salat, Erd- und Brombeeren, Blumen und vieles mehr. Brot, Brötchen und Kuchen backt sie selbst im großen Kachelofen im Wohnzimmer. Alle ein, zwei Tage wird die Reuse im See versenkt und wieder herausgeholt und so gibt es fast täglich frischen Fisch. Im Chez Liisa herrscht also weitgehend Selbstversorgung. Allenthalben ist die kleine drahtige Frau auch für eine Viertelstunde plötzlich im Wald verschwunden und kommt dann etwa mit einem Korb Pfifferlinge zurück; ihre Geheimplätze sind freilich, nun ja, geheim. Und geheimnisvollerweise taucht jeden Sommer doch noch ein Stück Elchbraten aus der Tiefkühltruhe auf, obwohl der angeblich seit Jahren aufgegessen ist. Wenn man keiner Jagdgemeinschaft (mehr) angehört, ist es auch in Finnland schwierig, an anderen als Dosen-Elch – der zu nicht unwesentlichen Teilen mit Schweinefleisch versetzt wird – heranzukommen. Trotz aller Gewehre im Schrank (angeblich ist Finnland nach den USA und dem Jemen das drittbestbewaffnete Land der Welt) hat Eero heute keine Lust mehr auf Töten. Und, zugegebenermaßen, auch ich seltsamer Südländer bin immer verschwunden, wenn Liisa mit Maria ihren Fischfang knüppelt. Da wüsste ich schon manchmal gern, ob sie das für unfinnisch oder gar alle Männer für Weicheier hält. Eventuelle Befunde solcher Art aber behalten die Damen, leider oder zum Glück, für sich.

Maria, diesen Text durchlesend, klärt mich auf: Der Elch ist frisch! Die Familie bezieht ihn von den Leuten, die in den wilden Wäldern der Familie jagen. Was dem Mysterium von Liisas Tiefkühltruhe nicht den geringsten Abbruch tut.

Sommergottesdienst

Mein Verhältnis zur finnischen Sprache ist kein allzu glückliches. Was schade ist, denn sie klingt so schön, wie Japanisch oder Italienisch vokalreich, und ist wirklich nur durch die Stellen versaut, an denen den Finnen zum Satzende hin die Luft ausgeht. Aber ich kann sie mir nicht einverleiben. Jedes Jahr lerne ich ein paar Phrasen, wobei mein Vokabular merkwürdigerweise vor allem um Tier- und Pflanzennamen wächst – »karhu« heißt zum Beispiel »Bär«. Warum weiß ich so was – angesichts meiner sonstigen Finnischsprachahnungslosigkeit? (suominixilainen? – Okay, Maria übersetzt: suomenkielenkyvyttömyys.) Die Erklärung ist einfach: Es handelt sich bei Karhu um eine finnische Biermarke.

Keine Nachteile verschaffen mir meine mangelnden Finnischkenntnisse zumindest beim Sommergottesdienst. Das ist eine Veranstaltung, den die finnisch-lutherische Gemeinde der Gegend einmal im Sommer veranstaltet und zu der Liisa sehr engagiert beiträgt: Kaffee, Kuchen, Logistik, Kommunikation, Blumen für die Altardekoration, Fahrdienste. Man findet sich mit wenigen Dutzend Personen in einer Scheune oder im Wald ein. Jedes Jahr die erstaunlichsten neusten Priester (in Liebesnöten, transsexuell, viele Priesterinnen) nebst musikalischer Begleitung. Bei den Scheunen-Veranstaltungen habe ich Kabel verlegen und Liisas Kuchen tragen dürfen, freue mich über das, was ich als Atheist (der glücklicherweise auch über religiöse Fragen nicht mit ihr diskutieren kann) beitragen kann.

Und dann wird endlich gesungen: Als Deutscher kann man Finnisch ja ziemlich gut aussprechen, wenn man es liest – man muss sich hauptsächlich merken, dass zwei gleiche Vokale hintereinander einfach zusammen als ein langer Vokal ausgesprochen werden: Liisa spricht man »Liiisa«, Eero

»Eeero«. Wenn man zudem Noten lesen kann und Gesangs-
erfahrung hat, kann man sehr gut mitsingen (was immer die
Choraltexte bedeuten mögen). Und kriegt Pluspunkte bei der
Gemeinde und so auch bei Liisa, hoffe ich.

Generell ist das Volk der Finnen musikalisch. Bevor
Eero sich der finnischen Holzwirtschaft hingab (er war unter
anderem Spezialist für Brandrodung), hatte er eine Karrie-
re als Opernsänger angestrebt. Heute zeugen davon zwei
Klaviere und die Gesangskaffees, die wir gelegentlich veran-
stalten. Die Klaviere stehen im Haupthaus und in Eeros Refu-
gium. Der Kaffee nebst kulinarischen Weiterungen kommt
von Liisa. Sie und Maria und die weitere Familie (Liisa allein
hat sechs Schwestern) stimmen gern ein. Aber wer jetzt
glaubt, dass ich Liisa über ihre Kaffeebeschaffungsfunktion
definiere, irrt.

Die Liesl von der Post

Das meiste, was ich von Liisa weiß, habe ich von Maria, die
ihre Mutter sehr liebt. (Gelegentlich geht mir der Ausdruck
»Die Liesl von der Post« durch den Kopf. Wie mag das auf
Finnisch heißen? Liisahyvääpostilainen?) Ja, sie heißt Liisa
und sie hat bei der Postbank gearbeitet. Sie kann mit Online-
Konten umgehen und schreibt mit Maria gern E-Mails. Aber
sie neigt nicht zu exzessivem Surfen und das ist auch gut so
angesichts eines bekanntlich keinesfalls bestehenden Man-
gels an Alte-Leute-Online-Abzockern und -Abzockerinnen.
Maria und ich sind bemüht, Liisa behutsam im digitalen Zeit-
alter ankommen zu lassen. Als ich ihr diesen Sommer eine
wirklich funktionierende E-Mail-Adresse besorgt und ein
vernünftiges Mailprogramm eingerichtet habe, wurde mir
sogar Lob zuteil.

Aber loben wollte ich ja nicht mich, sondern Liisa: Sie ist die Einzige in der ganzen Familie, die einen Führerschein besitzt – noch, denn ab einem bestimmten Alter wird man in Finnland alle fünf Jahre auf Fahrtauglichkeit getestet. Vater Eero hatte da zuletzt kein Glück. Auch sonst ist er, alters- oder sonstwie bedingt, kein einfacher Kandidat, neigt mitunter zum Aktivismus (etwa, wenn er den Garten dreimal hintereinander gießt, was noch lustig ist) oder zur Stinkstiefeligkeit (was gar nicht mehr so lustig ist). Ich verstehe ja zum Glück nichts, aber manchmal sind da schon üble Attacken dabei, bei denen ich immer wieder erstaunt bin, mit welcher Nonchalance eine lächelnde Liisa sie pariert (hoffentlich nicht nur in meiner Anwesenheit). Leserin wie Leser bemerken hoffentlich allmählich, dass ich eine unglaublich starke Frau beschreibe!

Auch erwähnen sollte ich, dass Maria eine Schwester hat, die zeitweilig unter schweren psychischen Problemen gelitten hat und ihre Mutter sogar körperlich angriff. Jetzt lebt sie mit ihrer Katze in der Stadt, nimmt ihre Medikamente, geht zu ihrer Tagesgruppe und wird ab und zu von Liisa mit dem Auto abgeholt. Heute wirkt sie harmlos, aber es hat andere Zeiten gegeben ... Auch andere Mütter haben schwierige Familien, aber ich ahne stark, dass Liisa als de facto Familienoberhaupt sehr gefordert ist, und kann nur einmal mehr meine Bewunderung ausdrücken, mit welcher Gelassenheit und Freude sie diese Rolle ausfüllt.

Womit ich wieder zu etwas Heitererem komme: Es heißt Poju, ist klein, weiß-braun, wuschelig, besteht hauptsächlich aus Ohren und neigt zum Wuffen. Ja, es handelt sich um einen Hund! Vor zwei Jahren lief das ungefähr so, dass Eero zu Liisa sagte: »Wenn du mir mit einem Hund ankommst, kannst du hier ausziehen!« Woraus logischerweise folgte, dass Poju schon nach kürzester Zeit seinen Weg Richtung Wohnzimmer und Fernsehsofa nahm und den Beginn seiner absoluten (und natürlich bis heute andauernden) Regentschaft klarstellte. Nein, ausgezogen ist da niemand. Schwierig ist es allenfalls, Poju mal dem Vater zu entreißen. Ein weiterer Triumph für Liisa, der vielleicht auch damit zusammenhängt, dass Maria und ich keine Enkel geliefert haben.

Blaubären

Sommers kommt es in Mittelfinnland üblicherweise zu drei großen Aufregungen (falls nicht gerade Sturm, umfallende Bäume, Stromausfall dazukommen): Erdbeeren, Blaubeeren und Himbeeren. Wäre ich länger als nur die Sommerwochen dort, stünden in der Liste noch Wacholder- und Preiselbeeren.

Um nur das eine, blaue Beispiel herauszugreifen: Natürlich ist Liisa Käpt'n Blaubär – sehr schwer, sie in dieser Disziplin zu übertrumpfen. Da geht es in die wilden Wälder der Familie. Fichten, Kiefern, Birken. Weit oben kreist der Adler, gelegentlich sagt der Auerhahn Hei (»Hallo«). Irgendwo, natürlich auch in tiefster Wildnis, ist immer eine Sauna in der Nähe. Klar, dass auch der »Tageskaffee« minutengenau fällt: Diese Schwiegermutter hat in ihren Familienplänen eine Evidenz, der sich zu entziehen schwierig ist. Poju liegt derweil in der Sonne, wenn er nicht gerade selbst »pflückt« oder einem die Beeren aus der Hand schnappt. Ein Meer aus Moos und Blaubeeren – und Preiselbeeren, aber die sind noch nicht reif im mittelfinnischen Mittsommer – und mittendrin unser Quartett mit Gummistiefeln und Eimerchen. Einerseits stille, meditative Tätigkeit, andererseits Leistungssport, und natürlich gewinnt Liisa immer.

Ich habe lange gebraucht, um ihren Trick zu verstehen: nur die dicksten Blaubeeren nehmen! Inzwischen haben Maria und ich fast gleichgezogen und uns zu einem Liter Blaubeeren pro Stunde raufgearbeitet – analog zu »Stundenkilometer« könnte man das vielleicht »Stundenblaubeerliter« nennen. Aber natürlich wäre es vermessen zu denken, man könnte mit Liisas Pensum gleichziehen! Im Zweifelsfall trumpft sie dann doch noch mit einer Extraportion Pilze oder Lakka auf. (Lakka-Beeren sind so ziemlich das Vitaminreichste, was Finnland zu bieten hat. Sehen ungefähr wie Himbeeren aus, nur größer und gelb-orange. Wie man sie findet? – Einfach Richtung Waldsee und dann dorthin, wo die meisten Mücken sind.)

Jetzt ist mir doch noch das M-Wort entschlüpft. Wollte ich es doch mit den Finnland-Klischees nicht übertreiben, also lassen wir das. Und E? – In all den Jahren Finnland habe ich ein einziges Mal einen Elch gesehen. Das war morgens um sechs, als uns Liisa über die Fernstraße zur Busstation fuhr und dieser Elch, als habe er die autobahnischen Warnschilder nicht gelesen, vielleicht auch nur, um finnische Folklore zu verbreiten, von rechts nach links über die Straße lief. Liisa konnte rechtzeitig bremsen.

Blue Eyes

Mein Lieblingssong von Elton John ist *Blue Eyes* und ich weiß, warum, werde das hier aber nicht ausbreiten. Die Augenfarbe der Menschen, die ich liebe, weiß ich oft nicht; da achte ich auf anderes. Ich wüsste wenig zu sagen über die von Maria oder die von Liisa. Trägt sie eigentlich eine Brille? Ja, doch. Natürlich, wenn die »schweigsamen« Finnen so beieinandersitzen und sehr viel in dieser schönen Sprache sprechen (während ich immer noch nichts verstehe), flüchten meine Gedanken manchmal ins Musikalische. Kommen Maria und

Eero in den dialogischen Gang, schaut mich Liisa manchmal mit ihren wunderschönen blauen Augen plötzlich und überraschend ein wenig kalt an (kenne das von Maria). Sie versucht offensichtlich, mich zu verstehen, zu analysieren – jemanden, dem ihre Tochter seit gut einem Jahrzehnt einigermaßen vertraut. Zwar glaube ich, dass Liisa mir auch vertraut, aber ich werde angeschaut. Blue Eyes.

Allerdings ist das alles nur so dahergesagt, um ein wenig Dramatik zu erzeugen. Vielleicht haben sich Liisa und ich wortlos auf eine gewisse, gegenseitig respektierte und respektierende Coolness verständigt. In Wirklichkeit schaut Liisa mit ihren wunderschönen blauen Augen sehr warm und wohlwollend in meine bärig braunen Augen und macht nur den schwiegermütterlichen Vertrauenswürdigkeits-Check (SMVWC? – Maria übersetzt: anopinluottavaisuuspäilykatse). Es sind aber doch Blicke, die auch der schwiegerversöhnlichste aller Schwiegersöhne nicht mag. Plötzlich ist man Prüfling im SMVWC. Blaue Augen.

Wäre es Elton John auf der anderen Seite des Tageskaffee-Tisches und wollte er, sagen wir mal, einen Tangotest mit mir machen, würden mir schon ein paar blauäugige Worte in einer gemeinsamen Sprache einfallen und man könnte sich da irgendwie einigen. Während ich bei Liisa nicht wirklich wissen kann, worum es im SMVWC geht. Ich ahne es nur. Möge sie sich nicht (auch noch) diese Sorgen machen. Ich mir ebenfalls nicht.

Als das damals mit Marias Schwester passierte, hatte Liisa eine Erleuchtung, eine Vision. Hat wohl wirklich Jesus gesehen mit allem Drum und Dran. Ich wäre der Letzte, der mit ihr religiöse Fragen diskutieren (können) wollte, wenn der Herr (finnisch: »herra«) einmal geholfen hat. Vielleicht hat Liisa auch nur die Faustregel verinnerlicht, dass Arbeit das beste Mittel gegen schlechte Laune ist. Noch nie habe ich die weißhaarige und womöglich weise Frau untätig – oder schlecht gelaunt – erlebt. Fernsehen ohne Strickzeug (Danke – »kiitos« – für die allweihnachtlichen Socken!) geht gar nicht, maximal vielleicht Kreuzworträtseln am Küchentisch.

Resümee

Was folgt aus all dem? Mit Gewalt Finnisch lernen? Was würde Elton John sagen, was Poju? Mit Poju fällt die Konversation leicht: Istu! (»Sitz!«) und Missä on pallo? (»Wo ist der Ball?«) Meine nichtexistierende Konversation mit Elton John ist womöglich ein Thema, das ich nicht überdehnen sollte. Aber, so daherwitzelnd, weiß ich leider auch, dass unser mittelfinnisches Paradies nicht für immer bestehen wird. Wer weiß, wie die Dominosteine fallen? Liisa wäre der schlechteste Anfang.

Ich sollte mich mal bei Maria erkundigen, was Blue Eyes auf Finnisch heißt. Oder meiner Freundin einen Heiratsantrag machen. Um mich dem SMVWC zu entziehen. Und Liisas echter Schwiegersohn zu werden.

KAPITEL 3
Vorsichtige Annäherung – Schwiegermütter im Alltagstest

Hochzeiten kann man bekanntlich wieder rückgängig machen und so Fehlexemplare wieder zurückgeben – Kosten werden allerdings nicht erstattet.

Ist jedoch erst einmal ein Kind da, dann handelt es sich bei dem bisher locker verbundenen Paar um eine ernst zu nehmende Familie – der größte anzunehmende Unfall für eine Schwiegermutter. Nicht verzweifeln – die Lage ist zwar ernst, aber nicht hoffnungslos.

Denn schließlich können Sie zurückschlagen. Mit List, Tücke oder mit Humor – ganz nach persönlichen Talenten.

Mit anderen Worten: Was können Schwiegertochter beziehungsweise Schwiegersohn tun, um akzeptiert zu werden und an Einfluss zu gewinnen, ja, in der Rudel-Hierarchie sogar zu ihr aufzusteigen? Mit den richtigen Schlüsselreizen kann das nämlich durchaus gelingen. Und mit etwas gutem Gelingen kann sogar eine regelrechte Harmonie im Biotop »Familie« aufkeimen!

Auch Schwiegermütter brauchen Streicheleinheiten für die Seele. Die 7 ultimativen Einschleim-Tipps für sie und ihn

Es gibt tausend Arten, sich bei Ihrer Schwiegermutter unwiderruflich unbeliebt zu machen. Vom falschen Scherz im falschen Moment bis hin zur schlichten Missachtung ihrer Kochkünste mit der Bemerkung, dass Sie gerade auf Diät sind. Ja, die Kommunikation mit der Schwiegermutter ist das reinste Minenfeld und jeder Schritt kann zur Explosion führen.

Es sei denn ... Sie haben bei ihr einen Stein im Brett. Auch das gibt es: Schwiegermütter, die ihre Schwiegersöhne beziehungsweise Schwiegertöchter richtig klasse finden. So selten ist das übrigens gar nicht und auch überhaupt keine Frage des Zufalls. Schwiegermütter sind zwar schwer zu knacken, aber es ist nicht unmöglich. Wir verraten, wie's geht!

So machen sich Schwiegersöhne beliebt

Hat Ihnen schon mal jemand den Rat gegeben, Ihre Schwiegermutter ganz genau zu betrachten, wenn Sie wissen wollen, was aus Ihrer Frau in zwanzig bis dreißig Jahren werden könnte? Meist folgt danach ein hämisches Lachen – und Sie bekommen eine leichte Panikattacke.

Drehen Sie den Spieß lieber um: Finden Sie heraus, wie viel von dem Charme und der Schönheit Ihrer Partnerin in deren Mutter noch zu entdecken ist. Bringen Sie Ihre

Schwiegermutter dazu, sich von ihrer allerbesten Seite zu zeigen! Mit anderen Worten: Schleimen Sie sich ein.

1. Komplimente werden niemals langweilig

Okay, darauf wären Sie vielleicht auch von allein gekommen. Komplimente hört nun mal jede Frau gern und Ihre Schwiegermutter ist definitiv eine Frau. Aber allein es zu wissen, reicht nicht. Wann haben Sie ihr zuletzt gesagt, wie chic ihr neuer Haarschnitt ist, wie toll ihr Outfit zu ihrer Augenfarbe passt und wie irrsinnig jugendlich sie aussieht? Letzteres Kompliment kann man übrigens auch verpacken und so indirekt aussprechen: »Hoffentlich bist du in dem Alter auch noch so hübsch wie deine Mutter, Schatz«, wäre eine nette, aber wirkungsvolle Bemerkung. Ihre Frau wird milde lächeln – und Ihre Schwiegermutter übers ganze Gesicht strahlen. Wetten?

2. Ein Kavalier, ein Kavalier!

Ungehobelte Mistkerle gibt es zur Genüge auf diesem Planeten. Heben Sie sich positiv von Ihren Geschlechtsgenossen ab und seien Sie die Liebenswürdigkeit in Person. Im Grunde ist es ganz einfach, ein Kavalier zu sein, denn es sind simple Kleinigkeiten, die Ihre Schwiegermutter wohlwollend registrieren wird: Halten Sie ihr die Tür auf, rücken Sie bei Tisch ihren Stuhl zurecht, füllen Sie ihr unaufgefordert das Glas auf, helfen Sie ihr in den Mantel ... Klingt ein bisschen altmodisch? Vielleicht. Aber wie sagte schon Otto Rehhagel: »Modern ist, wer gewinnt.« Mit diesen kleinen Gesten gewinnen Sie garantiert die Sympathie Ihrer Schwiegermutter. Denn es gibt kaum eine Investition, die mehr Zinsen bringt als Höflichkeit!

3. Geheimwaffe Humor

Bringen Sie Ihre Schwiegermutter zum Lachen! Frauen lieben Männer mit Humor. Die meisten behaupten sogar, Humor sei ihnen bei der Partnerwahl wichtiger als gutes Aussehen. Nun ja, das mag vielleicht nur bedingt stimmen. Aber Ihrer Schwiegermutter wird Ihr Humor definitiv wichtiger sein als Ihr Bizeps oder Ihr Knackarsch. Doch Vorsicht: Reißen Sie keine billigen Witze, die vielleicht in der Umkleidekabine Ihres Fußballteams gut ankämen. Ihrer Schwiegermutter würden Sie damit höchstens ein irritiertes Stirnrunzeln entlocken. Finden Sie lieber heraus, was sie wirklich zum Lachen bringt, und wenden Sie dieses Wissen so oft wie möglich an. Und wenn Ihre Frau sogar mitlacht: umso besser!

4. Liebe geht durch den Magen

Ganz egal, ob Ihre Schwiegermutter eine Kochkünstlerin ist oder ihr kulinarisches Talent eher auf ganz kleiner Flamme köchelt: Irgendetwas von dem, was sie auf den Tisch zaubert, wird Ihnen doch garantiert schmecken, oder? Das können Sie guten Gewissens loben. Bitten Sie sie vielleicht sogar um das Rezept! Aber Achtung: Überlegen Sie sorgfältig, welchen Braten, Salat oder Kuchen Sie wortreich in den Himmel heben! Es kann nämlich sehr gut sein, dass man Ihnen dieses Gericht in den nächsten Jahrzehnten bei jedem Besuch vorsetzt – und dann müssen Sie natürlich tüchtig zulangen, ist doch klar!

5. Nomen est Oma? Bloß nicht!

Am Anfang war die Sache einfach. Da durften Sie Ihre künftige Schwiegermutter noch siezen und mit dem Nachnamen anreden. Als sie das Du anbot, waren Sie vielleicht sogar etwas geschmeichelt – zunächst. Doch dann kam die große

Frage nach der richtigen Anrede. Etwa »Mama« oder »Mutti«? Bitte, tun Sie ihr und sich selbst den Gefallen und lassen Sie das bleiben. Aber auf den ersten Nachwuchs zu warten und dann das unverfängliche »Oma« zu wählen, ist auch nicht zu empfehlen. Keine Frau fühlt sich attraktiv, wenn sie von jüngeren Männern so genannt wird. Am besten reden Sie sie einfach mit dem Vornamen an. Und wenn Sie aus einer Josefa eine jugendliche Jo machen, aus einer Christine eine Chris oder aus einer Elisabeth eine Lisa, wird Ihnen das garantiert zusätzliche Pluspunkte einbringen.

6. Ruf! Sie! An!

Aus dem Hintergrund »Bestell liebe Grüße!« zu brüllen, wenn Ihre Frau mit ihrer Mutter telefoniert, ist ganz okay. Aber mehr auch nicht. Das können Sie besser! Stellen Sie sich einfach ab und zu vor, Sie wären selbst eine Frau. Zumindest was Ihr Kommunikationsverhalten betrifft. Rufen Sie beispielsweise einfach zwischendurch mal bei Ihrer Schwiegermutter an und fragen Sie sie, wie es ihr geht. Beim ersten Mal wird sie vermuten, es wäre etwas Schlimmes passiert, und fürchterlich erschrecken. Ab dem zweiten Mal wird sie Sie jedoch für eine Art Weltwunder halten und fortan nicht müde werden, ihren Freundinnen immer wieder von Ihrer Großtat zu erzählen: »Er hat *selbst* angerufen, einfach so. Könnt ihr euch das vorstellen?«

7. Liebe geht durch den Magen, die Zweite

Sie müssen kein Sternekoch sein, um eine Frau zu verzücken. Ein simples, aber ansprechend präsentiertes Spaghettigericht kann da schon Wunder bewirken. Oder ein hübscher Salatteller mit Putenstreifen und Fertigdressing. Wenn Sie richtig ambitioniert sind, finden Sie heraus, was das absolute

Lieblingsgericht Ihrer Schwiegermutter ist, und kredenzen Sie es ihr. Empfehlenswert wäre dabei, sie nicht gleich beim ersten Versuch einzuladen. Trainieren Sie! Besuchen Sie nötigenfalls einen Kochkurs oder lassen Sie sich heimlich von einem Profi coachen. Der Aufwand lohnt sich, denn Ihre Schwiegermutter wird diesen Liebesbeweis garantiert zu würdigen wissen. Mit diesem Coup haben Sie die Tür zu ihrem Herzen endgültig geöffnet!

So machen sich Schwiegertöchter beliebt

»Was habe ich seiner Mutter nur angetan, dass sie sich so ablehnend verhält?«, fragt sich wohl jede Frau früher oder später. Dabei lieben Sie doch ihren Sohn – das sollte doch genügen, um bei der Schwiegermutter einen Stein im Brett zu haben. Glauben Sie. Doch dabei vergessen Sie eine Kleinigkeit: Sie sind die andere Frau! Jedenfalls in den Augen Ihrer Schwiegermutter. Sie müssen sich klarmachen, dass diese ihren Sohn seit dem Tag seiner Geburt von ganzem Herzen und nahezu bedingungslos liebt. Wenn ihm jemand schaden wollte, würde sie ihn verteidigen wie eine Löwin ihr Junges! Es ist nicht leicht für Ihre Schwiegermutter zu verkraften, dass ihr kleiner, süßer Stammhalter inzwischen erwachsen ist und seine Liebe nun nicht mehr exklusiv ihr zusteht. Eine schwierige Situation – aber keine aussichtslose. Wir verraten Ihnen, wie Sie seiner Mutter klarmachen, dass Sie keine Konkurrentin sind.

1. Springen Sie über Ihren eigenen Schatten

Der Hammer kommt gleich zu Beginn: Fragen Sie Ihre Schwiegermutter um Rat! So schwer es Ihnen auch fällt. Bitten Sie sie um Haushaltstipps – selbst wenn Sie im wirklichen Leben eine erfolgreiche Businessfrau sind und bei Ihnen zu Hause eine Perle den Feudel schwingt. Notieren Sie die

Geheimtipps Ihrer Schwiegermutter, wie sich Rotweinflecken entfernen, Hemdenkragen stärken und Fenster streifenfrei reinigen lassen. Vielleicht lernen Sie ja wirklich was dabei? Es kann ja nicht schaden zu wissen, wie man das Silberbesteck blitzsauber bekommt oder welche Sträucher man im Garten wann zurückschneiden muss. Selbst wenn Sie das alles nicht die Bohne interessiert: Tun Sie so, als ob. Ihre Schwiegermutter weiß viel – und sie wird sich geehrt fühlen, wenn sie dieses Wissen an die nächste Generation weitergeben kann.

2. Starten Sie ein Anti-Eifersuchts-Programm!

Ihre Schwiegermutter hat Ihnen vielleicht mal gesagt, sie habe »keinen Sohn verloren, sondern eine Tochter dazugewonnen«. Achtung: Glauben Sie ihr nur bedingt! Mütter können, wie eingangs gesagt, tierisch eifersüchtig sein, denn ihr Sohn ist die wahre große Liebe einer Frau. Dagegen können Sie nichts tun. Aber Sie können etwas dafür tun, dass Ihre Schwiegermutter Sie nicht als Nebenbuhlerin ansieht, sondern als liebenswerte Partnerin ihres Sohnes. Ganz einfach, indem Sie den beiden Zeit zu zweit schenken. Ein bisschen jedenfalls. Warum sollten Mutter und Sohn nicht mal zusammen ins Kino gehen? Es lohnt sich, ab und zu mal einen Abend auf den Herzallerliebsten zu verzichten und stattdessen mit Gesichtsmaske, Prosecco und einem guten Buch in der Badewanne zu liegen. Oder mit Freundinnen was Schönes zu unternehmen. Oder ...

3. Hat sie ihn nicht toll hingekriegt?

Ihr Mann ist ein super Typ, oder? Muss er ja wohl sein, sonst hätten Sie sich nicht in ihn verliebt. Ist Ihnen klar, dass Ihre Schwiegermutter es als ihren ureigensten Verdienst ansieht, dass der Knabe so wohlgeraten ist? Auch wenn Ihr Partner in

Wahrheit gewisse machohafte Züge hat und dies einzig und allein darauf zurückzuführen ist, dass seine Mutter ihn nach allen Regeln der Kunst verwöhnt hat: Schlucken Sie bissige Kommentare herunter und äußern Sie sich dankbar darüber, zu was für einem wundervollen Prachtexemplar von Mann sie ihren Sohn erzogen hat. Aber bitte: nicht lachen! Das ginge garantiert nach hinten los und käme weder bei Ihrem Schatz noch Ihrer Schwiegermutter gut an.

4. Vorsichtige Verschwesterung

Das scheint Ihnen vielleicht ein Widerspruch zum vorigen Punkt zu sein. Ist es aber nicht, denn alles hat schließlich zwei Seiten – auch ein stolzes Mutterherz. Wenn jemand die Schwächen Ihres Mannes kennt, dann Ihre Schwiegermutter! Hier können Sie zur vorsichtigen Verschwesterung ansetzen, indem Sie eine seiner Macken erwähnen (»Überall lässt er seine Socken rumliegen«). Sie wird genau wissen, was Sie meinen (»Das hat er schon als kleiner Junge getan«) und Verständnis signalisieren. Es folgt ein gemeinsames Seufzen und solidarisches Schulterzucken: Männer! Ganz einfach ist diese Methode allerdings nicht, Sie brauchen dabei jede Menge Fingerspitzengefühl. Mäkeln Sie nur an Kleinigkeiten herum, die auch als liebenswerte Marotte durchgehen könnten, denn ernsthafte Kritik an ihrem Sohnemann wird Ihre Schwiegermutter nicht akzeptieren. Dazu ist sie einfach zu stolz auf ihn.

5. Familienanschluss inklusive

Am liebsten wäre es Ihnen, Ihre Schwiegermutter würde ihre Besuche auf Geburtstage, Feiertage und die Abende, an denen sie babysitten soll, reduzieren? Seien Sie doch fair: Diese Frau hat jede Menge Zeit und wenig Abwechslung. Vielleicht ist sie bereits in Rente oder schon immer Hausfrau gewesen, womöglich inzwischen alleinstehend ... Es gibt für sie nichts Schöneres, als Zeit mit der Familie zu verbringen. Was im Klartext heißt: mit Ihrer Familie. Unerbetene Erziehungstipps inklusive. Ignorieren Sie diese einfach, genauso wie alles andere, worüber Sie sich eigentlich am liebsten aufregen würden. Signalisieren Sie ihr stattdessen, dass sie dazugehört. Keine Sorge, sie wird sich schon nicht einnisten. Notfalls drehen Sie einfach die Musik laut und lassen Sie die Kinder Horden von Freunden einladen. Spätestens wenn Sie ordentlich niesen, kommentiert von einem »Ich glaub, ich hab mir was eingefangen«, wird Ihre Schwiegermutter von der Sehnsucht nach ihren eigenen vier Wänden überwältigt werden!

6. Up to date

Mütter sind gern informiert! Leider sind Männer – und damit auch Söhne – nicht gerade Helden in Sachen Kommunikation. Gern vergessen sie mal, das ein oder andere Detail aus ihrem Leben zu erwähnen, das ihre Mutter doch so brennend interessiert hätte. Hier kommen Sie ins Spiel! Rufen Sie Ihre Schwiegermutter hin und wieder an und halten Sie sie auf dem Laufenden. Erzählen Sie ihr, dass Sie Urlaub gebucht haben, im Theater waren oder Großtante Trudchen getroffen haben. Vergessen Sie auch nicht zu erwähnen, dass Großtante Trudchen eine neue Haarfarbe hat, die einfach unmöglich aussieht, und dass sie liebe Grüße bestellt. Mit anderen Worten: Seien Sie die kommunikative Schnittstelle Ihrer Schwiegermutter zum Rest der Familie. Sie wird das sehr zu schätzen wissen!

7. Vorsichtige Verschwesterung, die Zweite

Nun ist es Zeit, in den Freundinnen-Modus überzugehen. Unternehmen Sie einfach mal was gemeinsam mit Ihrer

Schwiegermutter. Nur Sie beide. Gehen Sie ins Theater, in eine Ausstellung, zu einem Konzert. Veranstaltungen wie diese haben den Vorteil, dass man die meiste Zeit über gar nicht reden darf – und wenn die Situation es doch erfordert, hat man gleich ein Thema, sodass kein peinliches Schweigen aufkommt. Die Steigerung dazu wäre ein Anlass, bei dem mehr Konversation angesagt ist. Etwa ein Mädelsabend mit Beautykram und so. Aber passen Sie auf, dass die Gespräche nach ein, zwei Gläsern Prosecco nicht zu intim werden! Es gibt Dinge, die wollen Sie über Ihren Schwiegervater definitiv nicht hören – und über Ihren Mann nicht erzählen. Schon gar nicht seiner Mutter.

Bonus: Unisex-Tipps für Notfälle

Wenn Sie sich mal wieder ganz fürchterlich über Ihre Schwiegermutter aufregen und tiefes Durchatmen nichts mehr hilft (auch wenn Sie dabei bis zehn zählen oder bis hundert), haben wir hier noch ein paar hilfreiche Deeskalations-Mantras für Sie:

- Stellen Sie sich vor, durch einen Körpertausch-Zauber müssten Sie in die Rolle Ihrer Schwiegermutter schlüpfen. Ja, genau: Sie wären sie!
- Stellen Sie sich vor, sie wäre nicht Ihre Schwiegermutter, sondern Ihre Mutter. Los, nicht kneifen!
- Stellen Sie sich vor, das hier wäre nicht die Realität, sondern eine Szene in einer Sitcom – und gleich würden die unvermeidlichen Lacher eingespielt.
- Stellen Sie sich vor, Ihre Schwiegermutter wäre ein weltberühmter Superstar – Madonna zum Beispiel oder Cher. Kein Wunder, dass sie so schräg drauf ist, oder?

- Stellen Sie sich vor, das, was Sie gerade erleben, wäre nichts weiter als Material für ein Buch. Zum Beispiel eins über Schwiegermütter.

Na, hat es geholfen? Wer sagt's denn! Mit Humor und Fantasie geht schließlich alles besser, auch das Leben mit Schwiegermüttern!

Yeah, Yeah, Yeah

Schon draußen auf der Treppe dröhnte Carola die Musik entgegen.

»She loves you, yeah, yeah, yeah.
She loves you, yeah, yeah, yeah.«

Unverkennbar die Beatles. Und dazu Ellis Stimme: »Yeah, yeah, yeah.« Es klang ziemlich schräg und nach der falschen Tonart, aber das schien Elli egal zu sein. Die Wohnungstür stand einen Spalt offen und Carola schob sich mitsamt der Kiste Sprudelwasser, die sie eben besorgt hatte, hindurch in den Flur. Keuchend stieß sie die Tür hinter sich zu, setzte die Kiste ab und machte sich auf den Weg in Ellis Wohnzimmer. Ihre Schwiegermutter stand mit dem Rücken zu ihr vor einem rustikalen Sideboard, auf dem ein alter Plattenspieler stand. Sie wippte mit den Hüften im Takt der Musik und sang dazu lauthals:

»You think you've lost your love
Well, I saw her yesterday.
It's you she's thinking of
and she told me what to say.«

Den Text kannte Elli auswendig. Sie kannte die Texte aller Beatles-Songs. Elli behauptete, sie wäre der größte Beatles-Fan unter der Sonne. In den Sechzigerjahren war sie als junges Mädchen bei einem ihrer drei Deutschland-Konzerte dabei gewesen. Noch heute erzählte sie mit glänzenden Augen davon: »Das war das tollste Erlebnis meines Lebens.« Man hätte zwar wegen des lauten Kreischens der Mädchen die Musik nicht hören können, aber trotzdem.

Seit diesem denkwürdigen Tag im Juni 1966 ließen die Beatles Elli nicht mehr los. Alle ihre Platten standen in Ellis Schrank, manche sogar in verschiedenen Ausgaben. Etliche Kisten und Schubladen quollen über vor Zeitungsausschnitten und Fotos der Fab Four. Außerdem war sie Mitglied in einem Beatles-Fanclub und fuhr regelmäßig zu Clubtreffen in der Umgebung.

»Hallo Elli«, wagte Carola endlich, die Aufmerksamkeit ihrer Schwiegermutter auf sich zu lenken, schnell, bevor die nächste Strophe einsetzte. Fast widerwillig ob der Störung drehte Elli sich zu ihrer Schwiegertochter um. Mit ihren 64 Jahren sah Elfriede Munz recht knackig aus. Das schmale Gesicht mit den hohen Wangenknochen, das von einer flotten, grau-melierten Kurzhaarfrisur eingerahmt wurde, wirkte fast aristokratisch. Sie trug eine blaue Stoffhose und ein blau-gelb-gemustertes Shirt, das ihre schlanke Silhouette fließend umspielte. Carola war ein wenig neidisch auf die Topfigur ihrer Schwiegermutter, da sie selbst ständig aufpassen musste, um ja nicht zuzunehmen. Für Elli war das kein Problem. »Ich kann fressen wie ein Scheunendrescher«, meinte sie oft kichernd, während Carola das Lachen im Halse stecken blieb.

»Hallo Carola. Hast du mir meinen Sprudel vorbeigebracht? Ist aber lieb von dir.« Elli drehte den Plattenspieler etwas leiser und lächelte Carola zu. »Soll ich uns ein Käffchen kochen oder hast du keine Zeit? Bist bestimmt schon im Packstress, oder?«

»Halb so wild«, erwiderte Carola und machte es sich auf Ellis grauer Ledercouch gemütlich, die sich ihre Schwiegermutter erst letztes Jahr gekauft hatte. Ein richtig modernes Möbelstück, das zu den restlichen, älteren Möbeln nicht passen wollte. Carola strich über das weiche Leder und sagte: »Für ein Käffchen mit dir habe ich doch immer Zeit.

Das meiste ist schon im Koffer, es fehlen nur noch ein paar Kleinigkeiten.«

Carola und ihr Mann Bernd wollten in drei Tagen zu einem Kurztrip nach London fliegen. Das war Bernds Geburtstagsgeschenk zu Carolas Vierzigstem und außerdem die erste Reise zu zweit seit vielen Jahren. Ihre zwei Töchter, Sarah und Saskia, 15 und 17 Jahre, hatten versprochen, während des Städtetrips ihrer Eltern das Haus zu hüten und – vor allem – keinen Unsinn anzustellen. Wenn das mal gut ging. Carola war bei der Vorstellung, die beiden allein zu lassen, doch ein wenig mulmig zumute.

Elli kam mit zwei Tassen Kaffee aus der Küche zurück und setzte sich Carola gegenüber in einen Sessel.

»Ein bisschen neidisch bin ich ja schon auf eure Londonreise.« Ellis Wangen waren leicht gerötet und sie rührte hektisch in ihrem Kaffee herum, obwohl weder Zucker noch Milch darin waren. Elli trank ihren Kaffee nämlich immer schwarz. »Es ist schon ewig her, dass ich in London war«, fuhr Elli fort. »Du weißt schon, einmal in den Achtzigern für drei Tage mit Bernds Vater. Aber Manfred wollte nur das Touristenprogramm abspulen, also den Buckingham Palace, den Tower und das ganze andere langweilige Zeug. Er hatte gar kein Verständnis für meine Beatles-Begeisterung. Nicht mal zur Abbey Road wollte er mit mir fahren. Dazu hätten wir in den drei Tagen keine Zeit, hat er gesagt. Stell dir vor, Carola, nicht einmal in die Abbey Road durfte ich.«

Ellis Stimme klang vorwurfsvoll. Wie immer, wenn sie von Carolas Schwiegervater sprach, der sich vor zehn Jahren wegen einer jüngeren Frau hatte scheiden lassen. Diese Jüngere schien Elli ihm verziehen zu haben, allerdings nicht, dass er ihr Faible für die Beatles nicht geteilt hatte.

»Ja, echt schade«, gab Carola zu und nach einem Schluck Kaffee meinte sie: »Es ergibt sich bestimmt eine Gelegenheit, wieder nach London zu reisen. Vielleicht mit den Leuten von deinem Fanclub.«

Angesäuert verzog Elli das Gesicht zu einer Grimasse.

»Mit denen doch nicht«, murmelte sie leise. Anscheinend waren sich Elli und die anderen Clubmitglieder nicht so grün.

»Am liebsten würde ich mit euch mitfahren, aber ihr wollt mich sicher nicht dabei haben.« Elli starrte in ihre halbvolle Kaffeetasse.

Carola schluckte. So war das also. Jetzt war es raus. Ihre Schwiegermutter war eifersüchtig, weil sie und Bernd ausgerechnet nach London flogen und es wagten, Elli nicht mitzunehmen. Plötzlich wurde Carola manches klar. Schon bei der Feier zu ihrem vierzigsten Geburtstag, als Bernd ihr mit großem Tamtam vor allen Gästen die Flugtickets nach London überreicht hatte, war Elli merkwürdig still geworden. Den Rest des Abends hatte sie mit verkniffenem Mund an der festlichen Tafel gehockt. Fast so, als hätte sie als Hauptgang eine schleimige Kröte im Salat serviert bekommen. Dabei hatte es Rindermedaillons mit erlesenem Gemüse von einem Spitzenkoch gegeben. Nein, daran, dass London das Traumreiseziel ihrer Schwiegermutter war, hatten Carola und ihr Mann nicht gedacht. Aber Elli auf die Reise mitnehmen? Auf ihre Reise? Das kam für Carola überhaupt nicht infrage. Schließlich war es ihr Geburtstagsgeschenk und sie wollte diesen Städtetrip mit ihrem Mann allein genießen. Ohne Schwiegermutter.

Als Carola gegen 19 Uhr nach Hause kam, herrschte große Aufregung.

»Mama«, schrie Saskia schon, als sie die Haustür noch nicht ganz aufgeschlossen hatte. »Warum hast du dein Handy ausgeschaltet? Wir haben zigmal versucht, dich anzurufen.«

Carola erschrak und blickte in die aufgeregten Gesichter ihrer Töchter. »Mein Akku ist wohl leer«, erklärte sie. »Ich war doch nur bei Oma und habe ihr die Sprudelkiste vorbeigebracht. Ihr kennt doch Oma. Wenn sie mal bei ihrem Lieblingsthema ist, den Beatles, kann man ihr nicht mehr entrinnen.«

Elli hatte ihrer Schwiegertochter beim Kaffee ausführlich von einer Beatles-Revival-Tour durch London erzählt, die sie auf jeden Fall machen wollte, wenn sie denn mal nach London käme. Dabei hatte sie natürlich mehrmals wiederholt, wie gern sie doch mit nach London fliegen würde.

»Was um Himmels Willen ist denn los? Wo ist Papa?«

Bernd spielte Fußball in der Altherrenmannschaft des Sportvereins und seine Mannschaft hatte heute Nachmittag ein Freundschaftsspiel. Eigentlich müsste er längst zu Hause sein.

»Das ist es ja gerade«, sagte Saskia. »Papa hat vor einer Stunde angerufen. Er ist von so einem Idioten übel gefoult worden und hat sich das linke Bein gebrochen. Er ist im Krankenhaus.«

In Carolas Kopf drehte sich plötzlich alles wie in einer Waschmaschine beim Schleudergang. Foul! Beinbruch! Krankenhaus! Das durfte doch nicht wahr sein.

Bernds linkes Bein hing einen Meter über dem Krankenbett in einer Schlinge und war dick eingegipst. Fassungslos stand Carola mit Sarah und Saskia neben seinem Bett. Bernd war blass im Gesicht, aber in seinen Augen funkelte es zornig.

»Dieser Depp ist mir einfach ins Schienbein gegrätscht. Es hat laut geknackt und ich wusste sofort, dass der Knochen gebrochen ist. So eine Scheiße, wo wir doch nach London wollen.«

Carola stöhnte vernehmlich. Nun mussten sie die Reise stornieren. Das würde einen Ärger geben. Hoffentlich zahlte die Reiserücktrittsversicherung die Stornokosten.

In diesem Augenblick öffnete sich die Tür des Kranken-
zimmers und Elli marschierte herein. Ihre Wangen waren mit
Rouge geschminkt. Außerdem hatte sie einen rosafarbenen
Lippenstift aufgelegt und trug eine Bluse in pastelligen Früh-
lingsfarben. Ihre rechte Hand wedelte mit einem bunten Blu-
mensträußchen, das sie auf Bernds Bettdecke ablegte. Sie
lächelte und sah aus wie der junge Morgen.

»Ach, mein armer Schatz«, flötete sie und knutschte
Bernds rechte Wange nass. »Was machst du auch für dumme
Sachen? Ich sag's ja immer wieder. Fußball ist einfach kein
Sport mehr für dein Alter.«

Carola schüttelte den Kopf. Bernd war gerade mal 42.
Was sollte er nach Meinung seiner Mutter denn für einen
Sport betreiben? Nordic Walking vielleicht? Oder Boule?

Saskia grinste. »Am besten spielst du Schach, Papa. Dabei bricht man sich ganz selten ein Bein. Habe ich jedenfalls
gehört.«

»Sehr witzig.« Bernd setzte ein gequältes Lächeln auf.

»Was wird denn nun aus eurer Londonreise?«, wollte
Sarah wissen.

»Ach ja, London.« Elli war sofort in ihrem Element, während Carola beim Anblick der erfreuten Miene ihrer Schwiegermutter ein eiskalter Schauer über den Rücken lief. Elli
klopfte mit dem Fingerknöchel gegen Bernds Gipsbein: »Mit
dem Ding kannst du schlecht in London rumhumpeln. Sieht
so aus, als ob bei eurer Reise ein Platz für mich frei geworden wäre. So komme ich doch schneller zu meiner Beatles-
Revival-Tour, als ich gedacht habe.«

In Carola schäumte blinde Wut hoch. Am liebsten hätte
sie ihrer Schwiegermutter beide Hände um den Hals gelegt
und fest zugedrückt. Ihre Gefühle rotierten wie ein Kettenka-
russell. »Bernd«, flehte sie ihren Mann verzweifelt an, »nun sag
doch auch mal was dazu.«

Aber was erwartete sie eigentlich? Seiner Mutter konnte Bernd noch nie etwas entgegensetzen. Zeit seines Lebens fiel er ihr und ihren Ideen zum Opfer.

»Muttchen hat doch recht, Carola«, entgegnete er schwach und richtete sich ein wenig in seinem Krankenbett auf, jedenfalls soweit es sein hochgezogenes Gipsbein zuließ. »Wäre echt bescheuert, dem Reiseveranstalter unser ganzes schönes Geld zu schenken. Macht ihr beide euch wenigstens ein paar schöne Tage in London. Komm, Liebes, gib dir einen Ruck. Wir zwei holen deine Geburtstagsreise im nächsten Jahr nach, okay? Vielleicht möchtest du ja dann nach Rom. Das war doch schon lange dein Wunsch.«

So eine Schnapsidee! Carola würde nicht mit Elli nach London fliegen. Das letzte Wort war noch nicht gesprochen.

Das Flugzeug füllte sich mit Reisenden und mittendrin saßen Carola und Elli, auf den Abflug nach London wartend. Wie hatte Elli es nur wieder geschafft, Bernd und sie um den Finger zu wickeln? Mit zufriedenem Lächeln blätterte die Schwiegermutter in einem Städteführer.

»Also, eine meiner ersten Stationen werden die Abbey-Road-Studios sein. Du weißt schon, Carola, da wo die Vier ihre ganzen Platten ...«

»Ich weiß, ich weiß«, entgegnete Carola genervt. »Du hast es mir gefühlte tausend Mal erzählt.«

Die letzten zwei Tage waren ein Albtraum für Carola gewesen. Die Flugtickets und die Hotelreservierung auf ihre Schwiegermutter umschreiben zu lassen, war noch das geringste Übel gewesen. Aber Ellis Beatles-Begeisterung kannte schon im Vorfeld der Reise keine Grenzen. Wie sollte das erst in London werden? Carola war mit den Nerven am Ende. Sie hatte sich auf einen entspannten Trip mit ihrem

Mann gefreut, auf Sightseeing im Swinging London, schöne Plätze mit Museen und Kirchen, Shopping auf der Oxford Street und Fish'n'Chips. Das normale Touristenprogramm eben. Aber davon wollte ihre Schwiegermutter nichts wissen. Alles, was nichts mit den Beatles zu tun hatte, war für Elli langweilig.

Nach einer Stunde Flug setzte das Flugzeug in London Heathrow auf und sie folgten den anderen Fluggästen zur Gepäckausgabe.

»Renn doch nicht so, Elli«, keuchte Carola ihrer Schwiegermutter hinterher. »Wir müssen doch keinen Geschwindigkeitsrekord aufstellen, oder?«

»Je schneller wir im Hotel sind, desto schneller können wir mit der Tour loslegen«, meinte Elli ungerührt. »Ich kann es kaum noch erwarten.«

Als ob Carola das nicht wüsste.

Eine halbe Stunde später ging es in einem schwarzen Taxi in den Londoner Stadtteil Mayfair. Dort lag das schicke Hotel, das Bernd für sie gebucht hatte. Carola wünschte sich nichts sehnlicher, als ihren Mann neben sich zu haben. Sie warf einen Blick zur Seite. Elli lächelte entrückt und summte *With a Little Help from My Friends.*

Das gemeinsame Hotelzimmer war sehr gemütlich. Carola genoss den Ausblick vom Balkon auf den idyllischen Park gegenüber. Elli hatte dafür kein Auge. Es war kurz nach 14 Uhr, als Carola sich gerade frisch machen und ihren Koffer auspacken wollte.

»Das können wir alles später machen«, meckerte Elli. »Jetzt, wo ich endlich in London bin, will ich auch gleich auf Tour gehen. Die paar Tage sind so schnell vorbei.«

»Aber Elli! Ich bin völlig verschwitzt von der Reise.« Carola hatte Schweißflecke unter den Achseln ihres T-Shirts und sehnte sich nach einer Dusche.

»Ich gehe jedenfalls gleich los. Egal, ob du mitkommst oder nicht«, stellte Elli fest und schnappte sich ihre Handtasche.

Carola war entsetzt. »Du willst allein durch London ziehen?«

»Warum nicht?« Elli tat beleidigt. »Ich bin 64 und kein Kind mehr. Du kennst doch den Beatles-Song *When I'm Sixty-Four*? Mit 64 bin ich zu allen Schandtaten bereit.«

Mit 64 bin ich zu allen Schandtaten bereit.

Schandtaten! Das fehlte noch.

Entnervt zerrte Carola ihre Handtasche vom Bett, schob die Koffer in eine Ecke und zog ihre Jeansjacke an, damit wenigstens keiner die Schweißflecken auf ihrem T-Shirt sah. Wohl oder übel musste sie in den sauren Apfel beißen. Schließlich konnte sie ihre Schwiegermutter nicht mutterseelenallein durch London rennen lassen. Wenn Elli in ihrem Beatles-Wahn nun was passierte? Das würde Bernd ihr nie verzeihen.

Sie stiegen im Stadtteil St. John's Wood aus der U-Bahn. In der Nähe sollten die Abbey-Road-Studios sein. Elli lief zielstrebig nach links, sie wusste anscheinend genau, wohin sie wollte. Carola kam sich wie ein Schoßhündchen vor, das seinem Frauchen klaglos folgte.

»Womit hab ich das nur verdient?«, murmelte sie.

Die berühmte Abbey Road war eine ziemlich langweilige Londoner Straße. Eine lärmende Baustelle zerstörte die Idylle der altehrwürdigen Villen, die ihre besten Tage hinter sich hatten. Die Fassaden wirkten wenig einladend. Elli schien das nicht zu stören. Sie steuerte sofort auf einen Zebrastreifen zu.

»Das ist die berühmte Abbey Road Crossing. Hier sind die Beatles ...«

»Ich weiß, ich weiß«, unterbrach Carola sie gleich, um einer langatmigen Erklärung vorzubeugen. »Soll ich dich fotografieren, während du rübergehst?«

Elli strahlte so glücklich, als hätten Paul McCartney und die Queen sie zusammen zum Fünf-Uhr-Tee eingeladen. Das mit dem Foto sollte doch schnell erledigt sein. Aber da kannte Carola ihre Schwiegermutter schlecht.

»Stell dich in die Mitte der Straße, sonst kriegst du den Zebrastreifen nicht ganz drauf«, kommandierte Elli.

»Spinnst du? Ich will doch nicht überfahren werden«, konterte Carola und sprang zurück auf den Gehweg, weil ihre Fotoaktion bereits ein Hupkonzert auslöste.

»Pass aber auf, dass die dumme Baustelle nicht mit auf dem Bild ist«, war der nächste Hinweis.

Eine Viertelstunde und mindestens zwanzig Versuche später war Carola fix und fertig.

»Ich kann nicht mehr«, rief sie schweißgebadet und setzte sich auf eine Backsteinmauer am Straßenrand. »Das macht wirklich keinen Spaß.«

»Kann ich Ihnen vielleicht helfen?« Ein junger Mann stand plötzlich vor Carola. Er hatte halblange, lockige Haare, trug eine Hornbrille auf der Nase und sah so aus, als stammte er original aus den Sechzigern. Er trug ein gestreiftes Hemd und einen gestrickten Pullunder.

»Ach ja, bitte«, flötete Elli und schenkte dem jungen Mann ihr freundlichstes Lächeln. »Meine Schwiegertochter bringt einfach kein gutes Foto von mir auf dem Zebrastreifen zustande. Sicher können Sie das viel besser.«

Elli hielt ihm ihre Digitalkamera unter die Nase.

»Kein Problem. Als Beatles-Fan ist dieses Motiv einfach ein Muss und deutsche Touristen müssen schließlich zusammenhalten.« Der Mann schob seine Hornbrille in die blonden Locken und positionierte sich gekonnt vor dem Zebrastreifen, den Elli bestimmt zum fünfzigsten Mal überquerte. Natürlich kam gerade kein Auto vorbei.

Carola biss sich auf die Unterlippe. Der Kerl musste sie ja für total verblödet halten, dass sie nicht mal diesen doofen Zebrastreifen fotografieren konnte.

»Siehst du. Geht doch«, meinte Elli, nachdem sie den jungen Mann mit viel Trara verabschiedet hatte. »Und nun gehen wir zu den Studios. Darauf freue ich mich schon.«

Carola eher nicht, aber wen interessierte das schon?

Die Abbey-Road-Studios waren in der Nr. 3 untergebracht, nicht weit vom Zebrastreifen. Im gerade einsetzenden Nieselregen wirkte alles grau und trist. Carola fragte sich mal wieder, was Elli hier eigentlich wollte. Wessen Geburtstagsgeschenk war das hier noch gleich? Elli steuerte indes ohne Zögern auf den Eingang zu, stieg die Treppe hinauf und betrat das Haus durch die offene Tür.

»Elli«, rief Carola ihr hinterher. »Du kannst doch nicht einfach da reinspazieren. Das ist bestimmt verboten.«

Aber Elli hörte nicht auf sie und war schon verschwunden. Weit und breit war niemand zu sehen. Carola betrat vorsichtig das dunkle Treppenhaus und setzte ihren Fuß auf die unterste Stufe der Treppe. Da hörte sie von oben die nicht gerade freundliche Stimme eines Mannes: »No fans, please. Go out!«

Einige Sekunden später kam Elli die Treppe herunter. Mit breitem Grinsen im Gesicht.

»Ich konnte einen kurzen Blick ins Innere des Studios werfen«, sagte sie halblaut. »Ich habe ein paar Instrumente gesehen und ein Mischpult. Echt spannend. Der Typ hat sich vielleicht angestellt. Hat sich aufgeplustert wie ein Gockel. Der hätte mich ruhig ein bisschen gucken lassen können, wenn ich schon mal da bin«, schnappte Elli.

»Könnte ja jeder kommen«, murmelte Carola und fragte: »Und jetzt?«, obwohl sie schon ahnte, dass Ellis Beatles-Tour noch lange nicht zu Ende war.

»Fahren wir in die Savile Row. Zu den Apple Studios.« Elli hatte den Rauswurf anscheinend schnell verdaut, wenn sie sich gleich die nächsten Beatles-Studios anschauen wollte.

»Was sollen wir dort?«, wagte Carola zu fragen.

»Ich will das Dach sehen.«

»Was ist an einem Dach so interessant?«

»Dort haben die Beatles ihr berühmtes Rooftop-Konzert gegeben. 1969. War eine echte Sensation«, erklärte Elli.

Carola nickte gelangweilt. Wie hatte sie dieses denkwürdige Ereignis nur vergessen können?

Die Savile Row lag nicht weit von ihrem Hotel entfernt in Mayfair. Als sie die U-Bahn verließen, regnete es noch immer. Der Himmel über London bestand aus einer einzigen grauen Wolkendecke. Carola zückte ihren Regenschirm, während Elli mit dem Stadtplan hantierte, der schon ganz aufgeweicht war.

»Da vorn ist es. Komm schon.« Elli marschierte vorneweg. Carola schaute an der Fassade des Hauses empor, auf das Elli zusteuerte. Das Erdgeschoss war weiß gestrichen, die oberen Etagen in einem schmutzigen Braun. Und da wollte Elli rauf?

Die war nicht aufzuhalten. Gerade verließ ein Mann im schwarzen Anzug und mit Melone das Haus, als wäre er einem Sherlock-Holmes-Film entsprungen. Geschwind wie eine Gazelle hüpfte Elli an ihm vorbei und hielt gerade noch die Eingangstür auf, bevor sie zuschnappen konnte.

»Beeil dich mal, Carola«, rief sie und winkte. »Anschließend suchen wir ein nettes Restaurant, wo wir einen leichten Salat essen können.«

Carola seufzte. Das war eine klare Anspielung auf ihre Gewichtsprobleme.

Sie betraten den Hausflur und fanden sich vor einem alten Fahrstuhl wieder. Ein vorsintflutliches Modell, sicher hundert Jahre alt, mit einer Eisengittertür davor. So etwas kannte Carola nur aus alten Schwarz-Weiß-Filmen.

»Sollen wir nicht lieber die Treppe nehmen?«, fragte sie vorsichtig.

Elli schüttelte den Kopf. »Sei doch nicht so ein Angsthase. Was soll schon groß passieren?«

Carola wollte sich lieber nicht ausmalen, was alles passieren könnte. Elli zog sie in den Fahrstuhl hinein, schloss die Gittertür und drückte auf die Taste des obersten Stockwerks. Ein unheimliches Getöse setzte ein. Der Ton wurde immer lauter und höher und dröhnte in Carolas Ohren. Ratternd und schwankend setzte sich der Fahrstuhl in Bewegung und fuhr ziemlich gemächlich nach oben.

Carolas Hände waren schweißnass, ihr Herz raste. Sie hasste enge Räume und wollte so schnell wie möglich hier raus. Elli bemerkte nichts davon, sie summte schon wieder irgendein Beatles-Lied vor sich hin. Carola schloss die Augen und hoffte, dass sie bald den obersten Stock erreichen würden. Nach unten würde sie ganz sicher die Treppe nehmen, schwor sie sich.

In das Dröhnen des Fahrstuhls mischte sich plötzlich ein metallisches Geräusch, ein Quietschen, als würde ein Zug scharf abbremsen. Es gab einen kräftigen Ruck. Carola öffnete erschrocken die Augen. Waren sie oben angekommen?

»Scheiße«, stieß Elli hervor. »Äh ... Ich glaube, wir sind steckengeblieben.«

»Oh Gott! Das darf doch nicht wahr sein«, schrie Carola. Sie rüttelte an der Tür, während Elli auf sämtliche Knöpfe drückte. Einen Alarmknopf gab es zwar, aber ob der Alarm irgendwo draußen ankam, war zweifelhaft, denn es war nichts zu hören. Nach einigen Minuten gaben sie auf. Carola ließ sich auf den Boden der Kabine sinken. Angst kroch in ihr hoch, ihre Hände zitterten. Elli hockte sich im Schneidersitz neben sie auf den fleckigen Fahrstuhlboden. Viel Platz hatten sie nicht. Ellis Wangen waren gerötet, ihre Haare zerzaust, Tränen liefen ihr übers Gesicht. Wütend starrte Carola ihre Schwiegermutter an.

»Du brauchst gar nichts zu sagen«, meinte Elli zerknirscht. »Ich weiß selbst, dass ich an allem schuld bin.«

Carola schwieg, obwohl sie ihre Schwiegermutter gern angeschrien hätte wegen des Schlamassels, in den diese sie gebracht hatte. Sie konnten nur abwarten und hoffen, dass jemand kam und sie aus diesem Gefängnis befreite.

Nach mehr als einer halben Stunde, in der Carola und Elli immer wieder den Alarmknopf gedrückt hatten, hörten sie endlich Stimmen. Aufgeregte Stimmen, die irgendwo aus der Tiefe des Fahrstuhlschachtes zu kommen schienen. Es klopfte und hämmerte. Carola erhob sich vom Boden des Fahrstuhls und zog auch Elli zurück auf die Füße. Wieder drückten sie den Alarmknopf. Sie trommelten mit den Fäusten gegen die Wände, schrien um Hilfe.

»Help! I need somebody! Help!«, sang Elli.

»Wenn du nicht sofort mit dem Beatles-Quatsch aufhörst, vergesse ich mich!«, herrschte Carola sie an. Elli verstummte. Dann ging das Licht im Fahrstuhl aus.

»Nein, bitte nicht«, flehte Carola. Im Dunkeln war die Enge fast nicht zu ertragen. Zum Glück ging das Licht nach wenigen Sekunden wieder an.

»Es ist sicher gleich vorbei.« Elli versuchte sich an einem Lächeln.

»Sicher.« Zu mehr war Carola nicht fähig.

Erst weitere zehn Minuten später ging ein Vibrieren durch den Fahrstuhl. Er setzte sich in Bewegung und hielt ein Stockwerk weiter oben. Die Schiebetür ging auf und ein

Mann im Blaumann mit einem Zigarettenstummel im Mundwinkel öffnete die eiserne Gittertür. Pures Erstaunen stand in sein Gesicht geschrieben.

»What are you doing here, ladies?«

Abwechselnd erklärten Carola und Elli dem Mann, was ihnen passiert war. Der lachte schallend und zeigte mit seinem Schraubenschlüssel auf die Treppe, die weiter nach oben führte: »Do you wanna see the famous rooftop where the Beatles played?«

Das ließ sich Elli nicht zweimal sagen. Sie stiegen hinter dem Mann die Treppe nach oben, wo er eine Tür öffnete, die aufs Dach hinausführte. Der Regen hatte endlich aufgehört. Auf dem kiesbedeckten Dach schimmerten ein paar dreckige Pfützen zwischen den Schornsteinen. Von hier oben hatte man einen schönen Ausblick auf die umliegenden Straßen und die Hochhäuser der Umgebung. Carola und Elli lehnten an einer Mauer und schauten in die Ferne.

»Gerade noch mal gut gegangen«, stellte Carola trocken fest. Und die Aussicht hier oben war irgendwie lohnenswert. »Und was machen wir jetzt? Noch eine Beatles-Attraktion?«

Elli scharrte verlegen mit ihrem Schuh auf dem Kies. »Nein, ich glaube, ich habe genug.«

Carola sah überrascht auf.

Elli knuffte sie in die Seite. »Was hältst du von einem Besuch im Tower? Oder in der St Paul's Cathedral? Und morgen früh würde ich mir gern die Wachablösung am Buckingham Palace anschauen. Die soll wirklich toll sein.«

Carola drückte ihre Schwiegermutter fest an sich und jubelte laut: »Yeah, yeah, yeah!«

Highway to Hell

Der Samstag gehörte mir. Montag bis Freitag konnte der Alltag haben, Sonntag die Kirche. Aber der Samstag war mein Tag.

Ich streckte meine Füße aus dem Bett und schaute verträumt aus dem Fenster. Frühlingshafter Sonnenschein. Ideales Wetter, um mit den Jungs zu grillen und Fußball zu schauen. Kalle, Enno und Bier, das war ein Samstag, wie er sich gehörte.

Auf dem Weg nach unten hörte ich eifriges Geschirrgeklapper. Frühstück. Ich roch schon den Kaffeeduft. An solchen Tagen fühlte ich mich wie ein König.

Fröhlich pfeifend ging ich in die Küche, fest entschlossen, meine Frau Tine und unsere Töchter mit Komplimenten zu begrüßen. Aber die Floskeln blieben mir im Hals stecken, als ich das Zimmer betrat. An meinem Tisch, nein, an meinem Platz saß jemand.

Ruth. Die Mutter meiner Frau.

Was machte die hier, weit weg von ihrem Zuhause?

Verstört begutachtete sie meinen Schlafanzug und meine Pantoffeln. Dabei drehte sie ihre Kaffeetasse – nein, meine Tasse – spielerisch mit ihren langen Fingern.

»Ach, der Dominik ist auch da.« Jede ihrer Silben troff vor Verachtung.

Noch mit dem Schock ringend, presste ich ein »Guten Morgen« heraus. Ein Blick auf meine Familie genügte, um die Situation zu erfassen. Meine Frau saß aufrecht wie eine Abiturientin in der mündlichen Prüfung. Unsere Drittklässlerin Lisa tat es ihr nach. Nur unsere 14-jährige Anni lehnte sich entspannt zurück, die Stöpsel des MP3-Players sorgfältig unter ihren lila Haaren verborgen.

In meinem Kopf begann es zu arbeiten, während ich am anderen Ende des Tisches Platz nahm: Was tat meine Schwiegermutter an einem Samstagmorgen bei uns am Küchentisch?

Nachdenklich nahm ich mir eine Tasse und goss mir einen Schluck Kaffee ein. Ich kam nicht dazu, auch nur daran zu nippen.

»Warum bist du noch nicht angezogen?« Meine Frau lächelte, aber in ihren Augen sah ich Ungeduld lodern.

Was tat meine Schwiegermutter an einem Samstagmorgen bei uns am Küchentisch?

Diese Frage gab meinem Denkapparat einen Stoß, aber auch so kam nicht viel mehr heraus als eine dunkle Ahnung. Ich konterte geschickt mit einem nonchalanten Lächeln.

»Warum guckt dein Mann so komisch?«, fragte Oma Ruth entrüstet. »Hat er es etwa vergessen?«

»Oh, nein. Natürlich nicht.« Hinter meiner Stirn arbeitete es fieberhaft, so effektiv wie in einem Schweizer Uhrwerk. Nur ohne Rädchen und Zeiger. »Herzlichen Glückwunsch ...«, setzte ich an.

»Natürlich hat Dominik die Beerdigung von Großtante Alma nicht vergessen«, unterbrach mich meine Frau.

Jetzt wurde mir klar, warum alle Schwarz trugen. Offensichtlich nicht, weil der alte Drache uns heimsuchte.

Ein Blick meiner Frau, der gleichermaßen Verurteilung wie Aufforderung sein konnte, trieb mich kaffeelos zurück auf die Treppe.

»Mit Bertram wäre dir das nicht passiert.« Ich hörte die Worte meiner Schwiegermutter, während ich hinauftrabte. »Der ist heute übrigens auch da. Du weißt ja, wie Alma ihn geliebt hat.«

Natürlich. Der Bertram. Nicht irgendein Bertram, sondern *der* Bertram. Der gut aussehende Traumschwiegersohn. Und der Ex meiner Frau. Zumindest vor über 15 Jahren.

Diese Wunde brannte immer noch. Bis zu unserer Hochzeit hatte die Schwiegermutter nur von ihm erzählt. Selbst danach noch.

Für mich war der schöne Bertram, was Blofeld für 007 war. Der Erzschurke. Und diese alte Frau war seine Komplizin.

Während ich nach oben ging, leistete ich stumm einen Schwur. Heute ging es ums nackte Überleben. Sie oder **Heute ging es ums nackte Überleben. Sie oder ich. Bis einer heulte.** ich. Bis einer heulte. Und das würde nicht ich sein. Niemals.

Nur wenige Minuten später war ich zurück und sah aus wie James Bond. Mein schwarzer Anzug saß perfekt. Nur an den Hüften spannte die Hose ein bisschen, aber das war bei einem Daniel Craig sicher auch nicht anders. Lässig zog ich die Fernbedienung für das Garagentor aus meiner Hosentasche und schoss – begleitet von einer coolen Drehung – das Signal ab.

»Nimm das, Bertram.«

Nichts.

Konnte ja mal passieren, in *Skyfall* traf Bond auch nicht immer. Im Gangsta-Style richtete ich das kleine Gerät auf das Ziel, das für mich aussah wie ein breitschultriger Schleimer mit viel zu blondem Seitenscheitel.

Bamm, bamm, bamm.

Wieder nichts.

Vor mir erschien ein kleines, fettes Teufelchen in der Luft. »Haha, das kann auch nur dir passieren«, spottete der Verräter. »Tine sagt dir schon seit Wochen, dass die Fernbedienung immer mal streikt.«

Mist. Mürrisch ging ich zum Tor und öffnete es von Hand.

Hinter dem Lenkrad änderte sich alles. Jetzt wurde aus mir wieder eine Doppelnull. Als ich den Wagen vor das Haus fuhr, war meine Laune fast wieder auf dem Samstagmorgenstand. Es gelang mir sogar zu verdrängen, dass der Nachmittag mit meinen Kumpels ins Wasser fiel.

Obwohl ... Vielleicht dauerte diese Beerdigung nicht zu lange. Hinfahren, ein bisschen Kirche, die Alte im Boden versenken und ab nach Hause. So würden wir es machen.

Meine Frau und die Kinder warteten schon vor dem Haus. Perfekt, nur keine Zeit verlieren. Schweigend nahmen meine Töchter Platz, während Tine nur die Tür öffnete.

»Hättest du mich heute Morgen nicht warnen können?«, fragte ich sie vorwurfsvoll.

Sie lächelte unergründlich wie die Sphinx. »Hättest du es dir nicht merken können?«

Ich suchte noch nach einer passenden Antwort, als Oma Ruth wie eine Königin auf uns zu glitt. Schnell schickte ich ein Stoßgebet gen Himmel, dass unsere Vorgartenrosen nicht bei ihrem Anblick verwelkten. Erst vor der Beifahrertür machte sie halt.

Meine verräterische Frau ignorierte meine flehenden Blicke. Vor meinen entsetzten Augen half sie dem alten Drachen auf den Beifahrersitz, nur um sich dann verschmitzt lächelnd zwischen unsere Töchter auf die Rückbank zu quetschen.

Wir fuhren bis zum Ende der Straße, dann vernahm ich zum ersten Mal während dieser Fahrt die mahnende Stimme meiner Schwiegermutter: »Dominik, fahr bitte nicht so schnell.«

Ich ertappte mich dabei, wie ich abbremsen wollte. Aber ich tat es nicht. »Ich halte mich immer an die Vorschriften«, maulte ich.

Oma Ruth sah das wohl ein bisschen anders. Sie stieß einen ihrer unverkennbaren Schwiegermutterseufzer aus, die sämtliches Elend der westlichen Welt ausdrückten, und meinte dann zweifelnd: »Tine sagt, du kriegst ständig Strafzettel.«

Sie stieß einen ihrer unverkennbaren Schwiegermutterseufzer aus, die sämtliches Elend der westlichen Welt ausdrückten.

Erschrocken bremste ich ein bisschen ab. Noch ein Verrat meiner Frau? Das schnürte mir fast die Luft ab. »Strafzettel? Ich?«

Ruths feindselige Blicke ruhten auf mir. Sie glaubte mir kein Wort. Ich wusste genau, was hinter ihrer faltigen Stirn vorging. Ihre Gedanken standen ihr förmlich ins gepuderte Gesicht geschrieben. Kursiv und fett und unterstrichen. *Mit dem Bertram wäre Tine das nicht passiert.* Jawohl, das dachte sie gerade.

Kochend vor Wut fuhr ich weiter. Ich achtete genau darauf, nicht schneller als fünfzig zu fahren. Auch ein Geheimagent im Dienste ihrer Majestät musste sich manchmal den Widrigkeiten beugen. Oder der eigenen Schwiegermutter.

Auch ein Geheimagent im Dienste ihrer Majestät musste sich manchmal den Widrigkeiten beugen. Oder der eigenen Schwiegermutter.

Die Fahrt bis zur Autobahn dauerte eine Ewigkeit. Zumindest gefühlt. Neben mir hörte ich ein künstliches Hüsteln.

»Soll ich die Klimaanlage ausschalten?«

»Bitte«, sagte Oma Ruth und meinte eigentlich: »Sofort!«

Als sie begann, über den schweren Verlust der Großtante zu sinnieren, schaltete ich innerlich ab. Es erschloss sich
mir nicht, wie man um jemanden trauern konnte, mit dem man
seit zehn Jahren kein Wort mehr gesprochen hatte. Um diesem Monolog von rechts zu entkommen, schaltete ich das
Radio an.

AC/DC ließ meine Laune sofort steigen. *Highway to
Hell.* Das passte. Fast lautlos summte ich mit. Langsam vergaß
ich diese Folter und begann, Spaß zu haben.

Meine Schwiegermutter holte mich zurück in die Realität.
»Ist das nicht das Lied von diesem gut aussehenden Politiker?
Diesem Adligen?«

Womit hatte Bon Scott so etwas verdient? In mir ver-
krampfte sich etwas. Nur weil ein überambitionierter baye-
rischer Möchtegernpolitiker die einzigartige Musik von
AC/DC für seine Selbstdarstellung zweckentfremdet hatte,
war es noch lange nicht sein Lied. Da konnte Schwiegermutt-
chen noch so für adelige Herren schwärmen.

Ich meinte zu erkennen, wie Annalena mit dem Gedanken spielte, aus dem fahrenden Auto zu springen. Auch meine
Frau verdrehte ihre Augen.

»Ähem. Nein, das ist nicht von diesem Guttenberg.«
Meine Abneigung für den Ex-Minister hatte natürlich nichts
mit Bertrams Parteibuch zu tun. Sagte ich mir. Krampfhaft versuchte ich das Gesicht des Freiherrn mit dem ewigen Siegerlächeln aus meinem Kopf zu verdrängen. Während AC/DC
verzweifelt gegen diese Assoziation ankämpfte, wippte Ruth
mit dem Kopf.

Von einem Moment zum anderen schaltete sie das Radio
aus. »Du hast doch den Kranz bestellt?«

Ich verriss beinahe das Lenkrad. Denn diese Frage galt
niemand anderem als mir.

»Den Kranz?«, fragte ich. Obwohl mir längst klar war, dass das Verderben soeben seine kalten Klauen um mich schloss.

»Den Kranz für Tante Alma. Tine hat gesagt, dass du dich darum kümmerst.«

Warum sah die Mutter meiner Frau in diesem Moment aus wie Gert Fröbe in *Goldfinger?* Mit unverkennbarer Stimme sagte der in meinem Hinterkopf: »Überlegen Sie sich Ihre nächste geistreiche Bemerkung gut, Mr. Bond. Es wird vielleicht Ihre letzte sein.«

Still verfluchte ich mein Schicksal, während es in mir fieberhaft arbeitete. Das wäre die Niederlage gewesen. Wenn ich das vergeigte, wenn wir ohne Trauergebinde auf dem Friedhof standen, dann gehörte dieser Samstag allen Schwiegermüttern und Bertrams dieser Welt, die mein schlechtes Gewissen ausweiden würden wie die armen Sünder in Dantes *Inferno.* Schlimmer konnte es nicht kommen.

»Ach, den Kranz«, bluffte ich. »Der wird direkt geliefert.«

Im Rückspiegel schürte Tine meine Selbstvorwürfe mit einem gezielten Blick. Ihre Augen sagten: »Wie kommst du da wieder raus?«

Ganz ehrlich – ich wusste es nicht.

Meine einzige Chance hieß Sanifair. Wenn man sich auf eines verlassen kann, dann auf das: Fahre mit deiner Schwiegermutter zu einer Familienfeier und sie muss schon nach spätestens zwanzig Kilometern pinkeln. Das ist ein Naturgesetz.

Ausnahmsweise war ich kein bisschen böse über die Störung. Warum auch? Während meine Frau mit ihrer Mutter und den Kindern in Richtung Raststätte verschwand, winkte ich ihnen lässig hinterher. Kaum waren sie um die Ecke, griff ich zum Handy.

Es dauerte eine Ewigkeit, bis ich das erlösende »Kalle Pedlatz« hörte. Und wenn mein Kumpel noch so versoffen klang, diesmal erschien er mir wie ein Engel.

»Kalle, hör zu. Ich brauche dringend deine Hilfe.«

Er rülpste ins Telefon. So laut, dass ich fürchtete, einen Tinnitus zu bekommen.

»Bitte, bitte, bitte«, drängelte ich. Hätte sich ein Bond jemals so erniedrigt, um die Hilfe eines Säufers zu bekommen? In diesem Moment war mir das schnurzpiepegal.

»Tommy, was brauchst du?« Konnte es sein, dass mein Freund genervt klang? Mein Samstagskumpel? Der Mann, der regelmäßig die Bierkisten in meinem Keller leerte?

»Ich brauche einen Kranz.«

»Einen was?« Man konnte nicht behaupten, dass Kalle der Schnellste war. Zumindest nicht am Samstag.

»Einen Kranz. Einen Trauerflor. Du weißt schon.«

Es dauerte ein bisschen, ehe er antwortete. »Da musst du in einen Blumenladen.« Das glucksende Lachen am anderen Ende der Leitung verriet die selbstsichere Genialität, die sich hinter dieser Antwort verbarg.

Ich fand das gar nicht witzig. »Kalle, das ist zu spät. Wir sind schon auf dem Weg zur Beerdigung!«

»Ah.«

Schweigen. So lange, dass ich nervös in Richtung Raststätte schaute. »Kalle, bitte. Ich weiß, dass du es kannst. Besorg einen Kranz und bringe ihn nach Dettelsbrunn. Auf den Friedhof.«

Jeder andere hätte mir diesen Wunsch abgeschlagen. Das wusste ich genau. Aber nicht er. Nicht mein Kalle. »Ich mach's«, sagte er und erlöste mich von meinen Qualen. Bis zu der kleinen, aber feinen Rückfrage. »Wie soll ich hinkommen? Ich hab doch gar kein Auto.«

Verzweifelt versuchte ich, Ruhe zu bewahren. Aber es war zu spät. Wie die vier Daltons kamen die Frauen auf mich zu und ich musste auflegen. Das war mein Untergang.

Von da an saß ich wie auf Kohlen. Nichts und niemand konnte mich jetzt noch retten. Die Beerdigung rückte wie ein gigantischer Eisberg näher. Und ich war der Kapitän der Titanic. Nur ohne Leonardo DiCaprio.

Der Scharfrichter im Schwiegermutterkostüm beobachtete mich. Jede noch so kleine Bewegung quittierte sie mit einem Zucken ihres Auges oder einer Veränderung ihrer Mundwinkel. Sie belauerte mich. Wie ein Lügendetektor versuchte sie herauszufinden, ob ich die Wahrheit sagte oder nicht.

Der Scharfrichter im Schwiegermutterkostüm beobachtete mich.

Ich fühlte mich wie Charles Bronson, der Henry Fonda in *Spiel mir das Lied vom Tod* gegenüberstand. Das Gedudel im Radio klang verdächtig wie eine Mundharmonika.

Jetzt hieß es cool bleiben. Nur keinen Fehler machen. Sollte ich eine Panne vortäuschen? Zu auffällig. Oder einen kleinen Unfall verursachen? Nicht mit den Kindern im Auto! Vielleicht wenn ich Ruth einfach ... Ich beendete den Gedanken nicht. Obwohl die Grundidee schon ein bisschen verlockend war.

Die Bondmelodie aus meinem Smartphone beendete meine finsteren Pläne. Ich griff nach dem Apparat.

»Dominik, du kannst doch nicht ans Telefon. Du fährst!«, schrie Ruth.

Schuldbewusst warf ich einen Blick in den Rückspiegel. Der Gesichtsausdruck meiner Frau war nur zu deutlich. Sie war derselben Meinung. Noch ehe mir eine Lösung einfiel, hatte die Schwiegermutter den Apparat schon aus der Mittelkonsole gefischt und drückte darauf herum.

Ich erschrak zutiefst, als die Stimme unvermittelt aus dem Lautsprecher meines Handys erschallte.

»Issedi Enno. Tommy, bist du da?«

Binnen eines Sekundenbruchteils wurde mir die verhängnisvolle Kette der Geschehnisse klar, denn dieses Muster spielte sich immer so ab:

Ich rief Kalle an.

Kalle hatte kein Auto.

Also rief Kalle Enno an.

Und weil Kalle nix kapierte und Enno nichts verstand, rief Enno mich an.

Das war effiziente Samstagskommunikation.

»Äh, hallo Enno«, rief ich so unschuldig wie ein Kommunionkind bei der Beichte.

»Tommy, die Kalle hat mich angerufe.«

Etwas in mir zerbrach. Bitte sag jetzt nichts über den Kranz. »Enno, wir haben nicht viel Zeit«, wehrte ich ab.

Nur dass so etwas meinen italienischen Freund noch niemals aufgehalten hatte. »Tommy, wie solle wir das mache, eh?«

Ich schwitzte Blut und Wasser. Sag es nicht, Enno, sag es nicht! Panisch versuchte ich, den Apparat an mich zu reißen. Oma Ruth keifte: »Pass auf den Verkehr auf, Dominik!«

Hinter mir hörte ich die strenge Stimme meiner Frau. Anni zog sich die Kopfhörer aus den Ohren. Ins allgemeine Chaos mischte sich Enno: »Tommi, wie solle das gehen?«

Ich täuschte einen Hustenanfall vor und drückte alle Knöpfe meines Radios, die ich erreichen konnte. Sofort ertönte Xavier Naidoo. Natürlich viel zu laut. In seinem typischen Singsang klärte er uns darüber auf, dass dieser Weg kein leichter sein würde. Willkommen in meiner Welt.

Ich sah einen hellen Blitz, als wir durch die Geschwindigkeitskontrolle rasten. Für eine Sekunde tanzten nur Sterne vor meinen Augen. Im Auto wurde es plötzlich still. Selbst die Drachenmutter sagte kein Wort.

In harmonischer Ruhe glitt mein Wagen dahin. Als wären mit einem Mal alle Probleme verschwunden. War ich jetzt im Himmel?

Eher nicht, denn die Schwiegermama hatte sich schnell wieder gefangen. »Siehste, jetzt kriegst du doch einen Strafzettel.«

Es war kurz vor ein Uhr, als wir Dettelsbrunn erreichten.

Das Dorf war nicht mehr als ein paar rotgeziegelte Häuser zwischen zwei Ortsschildern. Dahinter stand ein dichter Nadelwald. Vor dem verwinkelten Haus von Großtante Alma warteten ein paar Leute. In ihrer Mitte stand ein dunkelbrauner Sarg. Ein bisschen wunderte es mich, dass man keine Schlösser an die Kiste gebaut hatte. Denn – von Oma Ruth mal abgesehen – hatte ich niemals einen böseren Menschen kennengelernt als Tante Alma.

Ich suchte einen Parkplatz. Was im Zentrum von Dettelsbrunn nicht besonders schwer war. Wehte da nicht ein ausgetrocknetes Grasbüschel über die Straße?

Kaum waren wir ausgestiegen, fragte meine Frau: »Bringst du die Schirme?«

Lächelnd sah ich nach oben. »Wegen der paar Wolken? Ich kann sie doch später holen.« Denn außer mir wusste keiner, dass ich erst gestern die Schirme aus dem Kofferraum verbannt hatte, um Platz für Klappstühle und Bier zu machen.

Zu meinem Erstaunen gab meine Frau nach und wir gesellten uns zur wartenden Trauergemeinde. Eine Ansammlung verstaubter, schwarzer Anzüge und abschätziger Blicke. Im Schatten von Almas altersschwachem Häuschen war es merkwürdig kalt. Wenn ich mir das marode Fachwerk so ansah, kam ich zu der Überzeugung, man hätte dieses Bauwerk gleich mit seiner Besitzerin verscharren sollen. Ich entschuldigte mich still bei Alma für den unangebrachten Gedanken und versuchte es mit Small Talk. Doch ich kam nicht weit.

Denn von der anderen Straßenseite näherte sich ein Mann, der etwa so alt war wie ich. Nur ein bisschen größer. Und schlanker. Und reicher.

Der Bertram.

Sein Seitenscheitel saß perfekt. Genau wie sein Zweireiher. Er steuerte direkt auf uns zu. Tine und er begrüßten sich wie alte Freunde. Nur, dass Bertram Tines Hand zu lange hielt. Viel zu lange. Irgendwo im Abgrund meines Herzens schürte ein kleiner Dämon sein Höllenfeuer an und zwang mich zum Handeln.

»Bertram«, sagte ich und griff nach seiner Hand.

Er musste kurz nachdenken, ehe er erwiderte: »Dominik, nicht wahr?«

Da konnte er noch so falsch lächeln. Ich hatte den Feind erkannt. Wir standen nun Auge in Auge. Charles Bronson gegen Henry Fonda. Es konnte nur einen geben. Selten fühlte ich mich so stark wie in diesem Moment.

Es war Tines Mutter, die mir den Dolch in den Rücken stieß: »Der da hat unseren Kranz vergessen.«

Komisch, mit einem Mal kam ich mir nicht mehr vor wie ein verkannter Geheimagent. Eher wie eine Karikatur.

Bertram dagegen lächelte gönnerhaft. »Dominik, ist doch kein Problem. Als Staubsaugervertreter hast du gewiss ziemlich viel zu tun.«

Einmal mehr bedachte mich Oma Ruth mit einem vielsagenden Blick.

»Ich bin kein Vertreter«, zischte ich wie ein überhitzter Dampfkessel. »Vertreter sind im Vertrieb, ich bin in der Buchhaltung.«

»Ah, ja.« Der Ex meiner Frau nickte mit geheucheltem Interesse. Kurz sah er zu meiner Frau hinüber. Die wich seinem Blick aus.

»Ist ja was ganz anderes. Staubsauger zählen, statt sie zu verkaufen.« Oma Ruth zog demonstrativ ihr Stofftaschentuch heraus. So als trieb ihr die Profession ihres Schwiegersohns die Tränen in die Augen. Na warte, du Drache. Eines Tages rechnen wir ab.

»Und wo?« Bertram reduzierte seine Frage auf das Nötigste.

Wie im Chor flöteten meine Töchter: »Staubeisen, wir lassen nichts anbrennen.«

Peinliche Stille breitete sich aus. Nur um davon abzulenken, fragte ich desinteressiert: »Was machst du so?«

Jetzt kam Oma Ruths Moment. »Bertram ist selbstständiger Berater. Ein Finanzberater.«

Ich konnte nicht behaupten, dass sie jemals mit so viel Stolz über mich gesprochen hätte.

»Du machst Geld mit dem Vermögen anderer Leute?« Die Vorstellung ließ mich breit grinsen. »Alte Omis über den Tisch ziehen und so?«

Mein Witz starb in kalter Stille. Umso mehr, weil Ruth diese Bemerkung mehr zu treffen schien als Bertram. Mir hingegen wurde klar, warum die alte Hexe zeitlebens so knausrig war. Wenn jemand wie Bertram dein Vermögen verwaltete, dann blieb wohl nicht viel für den täglichen Gebrauch.

Das Gebimmel der örtlichen Kirche beendete den unheilvollen Plausch. Mit finsteren Blicken entfernte sich Oma Ruth und wir folgten ihr wie ein gehorsamer Hofstaat in die Kirche.

Ich überstand den Trauergottesdienst ohne weitere Zwischenfälle. Abgesehen davon, dass meine Schwiegermutter bis zum Offertorium jeden Besucher im Umkreis von zehn Metern darüber aufgeklärt hatte, wer von uns der Kranzvergesser war.

Ich hatte mal gelesen, dass Freunde nichts anderes waren als Gottes Entschuldigung für Verwandte. Da steckte schon ein Kern Wahrheit drin. Doch was zum Teufel glichen dann Schwiegermütter aus?

Ich meine, es gab sicherlich nette Schwiegermütter. Irgendwo da draußen.

Ich meine, es gab sicherlich nette Schwiegermütter. Irgendwo da draußen.

Endlich war der Gottesdienst vorüber und wir zogen nach draußen. Meine Frau hakte sich bei mir ein und zum ersten Mal an diesem Tag begann ich, mich wohlzufühlen.

Bis ich die ersten Tropfen sah.

Die Stufen der Kirche waren bereits klatschnass, als wir sie erreichten. »Die Schirme«, zischte meine Tine.

»Welche Schirme?«, fragte ich.

Ich sah die Mordlust in ihren Augen funkeln.

Doch von einem Moment zum nächsten verschwand dieser Ausdruck und wich einer alles verzeihenden Miene. Nur leider galt die nicht mir. Sondern Bertram.

Mit einer gönnerhaften Geste reichte er Oma Ruth einen Schirm, während er einen zweiten aufspannte. Sofort flüchteten sich meine Töchter zu ihrer Großmutter, während mich meine Frau einfach stehen ließ. An der Seite ihres Exfreundes aus der Vorzeit promenierte sie davon, während ich allein im Regen zurückblieb.

Der Trauerzug formierte sich hinter Almas Sarg unter dem Regenschleier. Die Dettelsbrunner Blasmusik stimmte ein Lied an, das sehr an eine missglückte Stimmprobe erinnerte. Wie auf Bestellung begannen ein paar Damen zu schluchzen.

Der Regen konnte nicht einmal ansatzweise die Missklänge der Musiker übertönen.

Irgendwo da vorn war meine Tine. Und bei ihr war Bertram. Bei dem Gedanken knirschte ich mit den Zähnen. Irgendwie war ich ja aber auch selbst schuld. Kleinlaut und im nassen Anzug trottete ich hinter dieser verschworenen Gemeinschaft aus Regenschirmen und trockenen Füßen her. Endlich erreichten wir den Friedhof.

Ich haderte nicht mit meinem Schicksal. Kein bisschen. Vielleicht hatte ich das alles verdient. Der Pfarrer hielt eine lange Grabrede. Er war voll des Lobes, sprach von Almas guten Eigenschaften und ihrem Ehrgeiz. Und von der fleißigen Kirchgängerin voller Nächstenliebe. Mir drängte sich langsam die Frage auf, ob er Alma jemals begegnet war.

Ich sah meine Frau neben Bertram stehen. Er reichte ihr fürsorglich ein Taschentuch. Gleich daneben standen meine Töchter, in ihrer Mitte meine Schwiegermutter. Sie war die Einzige, die mich bemerkte. In ihren Augen zeichnete sich ein unheimlicher Glanz ab. Wir wussten beide, dass sie gewonnen hatte. Ich hatte versagt. Auf ganzer Linie. Am liebsten wäre ich zu Alma in die Grube gesprungen.

Bis ein Raunen durch die Menge ging.

Ein paar Meter weiter auf der Straße schälte sich ein rostiges Wohnmobil aus dem Nieselregen. Meine Kavallerie. Ennos Hymer. Wie auf Kommando drückte der Fahrer auf seine Hupe, die ihr unverkennbares Hornsignal ausstieß. Selbst die Blaskapelle verstummte ehrfurchtsvoll.

Das kastenförmige Fahrzeug hielt direkt vor dem Friedhofstor. Die Türen gingen auf. Heraus stiegen Enno und Kalle. Beide waren festlich gekleidet. Enno in seinem neuen Trikot von Lazio Rom. Kalle in ... Mir fehlten die Worte, das zu beschreiben, möglicherweise war es früher mal ein Feinrippunterhemd gewesen.

Aber - und das war das Wichtigste - sie hatten einen Kranz. Einen echten Kranz. Mit violetten Bändern. Stilvoll.

Und teuer. Wie eine Garde trugen sie den Trauerflor stolz in ihrer Mitte durch die erstaunte Menge.

Ich war ein Sieger. Der James Bond von Dettelsbrunn. Selbst meine Frau schien beeindruckt. Das war mein Moment. Der perfekte Augenblick. Jetzt hatte sich's ausgebertramt. Aber so was von!

Enno und Kalle schritten bis ans Grab. Würdevoll legten sie das Gebinde vor die offene Grube. Ehe sie wieder nach hinten traten, lächelten sie mir zu. Ich hatte die besten Freunde auf der ganzen Welt!

Voller Ehrfurcht näherte sich die Schwiegermutter dem kunstvollen Kranz. Sie achtete nicht einmal auf die Regentropfen, als sie mit ihren langen Fingern über die violetten Bänder strich.

Zufrieden stand ich zwischen meinen Kumpels. Sogar der Regen hörte auf und die Sonne kam raus. Was für ein perfektes Ende für so einen perfekten Tag.

Als wir zum örtlichen Gasthaus gingen zwecks Leichenschmaus, war es eine Ehrensache, dass Enno und Kalle mit dabei waren.

Die Musiker waren völlig von den Socken, als Enno ihnen zeigte, wie man die italienische Nationalhymne auf einer Trompete blies. Im Kopfstand.

Und auch Kalle hatte seinen großen Auftritt beim Maibaumwettklettern mit der Dorfjugend.

Ich aber saß im Kreise meiner Lieben und sah dem Treiben zu. Meine Frau nahm liebevoll meine Hand. Während mein gefallener Rivale Bertram irgendwo in der Ecke vor sich hin schmollte. Nur Ruth war seltsamerweise verschwunden. Ich vermisste sie nicht.

Nach einer Stunde – Kalle war seitdem mindestens dreimal lachend auf dem Hosenboden gelandet – ging plötzlich die Tür auf. Herein kamen zwei uniformierte Polizisten. Einer von beiden trug einen großen grünen Ring: unseren Kranz! Und zwischen ihnen stand ... sie!

»Diese Herren hier sind auf der Suche nach zwei Männern in einem Wohnmobil.«

Ich warf einen schnellen Blick hinüber zu Enno, der zwischen den Instrumenten zusehends kleiner wurde. Kalle lugte neugierig durch die Tür. Ebenso rasch verzog er sich wieder.

»Drei Orte weiter haben sie die Gedenkfeier der örtlichen Feuerwehr gestört.« Sie griff mit ihren Spinnenfingern nach einem der violetten Bänder. Seelenruhig las sie vor: »In stillem Gedenken an unsere Kameraden.«

Ich fragte mich, was Bond wohl tat, wenn er mal das falsche Kabel durchschnitt und die Welt ausnahmsweise nicht vor dem drohenden Untergang gerettet wurde. Denn ich war mindestens genauso schlimm dran.

Ist da Soja drin?

Eigentlich hätte ich es ahnen sollen. Schon dass die Zwillinge mich nach der Arbeit an der Haustür empfingen und Hendrik mir die Jacke abnahm und an die Garderobe hing, hätte mich misstrauisch stimmen sollen. Jacqueline, von allen nur Jackie genannt, strahlte mich mit ihrem Tausend-Watt-Lächeln an.

»Papa hat eine Überraschung für dich und Hendrik und ich bringen heute Toby ins Bett!«

Toby, unser jüngster Sprössling, gewöhnlich mit der Energie von einem Dutzend Kernkraftwerken ausgestattet, krähte aus der Wanne: »Jackie, dein Shampoo schmeckt nach Meloneneis!«

Meine Tochter sauste wie der Blitz ins Bad, während mich Hendrik ins Esszimmer bugsierte.

Mein Mann Robert kämpfte sich derweil in der Küche ab.

»Unser Hochzeitstag ist doch erst in drei Wochen oder habe ich irgendwas verpasst?«, fragte ich.

»Hallo Kätzchen«, sagte Robert auffällig heiter. »Es gibt Penne Pomodoro und eine Überraschung!« Er räusperte sich und fuhr fort: »Wir sind ja seit Tobys Geburt nicht mehr aus der Stadt rausgekommen. Und da wollen uns meine Eltern ... ähm ... spontan zum Hochzeitstag eine Urlaubsreise schenken. In 14 Tagen geht es los.«

»Das ist ja fantastisch!«, rief ich. »Sommer, Sonne, Meer, blauer Himmel, Palmen!«

»Das mit den Palmen könnte schwierig werden«, erwiderte Robert. »Ich weiß nicht, ob die an der Ostsee wachsen.«

»Ostsee?« Mein Euphoriepegel sank ein wenig. »Na ja ... Einem geschenkten Gaul schaut man nicht ins Maul. Aber könnten wir nicht ein bisschen was drauflegen und in den Süden fliegen?«

Robert wand sich vor Verlegenheit.

»Nein, du weißt doch, dass meine Mutter aus Prinzip in kein Flugzeug steigt.«

Nun war die Katze aus dem Sack.

»Deine Eltern wollen mitkommen?«, fragte ich tonlos. »Wir sollen mit deiner Mutter eine ganze Woche verbringen? Ist das dein Ernst?«

Hilfesuchend wandte ich mich an meinen Sohn. »Hendrik, wie findest du das denn?« Da er sich durch eine ausgeprägte »Ich bin dagegen«-Haltung auszeichnet, hegte ich die stille Hoffnung, dass er diese Idee auch für ziemlich blöd hielt.

»Ach Mama«, murmelte jedoch mein verräterischer Nachkomme, »du sagst doch immer, wo Licht ist, ist auch Schatten. Helga-Oma will doch nur Zeit mit ihrer Familie verbringen. Ich find das voll okay.«

Da war ich sprachlos. Zumal auch Jackie vollkommen begeistert war: »Helga-Oma geht sogar mit mir shoppen, damit ich einen schicken Bikini für den Strand habe. Und Hendrik bekommt ein neues Handy!« Sie strahlte.

Die Zwillinge waren also bestochen worden.

Robert versuchte, mich aufzuheitern.

»Kätzelchen, du wirst sehn, das wird total entspannt. Meine Eltern haben nur den Bungalow neben unserem gebucht. Ansonsten machen sie sicher viel auf eigene Faust und wir haben geruhsame Tage am Strand.«

Ich verabschiedete mich geistig von Palmenstränden und gebräunten, gut gelaunten Kellnern, die mir bunte Cocktails mit Schirmchen an die Sonnenliege bringen, und fügte mich meinem Schicksal. Was blieb mir auch anderes übrig?

Am Abend vor der Abfahrt legte meine Schwiegermutter nach.

»Ich habe zwei Luxusbungalows mit gehobenem Ambiente in historischer Umgebung gebucht«, tönte Helgas Stimme begeistert aus dem Hörer. »Der arme Robert muss sich ja endlich mal erholen können, wo ihn die Arbeit doch so stresst.«

»Ja, wir sind wirklich froh, dass wir mal eine Auszeit von unserem anstrengenden Arbeitsalltag nehmen können«, schwenkte ich das Friedensfähnchen.

»Na, du als Sozialarbeiterin musst ja den ganzen Tag nur reden und Kaffee trinken, aber Robert arbeitet geistig, das laugt aus«, erwiderte mein angeheirateter Albtraum.

Ich spürte, wie mir die Galle hochkam.

»Mit geistiger Arbeit kennst du dich ja bestens aus«, ätzte ich, wohl wissend, dass Helga nach einer Näherinnenlehre und der Geburt ihres einzigen Sohnes keiner Berufstätigkeit mehr nachgegangen war.

»Hach, sei doch nicht immer so empfindlich«, antwortete sie. »Wir treffen uns morgen an der Raststätte und fahren die Reststrecke dann gemeinsam. Seid ja pünktlich!«

»Na, kommt ihr doch noch! Ich hab euch auf jeden Fall schon mal eine gesunde Brotzeit hergerichtet. Du hast doch sicher bloß wieder diese fettigen Bouletten dabei.« Helga empfing uns an der Raststätte und öffnete sofort eine gewaltige Plastikdose. »Alles vegane Köstlichkeiten, vom Getreidebällchen mit Dinkelmehl aus biologischem Anbau bis zu mit Gerstenbrei gefüllten Auberginen. Ich habe sogar Zimt- und Mohnschnecken gebacken!«, verkündete sie stolz.

Ich betrachtete die Möchtegern-Hackbällchen, die traurig zwischen den lila Matschhäufchen herumrollten, und fragte scheinheilig: »Ich hoffe, da ist kein Soja drin? Dagegen bin ich nämlich allergisch!«

Nachdem meine Schwiegermutter sich seit der Entfernung eines Gallensteins bei ihrem Mann berufen fühlte, sich und ihre Umgebung gesund zu ernähren, wurden wir häufig Opfer ihrer Kreationen. Vegane Ernährung war jetzt ihr neuester Trend. Also hatte ich in weiser Voraussicht ausgiebig recherchiert und Soja bot die höchste Treffsicherheit.

»Ohne Soja ist es nicht schmackhaft. Da wirst du wohl bei deinen Bouletten bleiben müssen. Dann hat Robert mehr!«, meinte sie großzügig.

Ich seufzte theatralisch und schaffte es sogar, einen bedauernden, fast wehmütigen Blick aufzusetzen, während Hendrik ein »Verdammt, warum ist mir das nicht eingefallen« murmelte. Jackie nutzte inzwischen die Ablenkung, um ihr zerkautes Getreidebällchen in die Botanik zu spucken.

Während Robert sich missmutig durch die staubtrockenen Backerzeugnisse seiner Mutter kämpfte, versorgte ich meinen Schwiegervater mit Bouletten, die er dann heimlich im Waschraum verzehrte.

Endlich fuhren wir gen Ostsee.

»Du bist sicher, dass wir hier richtig sind?«, fragte ich meine Schwiegermutter, als wir endlich bei den »Luxusbungalows« ankamen.

»Hm«, meinte auch Robert irritiert, »der Luxus erschließt sich mir noch nicht. Die Dinger scheinen original aus den späten Sechzigern zu stammen.«

Helga wurde unsicher. Immerhin hatte sie die unscheinbaren Pappbauten gebucht und das historische Umfeld, mit welchem sie sich so gebrüstet hatte, entpuppte sich als Friedhof, der in Spuckweite zu den Häuschen angelegt war.

»Vielleicht ist der Luxus, dass sie fließend Wasser und elektrisches Licht haben«, überlegte ich laut, während wir das erste Häuschen betraten. »Ach Helga, nimm es leicht, die schummeln meistens bei den Beschreibungen«, fügte ich hinzu, im Versuch, einen versöhnlichen Ton anzuschlagen, da meine Schwiegermutter mittlerweile die Gesichtsfarbe von frischer Roter Bete angenommen hatte.

Im Schlafzimmer der Kinder testete Toby durch ausgiebiges Herumhüpfen die Tragfähigkeit der Betten. Hendrik und Jackie tuschelten, dann rief meine Tochter: »Komm Toby, wir gucken mal Omas und Opas Haus an, das sah ja sooo cool aus ...«

Die Zwillinge sahen eindeutig eine Chance, unseren notorischen Frühaufsteher an ihre Großeltern loszuwerden. Und auf Toby war Verlass. Vermutlich hatten Hendrik und Jackie ihn ordentlich geimpft, jedenfalls wollte Toby nun unbedingt bei Oma und Opa wohnen. Helga war noch so paralysiert, dass sie widerstandslos zustimmte.

Nachdem meine Schwiegereltern mit Toby in ihrem »Luxusbungalow« verschwunden waren, setzten Robert und ich uns auf die winzige Terrasse und bewunderten den Blick auf die ersten Grabsteine direkt am Zaun.

»Tut mir leid, dass es so anstrengend ist, hatte ich wirklich nicht erwartet«, sagte Robert geknickt. »Aber wenigstens können wir morgen ausschlafen.«

»Deinen Optimismus in Ehren«, seufzte ich, »allerdings fürchte ich, das wird die längste Woche meines Lebens.«

Morgens um Schlag Viertel nach acht klingelte es Sturm! Toby hüpfte zu uns ins Bett und rief: »Guten Morgen, ich hab schon Oma geweckt und wir waren Brötchen kaufen und Oma macht jetzt Frühstück in der Küche. Ich weck mal Hendrik und Jackie!«

»Der Trick ging ja phänomenal nach hinten los«, knurrte mein Mann. »Hätte er bei uns geschlafen, hätten ihn die Zwillinge einfach vor die Glotze gesetzt und fertig.«

»Und deine Mutter hätte mich wieder als pädagogischen Tiefflieger bezeichnet, weil ich mein Kind mit Cartoons und Gummibärchen zu einem Zappelphilipp erziehe!«

Helga war fürchterlich gut drauf und trällerte: »Guten Morgen, Sonnenschein.«

Ich konterte mit einem gesummten »Guten Morgen, liebe Sorgen, seid ihr auch schon alle da«, was sie leider überhaupt nicht beeindruckte. Mein Schwiegervater Hermann starrte derweil trübsinnig in die Brötchentüte, was mich Schlimmstes ahnen ließ.

»Ihr wisst ja gar nicht, welches Glück ich hatte«, flötete Helga. »Es gibt hier einen Bio-Supermarkt mit veganen Backwaren! Ich hab den halben Laden aufgekauft.«

Sie packte die knubblig-kleinen Teigklumpen in den Brötchenkorb und stellte ein Sammelsurium von Aufstrichen auf den Tisch.

»Ist da Soja drin?«, fragte ich und Helga nickte verdrossen, während Hendrik sich über den Mangel an Käse und Wurst beschwerte.

»Helga, die Brötchen sind ja steinhart«, setzte ich nach, nachdem ich mehrfach gescheitert war, eines für Toby aufzuschneiden. »Bist du sicher, dass das nicht irgendwelche versteinerten Muscheln aus dem Museum sind?«

»Ich geh mal einkaufen«, nutze mein Ehemann die Gelegenheit und verzog sich eilig.

»Ganz ernsthaft, Martina, du musst schon etwas mehr auf gesunde Ernährung achten«, sagte Helga. »Kein Wunder, dass deine Familie solche Qualität nicht gewöhnt ist und sich alle die Transfettsäuren und leeren Kohlenhydrate reinstopfen! Und apropos Museum, ich habe für heute einen Besuch im Heimatmuseum arrangiert, damit die Kinder auch ein bisschen Bildung abbekommen und nicht nur aufs Vergnügen aus sind.«

»Ja, warum sollte Bildung auch Spaß machen?«, erwiderte ich ernsthaft. »Da würde dann ja womöglich noch was hängen bleiben. Schön wäre es aber, wenn du so etwas vorher mit uns absprichst. Wir hatten eigentlich ausgemacht, an den Strand zu gehen.«

»Mach mir nur Vorwürfe, dass ich mich gekümmert habe, damit ihr euren Urlaub«, den ich bezahlt habe, schwang in Helgas Unterton mit, »genießen könnt. Der Strand läuft doch nicht weg, den hatte ich für morgen im Programm!«

Meine Schwiegermutter sah mich mit tränenschwangerem Blick an, während mein Schwiegervater schweigend an seinem Sesamhirsenschrotleibchen mit Olivensenfkornpaste mümmelte.

»Und ihr werdet ja wohl ein Mal in zig Jahren zusammen mit uns ins Museum gehen können«, holte Helga die Emotionale-Erpressungs-Keule heraus.

Ich gab nach. Ohne einen Schluck Kaffee (den Getreidekaffee mit Sojamilch, den meine Schwiegermutter so liebevoll vorbereitet hatte, musste mein Schwiegervater allein trinken) und ohne ein vernünftiges Frühstück im Bauch hatte ich schlicht nicht genug Widerstandskraft.

Nachdem Robert mit einem akzeptablen Frühstücksangebot wieder zurück war und alle (von meinem Schwiegervater abgesehen) satt und zufrieden waren, fuhren wir zum Museum.

Dieses entpuppte sich als reetgedecktes Fischerhäuschen, in dessen Ausstellungsräumen sich höchstens zwei Personen auf einmal unfallfrei umdrehen konnten. Der Ortsheimatpfleger, originellerweise als Kapitän verkleidet, begrüßte uns mit einem schneidigen »Moin, moin, ihr Krabben und schmucke Deerns«, was bei Helga ein mädchenhaftes Gekicher auslöste. Wir tappten hinter dem munter plaudernden Seebären, von dessen plattdeutschen Ausführungen wir nahezu nichts verstanden, her und bewunderten pflichtschuldigst gefühlte hundert Gemälde von wogender See, Sanddünen und Fischerbooten.

Zum Schluss war unser Museumsführer nicht davon abzubringen, ausgerechnet für Helga und mich eine besonders antike Karte über den Küstenverlauf im 16. Jahrhundert heraussuchen zu wollen. Vielleicht hatten wir zu viel Interesse geheuchelt.

»Ein wahres Schmuckstück, werden Sie sehen, meine Damen«, brummte unser Historienbewahrer und verschwand in einem Nebenraum. Die anderen nutzten die Gelegenheit zur Flucht.

Im Kapitänszimmer ließ ich mich ermattet auf einen Sessel fallen, wurde jedoch von Helga sofort angezischt mit dem Hinweis, dass man sich nicht auf Kunstgegenstände setze.

»Helga, Kunst würde ich das hier nicht zwingend nennen«, antwortete ich aufmüpfig. »Schau dir nur mal diese kitschige Blumenvase auf dem Tisch an. Die sieht aus, als sei sie aus dem Sperrmüll des vorherigen Jahrhunderts gegrabbelt worden.«

»Die Gleiche steht bei mir im Wohnzimmer und war ein Hochzeitsgeschenk meines Bruders«, sagte Helga frostig. »Aber kein Wunder, dass du dich nicht mehr erinnerst, so selten wie ihr uns besucht! Im Übrigen ist die Vase Meißen und deshalb ist das Kunst!«

»Oh, ähm ja, also deine Vase hab ich viel hübscher in Erinnerung«, stammelte ich, um mich nicht noch weiter in eine familiäre Katastrophe zu quasseln. »Und wo sind überhaupt Robi und Toby? Nicht, dass da was passiert ist! Lass du dir noch die Karte erklären, ich schau mal schnell nach«, rief ich.

Vor dem Museum kam mir schon meine Restfamilie entgegen geschlendert. Toby hatte den »Ich hab ein Geheimnis und ich darf's nicht verraten, auch wenn ich platze«-Blick drauf, während Robert noch verstohlen kaute.

»Wenn die Helga-Oma die Senfflecken auf euren T-Shirts sieht, gibt's Ärger!«, warnte ich schon mal vor.

»Ich krieg keinen Ärger, ich hatte Ketchup!«, freute sich Toby und erntete strafende Blicke von Papa und Opa, die hektisch ihre T-Shirts säuberten.

Helga, die endlich wieder aus dem Museum kam, wedelte mit einem Bündel Fahrkarten.

»Herr Knudsen arbeitet auch im Touristenamt und hat mir Karten für eine Fördenrundfahrt auf einem nostalgischen Küstenschiff zum Familienschnäppchentarif verkauft. Morgen früh um neun geht es los, das wird herrlich!«, verkündete sie strahlend.

»Wir wollten doch morgen einen Strandtag machen, Oma«, maulte Jackie.

Ich war kurz vorm Hyperventilieren. »Neun Uhr? Ist das deine Vorstellung von Urlaub? Und überhaupt, nostalgisches Küstenschiff, das klingt nach allem, was wir über die lyrischen Umschreibungen hier gelernt haben, eher nach abgewracktem Mitropa-Dampfer. Bist du sicher, dass der seetüchtig ist?«

Helgas Unterlippe zuckte, weil ihr womöglich in diesem Augenblick schwante, dass nach dem Bungalow-Desaster noch ein weiteres Waterloo drohen könnte. Doch der Moment des Zweifelns währte nur kurz. Sie schob ihr Kinn vor und meinte entschlossen: »Ach was, das wird schon, der Herr Knudsen hat's mir empfohlen und ihr könnt ja jetzt noch schnell zum Strand gehen.«

Jackie, in ihrer Eigenschaft als raffgierige Opportunistin, nutzte die Gunst des Augenblicks und flötete »Omili« ins Ohr, dass sie bei der Boutique ein so süßes Strandkleid gesehen habe, welches ausgezeichnet zu ihrem neuen Bikini passen würde. Schon waren sie im Laden verschwunden.

Den Rest des Tages gab uns Schwiegermutter großzügigerweise frei, sodass wir mal einen Zeh in die Ostsee stecken konnten. Immerhin etwas.

Den Rest des Tages gab uns Schwiegermutter großzügigerweise frei, sodass wir mal einen Zeh in die Ostsee stecken konnten.

Am nächsten Morgen schlurfte ein verschlafener Trupp mit überwiegend skeptischer Grundhaltung zum Schiffsanleger.

Als wir schließlich bei dem Kahn ankamen, der passenderweise Scheefer Eemer hieß, fand ich meine Einschätzung mit Mitropa-Dampfer gar nicht so daneben. Das Schiff hatte wirklich schon bessere Zeiten erlebt, vermutlich hielten nur der Rost und die allerorts abblätternde Farbe den Eemer zusammen.

Auf Deck stand schon der uns bestens bekannte Herr Knudsen und schmetterte ein fröhliches »Moin, moin, ihr Landratten, nu geht's gleich auf große Fahrt!«.

»Ja nun ... na ja, gut ... wir werden's schon überleben«, stammelte Helga und begrüßte Herrn Knudsen, der neben seinem Job als Ortsheimatkundepfleger und Touristenamtsbediensteter offenbar auch Rundfahrtenkapitän zu sein schien.

»Man kann ihm nicht nachsagen, dass er nicht geschäftstüchtig wäre«, knurrte mein Ehemann, als wir den schwankenden Seelenverkäufer betraten.

Meine Schwiegermutter winkte uns an einen freien Tisch auf dem Oberdeck. Wir zwängten uns neben eine Horde

Touristen, die in breitestem Sächsisch das Auslaufen des Bootes kommentierten.

»Hast du geklärt, wo die Schwimmwesten sind, falls das Ding hier nicht mehr bis zum Fahrtende durchhält?«, fragte ich. Nachdem Helga die Enttäuschung aber so deutlich im Gesicht stand, tat sie mir schon fast leid. Schließlich war mir schon klar, dass sie versuchte, möglichst viel in diese eine Woche zu packen, da sie uns sonst nur selten sah. »Ach, wir machen jetzt einfach das Beste draus«, schwenkte ich schnell um und versuchte so, sie zu trösten.

Helga stierte vor sich auf den Tisch. Einer unser sächsischen Nachbarn tippte ihr auf die Schulter: »Modschegiebschen gänsefleisch mr ma de garde reschn?«

Jetzt wurde Helga kiebig: »Na, wie kommen Sie denn darauf, natürlich nicht!« Sie drehte dem verdatterten Mann den Rücken zu. »Weißt du, weshalb ich dem Mann den Garten rechen soll? Also Hermann, sag du doch auch mal was!«

Mein Schwiegervater guckte völlig konsterniert und klappte den Mund auf und zu. Robert bekam einen Hustenanfall.

Ich reichte dem armen Sachsen die Speisekarte, um die er gebeten hatte, und presste dabei ein »Sorry, das war ein kommunikativer Unfall« hervor.

Der Sachse und seine Begleiter erwiesen sich jedoch als ebenso leiderprobt wie humorvoll und den Rest der Fahrt unterhielten wir uns angeregt. Helga, die weiterhin nur Bahnhof verstand, begnügte sich mit einem Dauerlächeln. Die Zwillinge indes hatten sich mittels ihrer Handys in ihren eigenen Mikrokosmos verzogen.

»Deine Kinder haben so gar keinen Blick für die Schönheit der Natur«, mäkelte Helga nach einer Weile.

»Ja, von wem sollen sie den auch haben?«, antwortete ich mit Blick auf Robert, der seine Nase seit Beginn der Fahrt in seinem Krimi stecken hatte, woraufhin meine Schwiegermutter wieder verstummte.

Als wir von Bord gingen, empfahl Herr Knudsen Helga noch schnell ein ausgezeichnetes asiatisches Restaurant, falls wir mal etwas Exotisches wollten. Doch wenigstens zückte er keine weiteren Prospekte mehr. Wir konnten unsere Mission Stranderholung in Angriff nehmen.

Bei der Strandkorbvermietung trafen wir Herrn Knudsen unverhofft wieder. Hier half er seiner Cousine zweiten Grades aus und weil wir nun schon richtige Freunde waren, gab er Helga einen Sonderrabatt. Die war entzückt.

»Wenn du mal ganz genau auf die Tafel guckst, die er gerade mit dem Fuß hinter sich geschoben hat, Mutter«, sagte Robert, »dann siehst du, dass er dir den normalen Tarif abgeknöpft hat!«

»Ach was«, meinte sie jedoch großzügig, »der Mann muss ja auch von irgendwas leben!«

»Mir scheint, an Optionen hat er jedenfalls bisher keinen Mangel!«, lästerte ich.

»Vermutlich ist es das Schnäppchen, dass er uns nix drauf schlägt«, meinte Robert grinsend und erntete einen missbilligenden Blick seiner Mutter.

»Mensch, Löwelein, du wirst ja richtig aufsässig«, raunte ich ihm bewundernd zu, während wir uns in den Strandkorb falteten.

Überraschenderweise war die Zeit am Strand regelrecht entspannt. Toby freundete sich mit einem Mädchen an und die beiden bauten wie die Wilden Sandburgen. Dabei sah er zeitweise aus wie ein Schlammmonster.

»Du wirst Hammer und Meißel brauchen, um dieses Kind aus seiner Dreckschicht zu befreien«, murrte Helga. »So kommt der mir heut Abend jedenfalls nicht in meine Wanne!«

»Helga, Kinder müssen sich einsauen, das stärkt ihr Immunsystem. Und sie werden viel gesünder und widerstandsfähiger. Guck dir das verhuschte Mädel an, mit dem Toby spielt. Die tunkt ja höchstens die Fingerspitzen in den Schlamm.«

Helga nickte.

»Ja, Mutter und Vater sehen auch nicht besser aus. Und schau dir bloß deren Schwiegermutter an, sitzt mit Leo-Bikini und Champagnergläschen im Strandkorb! Dass die sich nicht schämt in ihrem Alter. Die Lippen sind so dick aufgespritzt, da ist sicher der halbe Hintern für draufgegangen.«

Hossa, dachte ich, meine Schwiegermutter hat endlich ein anderes Feindbild gefunden! Hurra!

Hossa, dachte ich, meine Schwiegermutter hat endlich ein anderes Feindbild gefunden!

Toby und das Fingerspitzenmädchen Aurelie hatten inzwischen beim Buddeln einen Sandkäfer gefunden und wollten ihn Aurelies Oma zeigen. Diese sprang angewidert auf.

»Mondiöl«, kreischte sie. »Marie, pass doch endlich mal auf deine Tochter auf oder kannst du das auch nicht?«

Doch damit nicht genug – nach ihrer Schwiegertochter waren nun wir dran: »Und können Sie, sillvuplähhh, nicht dafür sorgen, dass Ihr verdreckter Sohn sauberen Menschen fernbleibt? Das hier ist immer noch ein Strand und keine Matschgrube! Wo bleibt denn Ihre Erziehung?«

Ich war so platt darüber, was sich dieses wandelnde Körperersatzteillager erdreistete, dass mir ausnahmsweise einmal die Spucke wegblieb. Doch man kann ja über Schwiegermütter im Allgemeinen und Helga im Besonderen sagen,

was man will – aber wenn es darum geht, ihr Rudel zu verteidigen, sind sie da.

»Ich hör wohl nicht recht!«, pöbelte Helga zurück. »Ich muss seit Stunden auf ihr erschlafftes Bindegewebe starren, das aus Ihrem viel zu engen Polyester-Bikini quillt, und zusehen, wie Sie sich mit Billigfusel zudröhnen – und Sie re-  den von Erziehung? Selbst der Dümmste sollte wissen, dass Kinder sich dreckig machen müssen, um ihre Immunkräfte zu stärken, aber das ist wohl zu hoch für Sie!«

Doch man kann ja über Schwiegermütter im Allgemeinen und Helga im Besonderen sagen, was man will – aber wenn es darum geht, ihr Rudel zu verteidigen, sind sie da.

Helgas Kontrahentin schnappte nach Luft, keifte noch ein »Das muss ich mir nicht bieten lassen!« und rauschte mit Schampusflasche und Kroko-Imitat-Täschchen davon.

Aurelies Eltern gaben uns die Hand, bevor sie sich verabschiedeten.

»Es tut mir sehr leid, dass meine Schwiegermutter Sie beleidigt hat«, sagte Aurelies Mutter entschuldigend. »Sie ist manchmal ein wenig anstrengend …«

»Ein wenig anstrengend«, wiederholte Helga später. »Na, das ist ja die Untertreibung des Jahrhunderts! Diese Frau ist wirklich zu bedauern mit so einer nörgeligen Schabracke als Schwiegermutter!«

Ich war ganz ihrer Meinung.

Am letzten Abend hatte Helga noch eine Überraschung auf Lager. Sie führte uns zu dem asiatischen Restaurant, welches ihr wärmstens empfohlen worden war. Als wir eintraten, trafen wir den unvermeidlichen Herrn Knudsen, dessen Schwager lange als Smutje auf einem Frachter der Asienroute unterwegs gewesen und nun hier mit einem Restaurant sesshaft geworden war.

Wir setzten uns und bald bog sich der Tisch unter Platten mit wirklich lecker aussehenden Gerichten. Als ich mich allerdings gerade auf die Ente nach Kanton-Art stürzen wollte, hielt mich Helga zurück.

»Moment noch, Kind«, sagte sie fürsorglich und rief den Kellner.

»Ist da Soja drin?«, fragte sie ihn scheinheilig.

Ich erstarrte. Der Kellner nickte.

»Ja, meine Dame, in allen Gerichten ist auch Soja. Soll ich nun das Essen bringen, das sie vorbestellt haben?«

»Gerne doch«, flötete Helga. Sie tätschelte mir den Arm, während sie mir die Ente unter der Gabel wegzog. »Siehst du, ich hab an alles gedacht«, sagte sie. »Für dich gibt es heute Quinoa-Hirse-Anisbällchen mit Linsen-Mangold-Püree. Alles ganz ohne Soja!«

Sie grinste breit.

Hut ab, dachte ich. Hut ab, Schwiegermutter!

KAPITEL 4

Brutpflege, Balzverhalten und Revierverteidigung

Zu ihrer wahren Größe läuft die Schwiegermutter aber erst auf, wenn ein Kind unterwegs ist. War sie vorher nicht mit Schwiegersohn oder -tochter einverstanden, so waren ihre Abwehrschlachten noch gebremst, denn man war ja im Prinzip noch entsorgbar.

Nun aber kommen die Gene ins Spiel. Wobei Ihre Schwiegermutter zu diesem Zeitpunkt zwar nicht mehr verhindern kann, dass sich die schwiegermütterlichen Qualitätsgene mit Ihren im Zweifelsfalle minderwertigen mischen (ja, genau: den Genen von Personen, die gern in der Schule sitzen bleiben, klavierübresistent sind oder gar Geld für attraktiv bedrucktes Papier halten).

Doch bekanntlich wird der Charakter eines Menschen je zur Hälfte von den Genen und von der Umwelt bestimmt. Und die Umwelt – die ist gestaltbar. Ihre Schwiegermutter wird sie für ihre Enkel perfektionieren. Darauf können Sie Gift nehmen. Dabei reichen ihre Tipps für die Schwiegertochter von »Du musst das Kind mehr loslassen« bis zu »Du darfst das Kind noch nicht so früh in die Kita geben«. Eigentlich kann das jüngere Weibchen es dem älteren eh nicht recht machen. Dem jungen Männchen – sprich Schwiegersohn – wird hingegen meist mangelhaftes Sozialverhalten vorgeworfen: nämlich entweder zu viel zu arbeiten und die Kinder zu vernachlässigen oder einen zu schlecht bezahlten Job zu haben.

Gelegentlich aber muss der Schwiegersohn noch zu einem ganz anderen schwiegermütterlichen Test herhalten. Und der heißt: Bin ich noch attraktiv?

Ganz pragmatisch

»Gut ist, wenn die Schwiegermutter fern und Wasser und Brennstoff nahe sind«, zitierte meine Schwiegermutter. »Das wissen sogar die Mongolen, ein sehr pragmatisches Volk.« Bea schob ihren eleganten kleinen Koffer in ihr auf Hochglanz poliertes Cabrio. »Glaub mir, Kind« – damit meinte sie mich – »auch diese Witwenverbrennungen haben ihren Charme. Die Inder sind ebenfalls ganz pragmatische Menschen.«

Etwas verunsichert beobachtete ich, wie Beas manikürte Hände den Kofferraumdeckel zudrückten. Bislang hatte ich Witwenverbrennungen für einen grausamen Brauch gehalten. Dass jemand sie »pragmatisch« finden konnte, noch dazu eine Frau, irritierte mich.

»Aber du bist doch selbst seit einigen Jahren …«, wandte ich zaghaft ein, wurde aber von Bea unterbrochen, die energisch ihre zierliche Hand hob.

»Ich falle niemandem zur Last!«

Etwas anderes hatte ich gar nicht andeuten wollen. Verlegen strich ich mir durch meine an diesem Tag besonders zottelige Mähne.

Meine Schwiegermutter fiel wirklich niemandem zur Last. Im Gegenteil. Sie lebte überaus selbstständig. Uns besuchte sie nur zweimal im Jahr für wenige Tage und selbst die verbrachte sie meist im Museum oder im Theater.

Bea lächelte und zeigte ihre perfekten Zähne. »Ich hatte damals die schlimmste Schwiegermutter der Welt. Sie war ein Drachen. Ich habe sie einfach nicht länger ertragen. Eine Witwenverbrennung hätte mir einige Mühen erspart.«

»Welche Mühen?«, fragte ich verwirrt.

Aber Bea umarmte mich nur, ein Küsschen rechts, eines links. Schon stieg sie in ihren Wagen und fuhr davon.

»Woran ist deine Oma eigentlich gestorben?«, fragte ich Tim an diesem Abend. Wir saßen auf unserem Balkon und genossen die Aussicht über die Stadt.

»Oma Thea? Keine Ahnung. Altersschwäche?« Mein Mann schnupperte genießerisch an seinem Rotwein mit blutroter Färbung und wundervollem Aroma. Wir hatten eine Kiste davon aus unserem letzten Spanienurlaub mitgebracht. Es war nicht mehr viel übrig. Die letzte Flasche mussten wir unbedingt für eine besondere Gelegenheit aufbewahren.

»Ich meine deine andere Oma, die Mutter deines Vaters.«

»Oma Martha.« Tim schwieg einen Moment. »Keine Ahnung. Sie starb, als ich noch klein war. Ich glaube, es war ein Unfall oder so. Wieso?«

»Ich dachte nur ...«, winkte ich ab. Aber was dachte ich eigentlich? Wahrscheinlich hatte ich die beste Schwiegermutter der Welt. Wieder beruhigt lächelte ich Tim an und nippte an meinem Wein. Der Abend war wunderschön, unser Leben herrlich und unbeschwert. Es gab keinen Grund für böse Gedanken.

Das war ein Jahr vor der Geburt meines Sohnes. Und dieses Ereignis änderte alles. Zwei Wochen danach besuchte Bea uns in unserem neuen Haus. Weil wir ja nun eine Familie waren, hatten wir unsere Stadtwohnung gegen ein altes Bauernhaus auf dem Land getauscht.

Ich schlummerte gerade mit Noah im Arm in der Hängematte neben dem alten Brunnen, als Beas Sportcabrio in den Hof einfuhr.

»Kind, hast du nichts zu tun?«, fragte sie, kaum dass ihre hohen Pumps unseren gepflasterten Boden berührten. Sie sah sich um, musterte mit gespitzten Lippen das alte Gemäuer und seufzte. »Ich hatte mir euer Heim ein wenig ... moderner vorgestellt.«

»Hallo Bea, schön, dass du da bist. Wie war die Fahrt?«, fragte ich und unterdrückte ein Gähnen. Die Nacht mit Noah war unruhig gewesen.

Aber Bea antwortete nicht. Sie hatte bereits begonnen, einen riesigen Koffer aus ihrem Kofferraum zu laden.

»Ist das dein Gepäck?«, fragte ich verwundert und schaute mich vergeblich nach dem eleganten kleinen Köfferchen um.

Bea zog ihre gezupften Brauen hoch. »Sei nicht albern, Kind. Niemand kann auf Dauer aus einem einzigen Koffer leben. Der Rest kommt morgen mit der Spedition.«

Welche Spedition? Irritiert versuchte ich, mein Gehirn nach hilfreichen Informationen zu durchstöbern, fand aber nichts Brauchbares.

»Tim hat nicht erwähnt, dass du ... also ...« Zu meiner Verwunderung bemerkte ich, dass ich stotterte.

Doch Bea ging elegant darüber hinweg. »Hat er nicht? Nun ... ich hatte den Verdacht, dass du, sagen wir, mit der neuen Situation ein wenig überfordert sein könntest.«

Ich kniff die Augen zusammen und hoffte, nur zu träumen. Wieso sollte jemand annehmen, dass ich überfordert wäre? Ich war die Ruhe selbst, völlig entspannt und hatte ein Kind bekommen. Als ich die Augen wieder öffnete, war Bea immer noch da und inspizierte den Hof.

»Der Brunnen stinkt und ist gefährlich!«, stellte sie sachlich fest. »Wir werden ihn von außen reinigen und abdecken lassen.«

Ich nickte verwirrt. Kam es mir nur so vor oder musterte sie mich von oben bis unten?

»Die Rosen müssen beschnitten werden, die Fenster geputzt und, wie ich dich kenne, könnte das Haus eine Grundreinigung vertragen. Wenn wir das geschafft haben, kümmern wir uns um deine berufliche Zukunft.«

Ich suchte fieberhaft nach einer Antwort, musste aber feststellen, dass mein Hirn ausgesprochen leer war. Bea schien das nicht zu stören. Sie hatte bereits ihren Koffer in der Hand.

»Wir wollen das Beste daraus machen, nicht wahr?«, fragte sie und ließ ihre weißen Zähne aufblitzen. »Als Erstes zeigst du mir meinen Wohnbereich.«

Gerade noch war meine Welt völlig in Ordnung gewesen, doch mit einem Mal fühlte ich mich tatsächlich überfordert. Stumm, unfähig, einen klaren Gedanken zu fassen, nahm ich den schlafenden Noah auf den Arm und folgte meiner Schwiegermutter mit leichtem Unbehagen ins Haus.

Bea brauchte keine drei Wochen, um mein friedliches Leben in einen Albtraum zu verwandeln. Zugegeben, das Haus war von jedem Staubkorn befreit. In unserer Badewanne konnte man sich spiegeln und ein Fotograf von *Country-Living* hatte sogar die von ihren verblühten Zweigen befreiten Rosen für das nächste Cover aufgenommen. Nur der Brunnen war noch der Alte. Denn der Bauunternehmer, den Bea gleich am ersten Tag kontaktiert hatte, war im Urlaub. Neben dem Brunnen baumelte verlassen meine alte Hängematte.

Ich schleppte gerade die Körbe mit den heutigen Einkäufen ins Haus und wagte einen sehnsüchtigen Blick hinüber.

»Du solltest sie wegwerfen«, kommentierte Bea. »Sie wird bald morsch und unansehnlich.«

Für einen angemessenen Protest war ich mittlerweile viel zu schwach. Ich fühlte mich ausgelaugt, ausgepumpt und überfordert. Ich lechzte nach ein paar Stunden Ruhe. Während ich die Milchkartons in den Kühlschrank schob, fiel mir auf, dass ich seit Beas Einzug meinen Mann kaum noch sah.

War meine Schwiegermutter zu einem Drachen mutiert? Einem Drachen mit blitzenden weißen Zähnen und scharfen rot lackierten Klauen? Ich kam mir jedenfalls mit jedem Tag mehr wie die Jungfrau in der Drachenhöhle vor, bereit, widerstandslos gefressen zu werden, sollte nicht bald ein Prinz zu meiner Rettung eilen.

Ich kam mir jedenfalls mit jedem Tag mehr wie die Jungfrau in der Drachenhöhle vor, bereit, widerstandslos gefressen zu werden, sollte nicht bald ein Prinz zu meiner Rettung eilen.

Leider verbrachte mein Prinz seine Tage im Büro und reagierte zunehmend mürrischer auf meine verzweifelten Anrufe. Mehr als einmal hatte ich schon den Eindruck gehabt, dass er sich von seiner Sekretärin verleugnen ließ. Nahm er das Gespräch an, war er oft abwesend, hörte kaum zu und wimmelte mich mit Floskeln ab.

»Sie meint es gut!« – »Sei doch nicht so undankbar.« – »Sie will nur dein Bestes!«

»Mein Bestes?«, hatte ich eines Morgens frustriert zurückgekreischt. »Mein Bestes will ich für mich!«

Doch obwohl Tim es mir gegenüber niemals zugegeben hätte, war nicht zu leugnen, dass er seit der überraschenden Ankunft seiner Mutter auffällig viele Überstunden leisten musste. Kam er dann nach Hause, brummte er meist eine Entschuldigung und verzog sich in Noahs Zimmer, wo er neben dem Bett seines Sohnes einschlief, sodass ich auch die Abende allein mit Bea bestreiten durfte.

Der Einzige, der von dem ganzen Albtraum nichts mitbekam, war Noah. Wenn Bea mich den Hof fegen ließ, trug ich ihn in einem Tuch mit mir herum. Die Einkäufe erledigte ich freiwillig mit dem Kinderwagen und zum Kochen schob ich

Noah mit seinem Stubenwagen in die Küche. Auch das Stillen versuchte ich so weit wie möglich auszudehnen. Leider kam Bea mir auf die Schliche.

»Du verbringst täglich über drei Stunden mit Stillen«, keifte sie. »Du musst dringend abstillen.« Sie lauerte in der Wohnzimmertür. Es gab kein Entkommen.

»Noah ist gerade sechs Wochen alt!«, erwiderte ich erschöpft vom Sofa aus und registrierte einen Fleck Babyspucke auf meinem T-Shirt.

Bea zog die Augenbrauen hoch. »In Frankreich gehen die Frauen nach sechs Wochen wieder arbeiten. Französinnen vergeuden keine Zeit. Sie sind überaus pragmatisch. Es wird Zeit, dass wir uns um einen anständigen Job für dich kümmern.«

»Ich habe einen Job!«

»Natürlich, Kind«, säuselte sie und betrachtete ihre langen Fingernägel. »Dieses Schreiben kann ein ganz hübsches Hobby sein. Aber alles hat seine Zeit. Ihr habt jetzt einen Esser mehr am Tisch.«

Während ich meinen BH schloss, Noah über die Schulter legte und ihm zärtlich den Rücken klopfte, zermarterte ich mir den Kopf auf der Suche nach einem guten Argument, einem, das selbst Bea standhielt.

»Und wer kümmert sich um Noah?«, gab ich schließlich trotzig zurück, wusste aber gleich, dass es sich hierbei allenfalls um einen kläglichen Versuch handelte.

Beas rote Lippen verzogen sich langsam zu einem Lächeln. »Du denkst mit. Das ist schon einmal ein positiver Anfang«, flötete sie sanft. »Nun, ich habe beschlossen, dich weiterhin zu entlasten. Ich werde mich um Noah kümmern, während du arbeiten gehst. Du machst viel zu viel Wirbel um das Kind.«

Sie verließ den Raum. Bevor ich auch nur an Flucht denken konnte, kam sie mit einer Tageszeitung zurück. Einige der Anzeigen waren rot markiert und mit Notizen versehen.

»Wie du siehst, habe ich bereits mit einigen Personalabteilungen telefoniert und Termine für dich gemacht. Allerdings sollten wir uns darum kümmern, dass du bis dahin etwas repräsentativer aussiehst. Die Sachen in deinem Kleiderschrank ...«

Wahrscheinlich hatte Bea ungefragt meinen Schrank inspiziert und einen Termin im Schönheitssalon gebucht. Ich würde es nicht mehr erfahren, denn in diesem Moment schellte das Telefon. Widerwillig legte ich Noah in seinen Stubenwagen und schleppte mich an Bea vorbei, die Treppe hoch in mein Arbeitszimmer. Ich erwartete einen übereifrigen Personalreferenten oder ein penetrant gut gelauntes Mädel von der Beautyfarm, das mit Bea vorab die Farbe der für mich angedachten Haarsträhnchen absprechen wollte. Aber es war der Bauunternehmer.

»Ich weiß schon«, scherzte er gut gelaunt. »Einen richtigen Schwiegermutter-Brunnen haben Sie da.«

»Einen was?«, fragte ich verwirrt und blickte aus dem Fenster, als würde die Antwort im Hof auf mich warten.

»Kennen Sie nicht dieses andalusische Sprichwort?« Er hatte eine tiefe und sehr beruhigende Stimme. Sie klang nach Urlaub, Sonne und Geborgenheit.  **Lobe den Brunnen, in den deine Schwiegermutter gefallen ist, aber schöpfe kein Wasser daraus.** »Lobe den Brunnen, in den deine Schwiegermutter gefallen ist, aber schöpfe kein Wasser daraus.« Der Baumeister lachte wieder.

Es war ein zufriedenes, glückliches Lachen, das ganz tief aus seinem Bauch herauskam. Der Klang drang in mein Ohr, tönte in meinem Kopf, schallte durch meinen Körper. Er erfüllte mich mit Leben und Energie. Plötzlich wurde mir ganz wohlig und warm.

Wir vereinbarten einen Termin für den morgigen Tag.

Eigentlich musste ich jetzt wieder zu Bea hinuntergehen. Auf mich wartete gewiss noch Arbeit: Wäsche bügeln, Gemüse putzen, Staub wischen. Aber etwas in mir sträubte sich. Ich fühlte mich seltsam leicht und befreit, ein bisschen verwegen, so als sei plötzlich alles möglich. Ohne recht zu wissen, warum, merkte ich, dass ich auf Zehenspitzen die Treppe hinabschlich.

Im Wohnzimmer schlief Noah tief und fest. Er sah friedlich und zufrieden aus. Bea war in ihrem Zimmer. Durch die Tür hörte ich Papier rascheln. Vermutlich brütete sie über weiteren Stellenanzeigen oder studierte hundert neue Tipps für Haus und Garten in einem ihrer Lifestyle-Magazine.

Ich huschte leichtfüßig in die Küche. Mir war nach etwas Besonderem zumute. Irgendwo musste die letzte Flasche mit dem wunderbaren spanischen Rotwein liegen. Ich fand sie im Weinständer unter der Arbeitsplatte, fischte schnell ein Weinglas vom Regal und beeilte mich, zurück ins Arbeitszimmer zu kommen, bevor mich jemand aufhalten konnte.

Der Wein war von dunkelroter Färbung. Er duftete leicht nach Kirschen, mit einem verführerischen Hauch von Zimt und Schokolade. Die ersten Tropfen auf meinen Lippen fühlten sich kühl an. Doch im Mund entwickelten sie eine angenehme Wärme, die meine ausgetrocknete Kehle hinabbrann.

Ich schaute aus dem Fenster. Von hier oben sah unser Hof einfach märchenhaft aus: die Rosenbüsche, die die Mauer hochrankten, der Brunnen mit seinen alten, immer etwas feuchten Steinen, die in der Nachmittagssonne glänzten, meine Hängematte, die sanft im Wind schaukelte. Wie gern hätte ich jetzt dort gelegen, gefaulenzt. Nur für einen Moment.

Der Wein machte mich schläfrig. Ich merkte, wie mir die Augen zufielen. Irgendwo ganz weit weg hörte ich Beas Stimme. Aber ich saß hier und träumte ...

Wie in einem Rausch schwenke ich mein Glas mit dem letzten Schluck blutroten Weins. Dabei atme ich tief ein, sodass das volle, verführerische Aroma meine Lungen durchströmt, wie die heiße, trockene Luft Andalusiens. Ich kann nicht mehr anders. Ich lasse das leere Glas auf meinem Schreibtisch stehen und gehe langsam die Treppen hinab, hinaus in den Hof. Bea wartet mit ihren Putzsachen bereits neben dem Brunnen. Sie sollte sich vorsehen. Sein mit Moos bewachsener, viel zu niedriger, feuchter Rand sieht wirklich gefährlich aus.

»Kind, wo steckst du schon wieder?«, ruft sie ungeduldig.

Da steht sie. Direkt vor mir. Nur noch zwei Schritte. Ein kleiner Schubs ...

Mit einem Satz schrecke ich auf. Ich sitze an meinem Schreibtisch. Vor mir steht meine Schwiegermutter und starrt entsetzt auf mein T-Shirt, auf dem sich ein hässlicher Fleck langsam ausbreitet. Er ist blutrot.

Mutti

Der Prinz kam nicht in schimmernder Rüstung oder auf einem weißen Ross. Nein, er trug Jeans, fuhr einen alten Kombi und geriet eher zufällig bei einer Studentenparty im Herbst 1990 in mein Leben. Da war ich 24.

Für diese lebensverändernde Studentenparty hatte ich mich nur mäßig in Schale geworfen, aber immerhin trug ich die Haare offen und einen Rock. Ich stand am Eingang und wartete auf meine Freunde, als der Prinz im Gedränge an der Tür und in mein Leben stolperte. Lex Barker alias Old Shatterhand, meinem Traummann seit Kindertagen, wäre das nicht passiert. Er (mit dem völlig unprinzenmäßigen Namen Jens) entschuldigte sich höflich und wir kamen ins Gespräch. Er war so überhaupt nicht mein Typ. Denn mein Geschmack orientierte sich nach wie vor an einem blonden, braun gebrannten, starken, mittelgroßen Mann in seltsamen Lederklamotten, mit klaren Vorstellungen und einer Knarre über der Schulter. Jens ist fast zwei Meter groß, dunkelhaarig, eher schlank und hellhäutig.

Wir unterhielten uns den ganzen Abend lang über die unglaublichsten Dinge, lachten viel und als er sich was zu trinken holte, brachte er mir eine Weinschorle mit. Später besorgte er sogar einen Barhocker für mich, machte mir Komplimente und fand mich offensichtlich klug und schön. Ich sonnte mich in seiner Aufmerksamkeit, fühlte mich ausgesprochen begehrenswert und das gefiel mir sehr gut. Als wir gemeinsam die Party verließen, legte er mir fürsorglich sein Jackett über die Schulter und hielt mir galant die Tür auf.

Der Blitz schlug erbarmungslos ein.

Nein, Jens war nicht Lex Barker, aber anders schön, oh so schön. Er war intelligent, liebevoll und aufmerksam. Er hatte Humor, gute Ideen und Pläne. Nach vier Wochen machte er mir einen Heiratsantrag und ich sagte Ja.

Ich war so verliebt in diesen Mann. Und prophylaktisch auch gleich in seine Eltern, denn wer hätte mit nicht weniger als aufopferungsvoller Fürsorge, bedingungsloser Liebe und ermunternder Motivation einen solch großartigen zukünftigen Ehemann hervorbringen können, wenn nicht eine großartige, beeindruckende und souveräne Mutter? Eben!

Ich habe einmal irgendwo gelesen, dass sich bei der Partnerwahl Frauen immer an ihren Vätern und Söhne immer an ihren Müttern orientieren. Ich meine, die musste ja toll sein. Oder? *Oder?*

Wäre dies hier ein Film, müsste jetzt die romantische Hintergrundmusik mit einem grässlichen Kratzen der Nadel auf der Schallplatte abrupt abbrechen. Bei der Auswahl des Ehemannes darf man sich niemals – und ich betone: *niemals!* – von seinen Gefühlen leiten lassen.

Bei der Auswahl des Ehemannes darf man sich niemals – und ich betone: *niemals!* – von seinen Gefühlen leiten lassen.

E-eh. Großer Riesenirrtum. Vergesst den Blitzschlag! Die ewige Liebe! Denkt noch nicht einmal darüber nach! Gefühle sind so was von hinderlich, jawohl, und vernebeln die Sicht auf die wesentlichen Stolperfallen in einer Ehe, wenn es darum geht, einen Partner für den erfolgreichen gemeinsamen Lebensweg zu finden.

Man spricht über die großartigen Pläne, die tollen Reisen, die gemeinsamen Abenteuer, Kinder, das ganz große Glück und vergisst dabei, dass all das zum Scheitern verurteilt ist, weil: Abgesehen von den selten übereinstimmenden

Meinungen bezüglich der Kindererziehung, der Finanzen oder der korrekten Haushaltsführung gibt es da noch *die Schwiegermutter.*

Mag das Glück noch so unbeschwert, die Liebe groß und die Zukunft rosig sein – trefft keine Entscheidung, bevor ihr nicht *seiner Mutter* begegnet seid, versprochen?

Mag das Glück noch so unbeschwert, die Liebe groß und die Zukunft rosig sein – trefft keine Entscheidung, bevor ihr nicht *seiner Mutter* begegnet seid.

Meine damals noch zukünftige Schwiegermutter kniff mir bei unserem ersten Treffen in die Wange und teilte mir mit säuerlich-verbissenem Lächeln mit, was ich für ein Glück hätte, »so eine gute Partie« zu machen. Wo ich doch nur ein Vordiplom in Luft- und Raumfahrttechnik vorweisen konnte und ihr Jens ja schon erfolgreich als Teamleiter in einem großen Betrieb arbeitete. Wie ich mir das vorstellen würde, ob er mich nun mitfinanzieren sollte? Ob ich etwa schon schwanger sei und er mich deshalb heiraten *müsse?* Sie tätschelte mir die damals noch sehr flache Mitte. Jens wiederum durfte sich der Frage stellen, warum er eigentlich nicht seine alte Freundin Susie behalten hätte, die sei doch immerhin schon berufstätig? Und blond?

Mir war nun klar, warum Jens bisher immer ein Treffen mit seiner Mutter vermieden hatte. Wäre ich dieser Frau früher begegnet, also vor dem »Ja«, ich hätte vermutlich »Nein« gesagt. Ich war zwar verliebt und ein wenig blind, aber nicht doof! Warum sein Vater vor ein paar Jahrzehnten Reißaus genommen hatte, lag nun auf der Hand. Warum Jens keinen Kontakt zu ihm, aber dafür umso innigeren zu seiner Mutter pflegte, hingegen nicht.

Damals rettete mich, dass Jens genervt die Augen verdrehte und ich das Gefühl hatte, er sei auf meiner Seite. Und dass seine Mutter nicht in unserer Nähe wohnte, natürlich auch.

Ich dachte, sie wäre vielleicht nur eifersüchtig, was ich verstand. Schließlich hatte sie außer ihm keine Kinder. So wie ich sie erlebt hatte, vermutlich auch keine Freunde.

Jens zog bei mir ein. *Er* bei *mir*, wohlgemerkt. Was er seiner Mutter erzählte, weiß ich nicht genau, ich kann nur spekulieren. Denn bei ihren Anrufen, die meist eine sonntägliche Mittagessenseinladung beinhalteten und ausschließlich Jens galten, tat sie immer so, als hätte sie meinen Namen vergessen. Süßlich sagte sie gern so Sachen wie: »Ach, Sie sind gerade zufällig auch da? Erstaunlich, dass Jens Ihnen erlaubt, an sein Telefon zu gehen!« Ich bemühte mich. Wirklich. Lächelte, weil man das angeblich am Telefon hören kann. Antwortete mit einem Scherz, wenn sie wieder besonders gemein war, bemühte mich, ihre Angriffe gegen mich einfach abprallen zu lassen. Ich schickte ihr sogar kleine Geschenke mit und verhielt mich unauffällig. Ganz im Widerspruch zu meinem Naturell, wohlgemerkt.

Meine Theorie von der Orientierung an der eigenen Mutter bei der Partnerwahl warf ich über den Haufen und stellte eine neue auf: Wenn die Mutter grässlich genug war, suchte man sich eben genau das Gegenteil.

 **Wenn die Mutter grässlich genug war, suchte man sich eben genau das Gegenteil.**

Von nun an hatte ich Mitleid mit Jens, bedauerte ihn für seine schwere Kindheit und gelobte mir selbst, sein Leben ab jetzt mit fröhlicher Liebe und positiver Wertschätzung zu füllen. Hatte er ja wohl verdient. Ich zwar auch, aber schließlich hatte es in meiner Kindheit und meinem Elternhaus genug davon gegeben und ich konnte ja auch mal großzügig teilen.

Apropos großzügig teilen: Ich wurde schwanger. Ein paar Wochen freuten wir uns allein an unserem Glück, aber ich fand, dass auch seine Mutter informiert werden sollte, denn schließlich wuchs in mir ihr erstes Enkelkind heran und das schaffte vielleicht, zu was ich offensichtlich nicht in der Lage war: das Herz von Jens' Mutter zu erweichen.

Ich schlug ein schönes Abendessen bei uns zu Hause vor, zu dem wir vielleicht auch meine Eltern einladen könnten, um ihr die freudige Nachricht zu überbringen. Meine Eltern wussten natürlich längst Bescheid. Also über die Schwangerschaft. Und zugegebenermaßen auch über meine verschwindend geringe Zuneigung gegenüber meiner Schwiegermutter in spe, beruhend auf Gegenseitigkeit.

Jens und ich bereiteten ein Festmahl mit den Lieblingsgerichten seiner Mutter vor, bestehend aus Salat mit Tütendressing, Fisch à la Bordelaise aus der Tiefkühltruhe und Päckchenreis. Sie sollte sich ja wohlfühlen. Tat sie aber nicht. Ich hatte nämlich ganz gegen Jens' Rat eine weiße Tischdecke aufgelegt, mit schönen Gläsern und Kerzen gedeckt und einen Nachtisch gemacht. Schließlich waren wir ja auch noch da. Das fand sie total übertrieben. Beides. Außerdem waren ihr der Wein zu sauer, das Mineralwasser zu kalt, der Platz zu zugig und der Nachtisch zu fett. Apropos fett, sie fragte mich mit einem milden Lächeln beim Espresso – den sie ablehnte und es sehr unaufmerksam fand, dass es bei uns keinen Filterkaffee für sie gab, wo wir doch wussten, dass sie nichts anderes vertrug –, ob ich wohl seit unserem letzten Treffen ein wenig zugenommen hätte.

Um ehrlich zu sein, waren meine Eltern mit einer Art gespannter Vorfreude zu diesem Essen erschienen. Ich hatte ihnen von Jens' Mutter vieles, ja eigentlich alles erzählt und kann mit Fug und Recht behaupten, ich hatte nicht übertrieben.

Jedenfalls saßen meine Eltern beim Abendessen wie im Kino in Erwartung eines besonders gelungenen Filmes und ich kann sagen, sie kamen auf ihre Kosten. Das sah ich daran, dass sie sich immer wieder begeisterte Blicke zuwarfen und ab und zu Hust- und Niesanfälle vortäuschten, um die schwer zu unterdrückenden Lachanfälle zu vertuschen.

Immerhin klatschten sie nicht in die Hände bei einem ihrer Meinung nach besonders gelungenen Hieb. Man könnte meinen, ich hätte alberne Eltern. Aber sie konnten es tatsächlich nur nicht fassen, dass es Menschen gab, die so waren wie die zukünftige Oma meines Kindes.

Meine Eltern fanden das alles nur so lustig, weil sie sich eben nicht dauerhaft mit ihr auseinandersetzen mussten. Im Gegensatz zu mir. Sonst hätte ich vielleicht auch gelacht.

Nachdem Jens ihr ein Glas Champagner eingeschenkt hatte (zu trocken!) und ihr die frohe Botschaft überbracht hatte, strahlte er voller Stolz. Genau drei Sekunden lang.

Dann nämlich brach seine Mutter in Tränen aus.

»Sie wissen schon, die Rührung!«, sagte sie entschuldigend zu meinen Eltern, ließ sich ein Taschentuch reichen und von Jens fürsorglich den Rücken tätscheln, der dafür sofort seinen Arm von meiner Schulter und seine Hand aus meiner genommen hatte. Und: Nicht wahr, ach, ihr Jens sei doch noch so jung, viel zu jung eigentlich für eine *Frau* und eine *Familie.* Ob er das überhaupt gewollt hatte? Ob er sich das auch gut überlegt hätte? Und ob er sich da nicht andere, bessere Chancen hatte entgehen lassen? Und wenn sie so recht darüber nachdachte ... wie sicher ich sein könne, dass das Kind überhaupt von ihrem Jens sei?

Bei unserer baldigen standesamtlichen Hochzeit teilte mir Jens' Mutter gnädig mit, ich dürfe ab jetzt Mutti zu ihr sagen. *Mutti!* Ich biss beinahe in den Brautstrauß. Meine Mutter, die daneben stand, bekam wieder mal einen Lachkrampf und schlug vor, mir vorzustellen, dass es immerhin auch Lex Barkers Mutti hätte sein können. Sehr hilfreich. Ich hätte sofort getauscht.

Bei unserer baldigen standesamtlichen Hochzeit teilte mir Jens' Mutter gnädig mit, ich dürfe ab jetzt Mutti zu ihr sagen. *Mutti!* Ich biss beinahe in den Brautstrauß.

Mutti indes ging direkt nach der Hochzeit dazu über, ihren Sohn am Wochenende für diverse Reparaturarbeiten im Haus oder Garten zu sich zu beordern, nicht ohne ausdrücklich zu erwähnen, dass meine Anwesenheit nicht notwendigerweise erforderlich sei. Ich sei ja außerdem schwanger und müsse mich bestimmt schonen. Zu Hause.

Jens beschwichtigte mich, als ich mich aufregte, und versprach mir zum Ausgleich ein romantisches Abendessen nach seiner sicherlich frühen Rückkehr, die nie stattfand, weil seine Mutter immer dafür sorgte, dass er dort mit von ihr geschmierten Schnittchen und liebevollst geschnittenem Gemüse abgefüttert wurde (das er ja schon als Kind so mochte). Das konnte er auf gar keinen Fall ablehnen, denn »das hätte ihr das Herz gebrochen, wenn sie alles hätte wegwerfen müssen. Das musst du doch verstehen!«

Mit der Frage »Welches Herz?« habe ich jedenfalls erfolgreich und nachhaltig noch jeden romantischen Abend ruiniert. Und auch alle darauffolgenden Wochenenden, denn wann immer Jens von seiner Mutti zu mir zurückkam, hatte er eine Aura von Aggressivität um sich, die schwer zu greifen, aber deren Wahrnehmung gut auf meine Schwangerschaft und die damit verbundene »Überempfindlichkeit« zu schieben war. Von ihm. Auf mich.

Selbstverständlich hatte ich ihn in der kurzen Zeit unserer Beziehung schon mehrfach nach seinem Verhältnis zu seiner Mutter befragt. Schließlich musste er ihre Art doch auch anstrengend, wenn nicht gar unerträglich finden? Außerdem war er alt genug, um selbst zu entscheiden, ob er sich Muttis Gemeinheiten immer weiter anhören wollte, oder? Selbst wenn sie selten gegen ihn gerichtet waren, gingen sie umso häufiger gegen mich, die Frau, von der er behauptete (wenigstens mir gegenüber), sie zu lieben.

Jens entschuldigte ihr Verhalten mit dem Verlust des Ehemannes. Er sagte tatsächlich »Verlust« – so als ob sie ihn verloren hätte. Ich meine, der Typ hat es einfach nicht mehr ausgehalten! Ich frage mich nur, warum er Jens nicht mitgenommen hat. Eine weitere Erklärung wären die Auswirkungen der Wechseljahre. Sie war damals schon weit jenseits der Siebzig. Und ich schon immer schlecht in Biologie.

Offensichtlich hatte er sich so an ihre Art gewöhnt, dass er diese gar nicht mehr wahrnahm. Im Gegensatz zu mir.

Martha wurde geboren. Meine Martha. Ich würde sie lieben und hegen und pflegen, unterstützen und beschützen. Jawohl. Das versprach ich ihr, als ich sie zum allerersten Mal in meinen Armen hielt. Außerdem betete ich fromm zu Gott, auf dass er Mutti an einem Krankenhausbesuch hindere. Gerade durch das emotionale Gebirge einer Geburt gewandert, sah ich mich nicht in der Lage, mich ihr zu stellen. Dafür war ich zu erschöpft und dünnhäutig, sehnte mich außerdem nach Harmonie und Frieden. Ich war einfach noch nicht so weit. Aber Gott hatte wohl Wichtigeres zu tun. Und Mutti kam.

Jens hatte es nicht nur nicht verhindern können (obwohl ich ihn darum bat, ihr erst von meiner Niederkunft zu erzählen, wenn ich zu Hause und mit meiner neuen Rolle als Mutter vertraut wäre), nein, viel besser: Er war direkt vom Krankenhaus zu ihr geeilt und hatte sie zu mir gefahren.

Martha hat aber Glück gehabt, denn Mutti entdeckte sofort eine unglaubliche Ähnlichkeit zu ihrem Sohn und war zufrieden. So musste das Kind wenigstens nicht gestraft mit einer überdimensionierten großen Nase (wie meiner) und dem optischen Rest meines mangelhaften Genmaterials durchs Leben gehen. Da sei ja dann auch noch Hoffnung für den Charakter, befand sie zufrieden.

Jens war entzückt. Von seinem Mädchen sowieso und außerdem davon, wie toll seine Mutter mit ihr umging. Von mir war er weniger entzückt, denn im Gegensatz zu ihm wollte ich mir nicht jetzt schon ausmalen, wie schön es werden würde, wenn Martha dann in Muttis Garten spielen und *viel, viel* Zeit mit ihr verbringen würde. Lieber wollte ich mir ausmalen, dass sie jetzt endlich verschwand und Jens mit mir unser neues Glück genoss.

Aber das war natürlich unmöglich. Sie musste nach Hause gefahren werden. Und ein Taxi? Nach so einer Aufregung? Kam nicht in Frage! Sie brauchte schließlich seine Unterstützung!

Man (also ich) fragte sich natürlich auch ab und zu, was Mutti wohl so den lieben langen Tag machte. Abgesehen vom Gemeinsein. Tja, gut, dass ich das ansprach, meinte Jens, als ich ihn fragte. Das wäre in der Tat auch ein Thema, über das er schon lange einmal mit mir sprechen wollte. So eine gebrechliche, alte Dame sollte nicht mehr so lange allein sein, oder? Und dann in dem großen Haus! Man musste sich doch Sorgen machen, dass sie stürzte. Im Haushalt passierten die schlimmsten Unfälle! Ja, daheim starben die Leute und man wisse ja, bei Frauen ab einem gewissen Alter gebe es ja auch erhöhte Osteoporose-Gefahr und ein gebrochenes Bein sei nur der Anfang vom Ende. Dann nämlich seien sie bettlägerig und man könne dabei zusehen, wie sie langsam, aber sicher dahinsiechten und eines traurigen einsamen Todes sterben müssten. Wenn man sie denn rechtzeitig fand.

Jens fand es einwandfrei in Ordnung und sehr löblich, dass ich mir solche Gedanken auch schon gemacht hatte.

Äh, hatte ich? Ich hatte ehrlich gesagt noch nicht einmal eine Ahnung davon, was Osteoporose überhaupt war, und von Muttis Gebrechlichkeit hörte ich zum ersten Mal. Erstaunlicherweise hatten wir nämlich gestern erst am Telefon davon erfahren, dass sie wieder einmal die Tennis-Senioren-Meisterschaft im Einzel gewonnen hatte und im Herbst einen Wanderurlaub mit dem Kirchenchor plante. Jedenfalls spielte Mutti mit ausgeprägtem Ehrgeiz und offensichtlich erfolgreich Tennis, fuhr Rad, ging wandern und im Winter langlaufen.

Jens war dennoch sehr besorgt. Das sah man ihm an. Das mit der Osteoporose hatte er aus einem Artikel in der Apotheken-Zeitschrift, den ihm seine Mutter neulich nur mal so mitgegeben hatte. Und er wollte sie jetzt natürlich nicht im Stich lassen, wo sie ihn doch am meisten brauchte. Im Grunde hätte ich ja auch etwas davon, versprach er mir euphorisch und fragte mich (und sich) sogleich, warum wir denn nicht schon viel eher auf diese grandiose Idee gekommen seien?

Ich verstand überhaupt gar nichts. Leider hielt dieser Zustand nur wenige Sekunden an. So lange nämlich, bis er mir erklärte, dass wir das Untergeschoss unseres Hauses ja problemlos und altengerecht umbauen könnten. Dann könnte Mutti sicher sein, dass immer jemand nach ihr schaute. Ich könnte ihre Wohnung mit putzen und im Gegenzug würde sie bestimmt ab und zu auf Martha aufpassen, während ich für uns alle einkaufte, kochte und wusch. Eine Person mehr oder weniger sei doch gar kein Problem.

Sie würde bestimmt auch unsere Kaninchen versorgen, wenn wir im Urlaub waren – wobei, wenn sie sich erst einmal an uns gewöhnt hätte, könnte man sie ja auch nicht so einfach mir nichts, dir nichts zurücklassen, oder? Also, in den Urlaub käme sie selbstverständlich auch mit. Und dann sei sie auch nicht mehr so schrecklich einsam. Mutti hätte in letzter Zeit schon immer wieder angedeutet, dass sie vor allem abends einfach furchtbar fand, dass Jens so weit weg lebte. Er schwärmte von gemeinsamen Fernsehabenden, Spaziergängen und außerdem fiel ihm ein, wie gern er auch wieder mit Tennis beginnen würde. Abgesehen davon könne er wahnsinnig Spritkosten sparen, wenn er nicht jeden zweiten Tag zu ihr fahren müsste.

Mein Mann war sehr stolz auf sich und seine tolle Idee.

Ich holte mir einen Schnaps.

Dann rief ich Mutti an. Heimlich.

Zuerst erinnerte ich sie an alte Freundschaften, die man nicht aufgeben sollte, die vertraute Umgebung und das Haus, in dem sie quasi ihr ganzes Leben verbracht hatte, den Tennisclub, den Arzt, den Bäcker und die Kirche. Ich war freundlich und nett und versprach, dafür zu sorgen, dass Jens regelmäßig mehrmals in der Woche bei ihr vorbeikam.

Jedoch beeindruckte sie das wenig.

Also zog ich meinen letzten Trumpf aus dem Ärmel. Ich gebe zu, ich bin nicht stolz auf mich. Man sollte niemals zur Erpressung greifen, und sei der Gegner noch so heimtückisch. Aber ich hatte schließlich keine andere Wahl.

Ja, ich schäme mich ein bisschen, dass ich ihr sagte, sollte sie zu uns ziehen, würde ich anfangen, über sie zu schreiben.

Ich hätte da gerade zufällig diese unglaublich spannende Option, in einem Buch über Schwiegermütter einen Beitrag zu verfassen.

Stille. Untypische, angenehme Stille.

Plötzlich besann sie sich darauf, dass sie gar nicht weg-könne aus ihrem Heimatort. Man käme dort nicht zurecht ohne sie. Sie würde gebraucht. Da hätte sie fast ihre Verpflich-tung vergessen, weil sie uns einen Gefallen tun wollte, indem sie zu uns gezogen wäre, um uns zu unterstützen!

Und überhaupt – der *Kirchenchor!* Ohne sie würde man ihn gar nicht *hören*.

Da hatte sie aber noch mal Glück gehabt, dass ihr das noch eingefallen war! Plötzlich. Zufällig.

Und ich erst.

Nachtrag: Selbstverständlich sind alle Personen dieser Ge-schichte erfunden, inklusive mir selbst. Es gibt weder Mutti, noch Jens und auch keine Martha (das ist wirklich schade). Lex Barker ist tot.

Das heißt, nichts von dem, was ich hier erzählt habe, ent-spricht der Wahrheit. Oder sagen wir es anders: Ich kenne schon jemanden, der mit jemandem verheiratet ist, der eine Mutter hat, die die unglaublichsten Sachen macht. Wirklich. Zum Piepen. Es sei denn, man hat ihren Sohn geheiratet. Aber das würde ich nie wieder machen.

Gelassenheit samt Kalorientabelle

»Wie siehst du denn aus?« Meine Schwiegermutter starrt ihren Sohn Stefan entsetzt an. Wir sind kaum zur Tür herein – ich habe sie gerade vom Bahnhof abgeholt – und das sind die ersten Worte, die sie an ihn richtet.

Die an mich waren übrigens auch nicht viel besser: »Also, meine Liebe, Weiß steht dir nicht. Du siehst gleich zehn Jahre älter aus.«

»Hm?«, macht Stefan überrascht und blickt an sich herunter.

»Du siehst gut aus«, sage ich schnell.

Das stimmt. Stefan trägt den blauen Anzug, den er immer trägt, wenn er einen Vortrag an der Uni halten soll. Er hat das gestreifte Hemd an und die dunkelrote Krawatte umgebunden. Ich finde, er sieht ziemlich elegant aus.

Seine Mutter findet das wohl nicht. Sie seufzt. Ihre Handtasche lässt sie auf den Boden fallen und fängt an, Stefan zu umkreisen wie ein Geier das Aas. Sie zupft ihrem Sohn am Kragen herum und streicht mit der Hand erst über den einen Hemdsärmel, dann über den anderen.

»Wer hat denn das Hemd gebügelt?«, fragt sie und kräuselt ihre Nase. Dabei wendet sie ihren Kopf zu mir.

Bevor ich antworten kann, wirft Stefan schnell ein: »Ich.«

»Du?« Überrascht guckt Schwiegermama von mir zu Stefan.

In diesem kleinen einsilbigen Wort steckt so viel Ungläubigkeit, dass ich es wiederum kaum glauben kann. Oder eben doch. Denn das passt ganz und gar nicht in ihr traditionelles, um nicht zu sagen altertümliches Weltbild: ein Mann, der seine Hemden selbst bügelt. Also bitte!

Ich denke noch darüber nach, etwas dazu zu sagen, da springt mein Mann ein: »Klar!«, erwidert er mit einem Lächeln für seine Mutter und einem Augenzwinkern für mich, »Renate kann doch gar nicht bügeln.«

Arme Schwiegermama. Sie guckt mich ziemlich verdutzt an. Vielleicht sogar etwas erschrocken. Ich atme tief durch und muss mir das Grinsen verkneifen.

Meine Schwiegermutter kommt nicht sehr oft zu Besuch. Glücklicherweise. Aber wenn sie dann kommt, bleibt sie für mindestens eine Woche. Unglücklicherweise.

Während ich es meinem Sohn und ihr wirklich gönne, die Zeit miteinander zu verbringen, so sind diese Wochen für mich ziemlich belastend.

Mein Mann arbeitet immer viel. Aber wenn seine Mutter da ist, hat er plötzlich etliche Besprechungen, Termine und Konferenzen, die erstaunlicherweise immer in den eigentlichen Feierabend fallen. Er schafft es sogar, zu Kongressen zu reisen, die während dieser Besuchszeiten stattfinden. Ich habe mich schon oft gefragt, wie es sein kann, dass ausgerechnet diese Termine so oft zeitgleich auftauchen.

Aber wahrscheinlich nennt man so was Schicksal.

Nun, ich kann es Stefan kaum übelnehmen. Seine Mutter redet viel. Unentwegt. Fast ohne Pausen. Vielleicht ist das aber auch ein Grund, warum unsere gemeinsamen Zeiten in der Regel konfliktfrei ablaufen: Ich komme kaum dazu, etwas zu sagen. Beziehungsweise habe ich selten die Kraft, ein Wort oder gar ein Widerwort in ihren rauschenden Plauderwasserfall zu werfen. Warum auch? Ich liebe Harmonie und brauche keine Konflikte, auf keinen Fall solche, die unnötig sind. Darum erwidere ich auf die Fragen, Bemerkungen und Spitzen meiner Schwiegermutter meist kurz und knapp mit einem Schulterzucken oder einem Lächeln und male mir nur innerlich eventuelle Entgegnungen aus.

Ich erinnere mich noch an einen ihrer ersten Besuche bei uns zu Hause. Unseren Sohn Paul gab es noch nicht. Stefan war bei der Arbeit, meine Schwiegermutter und ich waren allein zu Hause.

»Wollen wir in die Stadt fahren?«, fragte sie nach dem Frühstück. »Wir könnten ein bisschen shoppen gehen, vielleicht eine Kleinigkeit zum Mittag essen ...«

»Ich muss arbeiten«, erwiderte ich. Dabei zeigte ich auf den Bildschirm, wackelte mit den übrigen Fingern, die über der Tastatur innehielten, und lächelte sie freundlich an.

»Pffsch«, schnaubte Schwiegermama. Eine Silbe, in der ein bisschen Geringschätzung mitklang. »Das kannst du doch später machen.«

Ich schüttelte mit dem Kopf. »Leider nicht. Ich habe eine Deadline.«

»Ach was!«, warf sie ein. »Du hast doch den ganzen Nachmittag Zeit. Das bisschen ...«, sie wedelte mit der Hand in Richtung Laptop, »Geschreibsel, das geht doch schnell.«

Ich holte tief Luft. Von wegen es klang wie Geringschätzung. Es *war* Geringschätzung.

Aber ich rechtfertigte mich nicht. Oder wiederholte das Wort Geschreibsel mit Empörung in der Stimme. Ich erklärte auch nicht, dass es eben nicht immer schnell geht, ein oder zwei Romankapitel zu schreiben. Und ich fing auch nicht an zu knurren. Nein, ich lächelte: »Wir können ja heute Nachmittag losziehen und abendessen ...«

Schwiegermama unterbrach mich: »Und wer ist dann da, wenn Stefan von der Arbeit kommt? Schließlich macht er einen richtigen Job. Und da sollte das Essen auf dem Tisch stehen, wenn er erschöpft nach Hause kommt.«

Ich entgegnete nicht, dass mein Job auch ein richtiger sei, dass ich tatsächlich jeden Abend kochen würde, denn ich hätte schließlich auch Hunger nach getaner Arbeit, und dass ich ebenfalls erschöpft sei, besonders in eben jenem Moment, als mir klar wurde, wie die folgenden Tage womöglich verlaufen würden.

»Dann können wir ja nachher gemeinsam kochen«, schlug ich stattdessen vor. Ich war ziemlich stolz auf meinen fröhlichen Tonfall.

Meine Schwiegermutter überlegte kurz. Dann sprudelte sie los. Sie begann, Rezepte zu rezitieren, hauptsächlich Stefans Lieblingsgerichte aus seiner Kindheit. Sie fuhr fort, über seine Essgewohnheiten und ihre eigenen Vorlieben zu reden, erzählte, was ihre Nachbarin ihr letztes Jahr zum Geburtstag gebacken hatte, und hörte einfach nicht mehr auf. Nach einer halben Stunde etwa fragte sie mich dann: »Und? Ist das Buch schon fertig?«

Ich gab mich geschlagen. Wir fuhren in die Stadt.

Und nachmittags kochten wir zusammen. Das heißt, ich kochte und meine Schwiegermutter stand daneben. Mit gekräuselter Nase.

Und nachmittags kochten wir zusammen. Das heißt, ich kochte und meine Schwiegermutter stand daneben. Mit gekräuselter Nase.

»Als der Stefan noch zu Hause lebte«, nahm sie ihre Erzählung von vorher wieder auf, »da hat er am liebsten Sauerbraten gegessen.«

Ich lächelte sie an. Und schnitt den Tofu weiter in kleine Stücke.

»Oder Schweinebraten mit Kruste.«

Ich marinierte den Tofu in Sojasoße.

»Dazu mochte er immer am liebsten Rotkohl und Bratkartoffeln mit Zwiebeln und Speck.«

Ich wusch die Auberginen, schälte den Ingwer und hielt meiner Schwiegermutter eine knollige Süßkartoffel hin.

»Bei uns gibt's heute auch Kartoffeln«, sagte ich mit einem Lächeln.

»Hm«, machte Schwiegermama skeptisch. »Kann man die auch wirklich essen?«

Ich nickte.

»Stefan hat abgenommen, seit ich euch das letzte Mal besucht habe«, sagte sie plötzlich. »Vielleicht solltest du mal wieder was Ordentliches kochen.«

Ich antwortete darauf nicht, dass ich gerade etwas ziemlich Ordentliches und außerdem recht Aufwendiges kochte. Auch nicht, dass Stefan überhaupt nicht abgenommen hatte und wir gemeinsam beschlossen hatten, nicht mehr so viel Fleisch zu essen. Nein, ich lächelte einfach und kochte weiter.

»Obwohl man das ja von dir nicht behaupten kann«, fuhr sie fort.

»Was denn?«, wollte ich wissen. Oder vielleicht auch nicht. Ich hatte aber schon gefragt.

»Ich habe mal gelesen, dass Tofu einen völlig aufbläht«, erläuterte sie. Und zeigte auf meinen Bauch.

Ich machte die Augen zu und zählte bis drei. Dann zuckte ich mit den Schultern. Ich ließ es einfach von mir abprallen. Zum Glück kam in diesem Moment Stefan von der Arbeit und das Gespräch brach ab.

Essen tat sie dann später ganz ordentlich. Und schwieg ausnahmsweise sogar. Sie ließ sich allerdings nicht einmal zu einem höflichen »Lecker« hinreißen, selbst nach ihrer zweiten Portion.

»Ach, da fällt mir was ein«, rief Stefan, nachdem er uns einen Espresso serviert hatte. (»Das wäre doch nicht nötig gewesen, dass du mich nach deinem langen Arbeitstag auch noch bedienst.« Für mich gab es einen Warum-kümmerst-du-dich-eigentlich-nicht-ordentlich-um-meinen-Sohn-und-lässt-ihn-deine-Arbeit-tun-Blick.) Stefan holte ein Blatt Papier aus seiner Hosentasche, faltete es auseinander und hielt es hoch. »David hat geschrieben. Ich habe die E-Mail ausgedruckt.«

»Oh«, hauchte Schwiegermutter ehrfürchtig. »Sie haben sich gemeldet.«

»Wer ist David eigentlich genau?«, wollte ich wissen. »Ich meine den Verwandtschaftsgrad.«

»David ist der Großcousin des Neffen der Cousine von der Halbschwester meiner Mutter in Chicago«, sprudelte es aus Schwiegermutter heraus.

»Aha«, sagte ich und kicherte. Schwiegermutter hatte den ganzen Stammbaum im Kopf. Sie ist sehr stolz auf ihre amerikanische Verwandtschaft, diese entfernte Familie, die während der Kriegsjahre in die Vereinigten Staaten ausgewandert ist.

Stefan hatte, jetzt, da das Internet diese Dinge möglich machte, recherchiert und tatsächlich Familienmitglieder und eine E-Mail-Adresse gefunden.

»Ja«, sagte Stefan, »David hat sich zurückgemeldet. Er entschuldigt sich, dass es so lange gedauert hat. Aber er ist gerade Großvater geworden.« Stefan tippte mit dem Zeigefinger auf den Zettel. »Steht hier alles drin.«

Schwiegermama klatschte in die Hände. »Lies vor«, bat sie Stefan.

»Dear Stefan«, begann er und übersetzte gleichzeitig. »Also: Lieber Stefan ...«

»Er hat auf Englisch geschrieben?«, unterbrach ihn seine Mutter.

Stefan nickte. »Er schreibt, dass er gar kein Deutsch kann. Sein Eltern haben nur Englisch mit ihm gesprochen, sein Vater war ja Amerikaner.«

»Aber wie hat er denn deine E-Mail verstanden?«, wollte sie wissen. »Die hast du doch auch auf Deutsch geschrieben.« Schwiegermama sah mich an und erklärte: »Stefan hat sie mir gezeigt. Toll hat er geschrieben.« Jetzt schaute sie wieder zu Stefan. »Das war ein so netter Brief. Vielleicht sollte Stefan die Bücher in dieser Familie schreiben.«

Das war ein so netter Brief. Vielleicht sollte Stefan die Bücher in dieser Familie schreiben.

Hatte sie das wirklich gesagt? Ich schluckte. Ganz leise hatte sie es noch hinzugefügt. Aber Stefan hatte es anscheinend nicht gehört, denn er reagierte nicht darauf.

»Ich habe die E-Mail auch in Englisch verschickt«, erwiderte er, während ich einatmete, ausatmete, einatmete, ausatmete, einatmete ... »Das heißt, Renate hat die Mail ins Englische übertragen«, ergänzte Stefan. Er reichte mir den Ausdruck. »Übersetz du bitte, ich kann das nicht so gut.«

»Aber du kannst doch Englisch!« Schwiegermama klang überrascht. »Du hältst doch sogar wissenschaftliche Vorträge in dieser Sprache!«

»Ja klar«, antwortete Stefan, »ein bisschen kann ich auch. Die Vorträge schreibe ich aber auf Deutsch. Und Renate übersetzt die dann für mich.«

Schwiegermutter zog die Augenbrauen hoch und starrte mich an. Sprachlos.

»Und weißt du was, Mama?«, sagte Stefan. »Danach sind meine Vorträge viel besser als vorher! Schließlich hat Renate ein gutes Gespür für Worte. Immerhin ist Schreiben ihr Beruf.«

Er zwinkerte mir zu. Da hatte er ihren Kommentar wohl doch gehört. Wir lächelten uns an. Schwiegermutter lächelte zwar nicht, aber sie wippte mit dem Kopf auf und ab. Eine Bestätigung?

Vielleicht.

Ich schnappte mir den Computerausdruck und übersetzte die E-Mail aus Amerika.

Ein paar Tage später reiste Schwiegermama wieder ab. Auf dem Bahnsteig umarmten wir uns kurz, es gab wieder ein paar Luftküsse. Ich war erleichtert. Mein Mann war arbeiten.

»Es war schön bei euch«, sagte sie zum Abschied. »Ich habe ein Geschenk für dich.«

»Für mich?« Erstaunt nahm ich das kleine, rechteckige Päckchen entgegen.

Schwiegermutter stieg in den Zug. »Du musst nicht warten, bis der Zug abfährt«, rief sie mir noch zu. »Du musst doch sicherlich arbeiten.«

Ich winkte ihr zum Abschied und warf ihr sogar noch einen Handkuss zu. Vielleicht hatte sie dazugelernt.

Zu Hause packte ich das Geschenk aus. Es war ein Buch. Ein Kochbuch. Mit dem Titel: *Schnelle Rezepte aus der deutschen Traditionsküche – für die berufstätige Frau. Kalorientabelle liegt bei.*

Plötzlich tippt Stefan mir mit dem Zeigefinger auf die Wange und gibt mir einen Kuss: »Träumst du?«, fragt er.

Ich schüttele den Kopf: »Nee, habe nur an was gedacht. Viel Erfolg bei deinem Vortrag heute!«

Stefan macht sich auf den Weg und meine Schwiegermutter auf die Suche nach dem Bügelbrett.

Ich gehe in die Küche und fange an zu kochen. Es dauert eine Weile, bis Schwiegermama kommt, um mir Gesellschaft zu leisten. Bestimmt hat sie jedes einzelne Hemd von Stefan noch einmal ordentlich nachgebügelt.

»Was gibt's denn heute?«, will sie wissen und guckt in einen der Töpfe auf dem Herd.

»Zur Feier deines Besuches«, sage ich fröhlich, »habe ich heute mal einen Schweinebraten gemacht.« Ich tippe auf das aufgeschlagene Kochbuch. Jenes, das sie mir damals geschenkt hat.

»Oh«, haucht sie. »Das ist ...« Sie verstummt.

Überrascht gucke ich sie an. Das ist ziemlich ungewöhnlich für sie. Dass sie verstummt, meine ich.

»Du hast mir doch mal erzählt«, sage ich, »dass das Stefans Leibgericht war. Oder nicht? Und ab und zu essen wir ja auch noch Fleisch.«

»A-aber«, stammelt sie, »ich ... ich nicht.«

Jetzt hat es mir die Sprache verschlagen.

Meine Schwiegermutter lächelt mich an und klopft mir auf die Schulter. »Seit ich dich kenne, liebe Schwiegertochter, esse ich immer weniger Fleisch. Mittlerweile sogar gar keins mehr. Und mir bekommt das richtig gut!«

Sie küsst mich auf die Wange und geht hinaus.

Beatrix die Große

Ausgerechnet an dem Abend wollte meine Frau kuscheln. Nicht, dass ich nicht gern mit meiner Frau kuschelte, aber eben nicht an diesem Abend.

»Was ist mir dir?«, fragte sie, als ich von hinten an sie heranrückte und den Arm um ihre Schulter legte.

»Was soll sein?«, gab ich so beiläufig wie möglich zurück.

»Dein Herz.«

»Was ist damit?«

»Es schlägt.«

»Was sollte es sonst tun?«

»Es schlägt aber so schnell.«

»Es ist eben fleißig.«

»Was ist los mit dir?«, forschte sie nach und schob sich in eine bequemere Lage. Ich legte die Hand auf ihren Bauch, in dem unser Baby war, und bekam ein schlechtes Gewissen, weil ich gleichzeitig an meine Schwiegermutter dachte. Ausgerechnet! Sie war nämlich der Grund für meine innere Anspannung und die Zerrüttung meines Nervenkostüms. Der Grund, warum mein Herz so schnell schlug und ich total aufgewühlt war, weil ich nicht wusste, wie ich mich am nächsten Tag verhalten sollte, wenn ich sie sah. An diesem Nachmittag hatte sie mich angemacht. Zumindest glaubte ich das. Je mehr ich darüber nachdachte, desto sicherer wurde ich mir. Ich hatte keine Ahnung, wie ich reagieren sollte, wenn sie wieder ...

»Vielleicht wirst du ja krank«, überlegte meine Frau und riss mich aus meinen Gedanken.

»Ja, vielleicht«, stimmte ich zu, dankbar, dass sie sich ihre Frage selbst beantwortete. Meine Frau war Meisterin darin, sich die Welt zu erklären. Sie wäre perfekt als Chefin – oder als Gott –, denn es gab kein Problem, für das sie sich nicht die Lösung zurechtlegen konnte.

»Dann bleib mir vom Leib!« Sie machte sich von mir los und rückte ans andere Bettende. »Nicht, dass du mich ansteckst. Oder das Kind.«

Wie sollte ich unser Kind im Bauch meiner Frau anstecken?

»Keine Sorge«, beschwichtigte ich und rückte erleichtert zurück auf meine Bettseite. »So schlimm wird es sicher nicht sein.«

»Du sahst heute schon den ganzen Tag elend aus«, fiel ihr nun auf.

»So ein Unsinn«, erwiderte ich. »Tagsüber habe ich mich noch total wohl gefühlt.«

»Meine Mutter hat das auch gesagt.«

Da war sie wieder, ihre Mutter. Beatrix. So hatte sie sich mir damals vorgestellt und mir sofort das Du angeboten. Sie trug ein enges dunkelgrünes Kleid, das mir viel zu kurz für eine Frau ihres Alters erschien. Aber es stand ihr gut. Die Haare hatte sie zu einem kurzen Pferdeschwanz zusammengebunden. Damals hatte sie erstaunlich wenig Falten. Heute sah man noch immer kaum welche, obwohl man dafür ab und an etwas viel Make-up auf ihrem Gesicht entdeckte. Beatrix hatte unbestritten Klasse. Aber auch die konnte das Altern allenfalls austricksen, nicht aber verhindern.

Sie war zweimal verheiratet gewesen. Seit ihr letzter Mann vor vier Jahren gestorben war, pflegte Beatrix wechselnde Freundschaften. Selbst für ihre eigene Tochter wurde es streckenweise unübersichtlich. Spätestens als wir bei Geburtstagsfeiern anfingen, die Namen der Verehrer durcheinanderzubringen. Was das betraf, war meine Frau zum Glück nicht die Tochter ihrer Mutter. Wofür ich dankbar war.

Wir beide waren eher die klassischen Typen. Experimente überließen wir Wissenschaftlern.

»Meine Mutter ist wie Katharina die Große«, hatte meine Frau einmal gesagt. »Ein sexgeiles Weib, das die Kerle auffrisst.« Beatrix die Große also.

»Was genau hat deine Mutter denn gesagt?«, hakte ich jetzt nach. Die Sache mit meiner vermeintlichen Krankheit beschäftigte mich.

»Na, dass du krank aussiehst und ich mich um dich kümmern soll. Wobei jeder meint, dass du dich jetzt eigentlich um mich kümmern solltest«, fügte sie leicht verbittert hinzu.

»Aber ich bin nicht krank.«

»Du siehst aber so aus. Irgendwie aufgequollen. Deine Haut war ganz fettig, als du ins Bett gekommen bist.«

Ich hatte mich doch nur eingecremt. »Was Äußerlichkeiten betrifft, solltest du mal ruhig sein.«

Meiner Frau entfuhr ein Entsetzenslaut. »Wie bitte?«

»Es tut mir leid«, beschwichtigte ich, doch es war zu spät.

»Nimm das sofort zurück!«

»Okay.«

»Ich bin schwanger, falls du das noch nicht bemerkt hast!«

Neuerdings nutzte sie diese Ausrede für alles: Stimmungsschwankungen, Fressanfälle, Einkaufsorgien.

»Ich wünschte, ihr Männer würdet Kinder kriegen.«

Auch dieser Wunsch war nicht neu. Da sich der Sachverhalt diesbezüglich seit unserer letzten Diskussion nicht geändert hatte, schwieg ich. Was auch wieder falsch war.

»Du musst mich nicht ertragen, wenn du nicht willst. Dein Kind und ich wollen sowieso lieber allein sein.«

Ich hatte das Kind nichts Derartiges sagen hören, aber ich beschloss, das Feld zu räumen. Seit meine Frau schwanger war, war sie in der Tat nicht nur etwas unansehnlicher, sondern auch zänkischer geworden.

Ich trollte mich auf das Sofa im Wohnzimmer und starrte aus dem Fenster in die Nacht hinaus. Ob meine Schwiegermutter während ihrer Schwangerschaft auch so flatterhaft gewesen war? Dass sie überhaupt die Mutterjahre durchlaufen haben sollte, fiel mir schwer zu glauben. Sie hatte nichts Fürsorgliches oder Aufopferndes an sich. Da passte es zumindest ins Bild, dass meine Frau ein Einzelkind war. Wie ich die Sache einschätzte, würde unser Kind ebenfalls ein Einzelkind bleiben.

Immer wieder lief die Schlüsselszene des Nachmittags vor meinem inneren Auge ab: Beatrix legte ihre Hand auf meinen Arm, sah mir tief in die Augen und hauchte: »Wenn du willst, kann ich jeden Tag vorbeikommen und dir helfen. Was immer du brauchst!«

Wenn ich es recht bedachte, war es nicht das erste Mal, dass sie mit mir geflirtet hatte. Nur war es nie zuvor so eindeutig gewesen.

Als meine Frau damals über Katharina die Große sprach, war ich neugierig geworden und hatte recherchiert. Es gab tatsächlich einige Parallelen: Wie Beatrix hatte Katharina sich im Griff, solange ihr Mann noch lebte. Und beide flippten aus, als der verschwand und sie nicht wussten, wohin mit all dem Östrogen. Trotz ihres Alters - okay, so alt war Beatrix noch gar nicht, gerade mal fünfzig geworden – hatte sie keine Probleme, Männer kennenzulernen. Ich glaubte, die hatte sie noch nie. Mit zwanzig musste sie ein echter Feger gewesen sein. Inzwischen waren bei dem Feger ein paar Borsten verloren gegangen, aber sexy war sie immer noch. Bis heute ging Beatrix ihr Aussehen über alles. Dafür hungerte sie, trieb Sport, verwendete Mittel und Tinkturen, die sie von innen wie von außen konservieren sollten. Mit Erfolg: Von Weitem ging sie locker als Mitte dreißig durch, von Nahem immerhin noch als Anfang vierzig. Aus der Entfernung sah sie jünger aus als meine Frau, die zwar ähnliche Anlagen hatte, diese aber nie zu ihrem Vorteil nutzte. Was schade ist, aber wohl zum Gesamtpaket gehört. Als ich meine Frau damals kennenlernte, waren wir beide Anfang zwanzig. Da spielte es keine Rolle, ob sie Make-up auflegte oder nicht, sie sah schön aus.

Als sie mich ihrer Mutter vorstellte, reichte diese mir ihre Hand und sagte zu meiner zukünftigen Frau: »Was für einen stattlichen Mann du dir da ausgesucht hast!«

Damals hatte sie zum ersten Mal solche Bemerkungen mir gegenüber gemacht, allerdings stand ihre Tochter ja daneben, sodass der Spruch keine ernsthafte Bedrohung darstellte. Soweit ich mich erinnerte, war Beatrix überhaupt die erste Frau, die mich angegraben hatte. Ich kannte das nicht und war ziemlich verwirrt. Jede Bekanntschaft oder Beziehung davor hatte ich selbst eingefädelt. Die Frauen und Mädchen ermutigten mich allenfalls oder signalisierten Interesse. Den entscheidenden Schritt hatte immer ich gemacht. Schließlich war ich der Mann. Es würde genauso meine Aufgabe sein, für meine Frau und das Baby zu sorgen, wenn es einmal da war. So wurde ich erzogen.

Jedenfalls musste ich mir einen Plan zurechtlegen, was ich sagen oder tun sollte, wenn ich meine Schwiegermutter am nächsten Tag sah. Sie hatte uns angeboten, im Haushalt behilflich zu sein. Das hatte nicht nur mich, sondern auch meine Frau verwirrt.

»Ich bin schwanger, nicht verletzt!«, war ihre Reaktion gewesen. Später hatte sie mir gestanden, ihre Verwirrung käme daher, dass ihre Mutter früher nicht mal ihren eigenen Haushalt im Griff hatte. Vielleicht hatte sie ja was gutzumachen.

Oder sie war in mich verliebt ...

Der Gedanke schoss mir wie ein Pfeil durch den Kopf und sorgte dafür, dass sich meine Eingeweide schmerzhaft zusammenzogen. Das fehlte gerade noch! Die eigene

Schwiegermutter als Stalkerin. Leider machte das Ganze durchaus Sinn. Blicke kamen mir in Erinnerung, beiläufige Berührungen, zweideutige Scherze.

Umso mehr brauchte ich eine Strategie. Ich straffte die Schultern. Was würde mein Vater sagen, wenn er erführe, dass ich vor einer Frau Angst hatte?

Ich könnte einfach verschwinden, ihr aus dem Weg gehen, mir etwas einfallen lassen, um nicht zu Hause zu sein.

Was würde mein Vater sagen, wenn er erführe, dass ich vor einer Frau Angst hatte?

Länger arbeiten oder so etwas. Das allerdings klang so lahm, dass selbst meine Frau Verdacht schöpfen würde. Außerdem müsste ich Beatrix über die ganzen nächsten Monate aus dem Weg gehen. Und wenn ich nie da war, zog sie am Ende vielleicht noch bei uns ein, weil meine Frau ja unbestreitbar jemanden brauchte. Ich verwarf den Gedanken wieder.

Ich könnte Beatrix die Wahrheit sagen. Wenn ich nur wüsste, welche. Dass ich von ihr in Ruhe gelassen werden wollte? Dass ich mit ihrer Tochter verheiratet war? Ich begann mir ein paar Worte zurechtzulegen: »Beatrix, du bist eine echt attraktive Frau. Aber ich stehe nun mal nicht auf dich ...«

Ob ich mir die Worte aufschreiben sollte?

Vielleicht musste ich deutlicher werden.

»Geh weg, du altes Weib, und such dir jemanden in deinem Alter!«

Nein, zu brüsk! Wenn ich sie vor den Kopf stoßen würde, wäre unser Verhältnis auf

»Geh weg, du altes Weib, und such dir jemanden in deinem Alter!«

Dauer zerstört und das könnte anstrengend werden in den nächsten Jahren. Ganz zu schweigen von einem eventuellen

Erbe später. Auf der anderen Seite hätte ich dann ein für alle-mal Ruhe.

Vielleicht sollte ich meiner Frau reinen Wein einschenken? Ihr alles gestehen? Wobei gestehen wohl das falsche Wort wäre, denn das hieße ja, dass ich etwas falsch gemacht hätte. Die Gefahr dabei wäre, dass sie dann mit dem Sturm-gewehr auf ihre Mutter losging. Was das Problem allerdings lösen würde.

Während ich mich auf dem Sofa umherwälzte, tauchte plötzlich meine Frau vor mir auf. Wie ein Geist stand sie in der Dunkelheit.

»Himmel, hast du mich erschreckt!«

»Mit wem redest du?«

»Mit niemandem.«

»Aber ich habe dich doch gehört«, insistierte sie.

»Vielleicht hast du geträumt?«

»Nein, bestimmt nicht. Aber du vielleicht.«

»Auf keinen Fall.«

»Vielleicht hast du von einer anderen Frau geträumt?«

»Nein, habe ich nicht.«

»Und wer ist dann das alte Weib, von dem du eben ge-sprochen hast? Etwa ich?«

Ich musste laut gedacht haben. Das passierte mir manch-mal. Jetzt half nur noch die Flucht nach vorn.

»Liebling«, sagte ich und zog sie zu mir aufs Sofa. »Du weißt, ich würde nie so etwas über dich sagen. Nicht mal denken!«

»Doch, das tust du!« Meine Frau schlug die Hände vors Gesicht und begann zu schluchzen. »Du kannst mich nicht mehr leiden, weil ich alt und fett und unausstehlich geworden bin. Du liebst mich nicht mehr.«

Das mit dem Lieben stimmte definitiv nicht. Den Rest hätte ich vielleicht nicht direkt so ausgedrückt.

»Nein«, sagte ich und tätschelte ihre Schulter, wie ich es später wohl auch bei meinem Baby tun würde. Ich stellte es mir zumindest so vor. Wenn es ein Bäuerlein machen sollte.

Sie sprang auf und lief wieder zurück ins Schlafzimmer. »Du bist manchmal echt gemein!«

Ich hatte keine Ahnung, was ich falsch gemacht hatte. So legte ich mich aufs Kissen und versuchte krampfhaft, etwas Schlaf zu finden. Ich dachte an den Sommer, den wir damals am Meer verbracht haben. Mit Beatrix und ihrem zweiten Mann. Einmal hatte ich meine Schwiegermutter beobachtet, als sie am Strand ihren nassen Badeanzug wechselte. Sie tat nur wenig, um sich zu verhüllen, und ich starrte hin, weil ich wissen wollte, ob ihr Körper wirklich noch so top in Schuss war. Es war reine Neugier.

Beatrix bemerkte es. Doch statt sich verschämt etwas drüberzuziehen, lächelte sie nur kokett und sagte: »Du schlimmer Junge!«

Kokett. Kess. Frivol. All diese althergebrachten Worte, die heute keiner mehr benutzte, kamen mir bei Beatrix in den Sinn. Ich verband mit ihr alte Filme. Vormittage am Strand. Italien mit dem Käfer. Sophia Loren. Beatrix könnte ihr in jungen Jahren ähnlich gesehen haben. Noch heute war sie eine Ver‑

Kokett. Kess. Frivol. All diese althergebrachten Worte, die heute keiner mehr benutzte, kamen mir bei Beatrix in den Sinn.

führerin alter Schule. Zugeknöpft, aber offenherzig. Sittsam, aber direkt. Wie keine andere verstand sie es, Männer mit Blicken und Gesten zu umgarnen, sie anzuheizen und ihnen für einen Moment das Gefühl zu geben, der Einzige in ihrem Leben zu sein. Eine Gabe, der ein Mann nur wenig entgegen‑ zusetzen hatte. Es sei denn, er war verheiratet.

Ein Rascheln ließ mich aufschrecken. Meine Frau war zurück. Anscheinend konnte sie auch nicht schlafen.

»Okay, ich verzeihe dir«, murmelte sie.

»Was verzeihst du mir denn?«

»Dass du nicht ehrlich zu mir warst.«

»Aber das war ich.«

»Du hast an eine andere Frau gedacht ... wenn du nicht mich altes Weib genannt hast.«

Ich ließ mich stöhnend aufs Kissen fallen.

»Ist okay«, beschwichtigte meine Frau. »Das passiert. Solange du nur an sie gedacht hast, verzeihe ich dir.«

Ich nahm das Kissen vom Gesicht. »Was heißt denn: das passiert?«

»Na, dass uns das allen von Zeit zu Zeit so geht. Gedanken sind frei.«

»Geht dir das auch so?«

»Nicht wirklich.«

»Nicht wirklich?« Ich richtete mich auf. Das waren ja ganz neue Töne. »An wen hast du denn gedacht, als es zum letzten Mal passiert ist?«

»Du zuerst«, knickte meine Frau ein.

Ich schüttelte den Kopf. »Nein, du zuerst.«

Ich vermutete einen Schauspieler. Aber stattdessen sagte sie: »An Simon.«

Mein Kumpel Simon? Ich war fassungslos. »Aber Simon ist viel kleiner als ich.«

»Er hat schöne Hände.«

Ich hatte nie auf Simons Hände geachtet. »Sie riechen sicher nach Zigaretten.« Er qualmte wie ein Schornstein.

Meine Frau zuckte mit den Schultern. »Wie gesagt, ist nur ein Gedanke. Wenn mir langweilig ist.«

»Du denkst an Simon, wenn dir langweilig ist?«

»Und jetzt du.« Meine Frau schien Gefallen an dem Spiel zu finden.

Ich mochte aber nicht mehr spielen und zuckte mit den Schultern. »Ich sagte doch, da ist niemand!«

Enttäuscht stand meine Frau auf. »Ich dachte, wir wollten ehrlich zueinander sein. Hatten wir uns das nicht geschworen?«

Ich war es leid, mich zu erklären. So schwieg ich und wartete darauf, welche Antwort meine Frau diesmal auf ihre Frage finden würde.

»Meine Mutter hat mich damals vor dir gewarnt«, erinnerte sie sich prompt. »Sie hat mir gesagt, ich solle mir genau überlegen, ob ich dich heiraten und mit dir den Rest meines Lebens verbringen möchte. Du wärst bestimmt untreu, hat sie gesagt. Und ich habe trotzdem ja gesagt.«

Damit drehte sie sich um und rauschte davon. Jetzt war ich völlig verwirrt. Meine Gedanken schwirrten umher wie ein Vogelschwarm und ich fühlte mich nicht in der Lage, auch nur einen von ihnen zu greifen. Meine Frau dachte an meinen besten Kumpel, wenn ihr langweilig war. Ihre Mutter hatte sie vor mir gewarnt. Und gleichzeitig hatte mir diese Mutter heute angeboten, mir zu Diensten zu sein, wo immer ich Hilfe benötigte. Am liebsten wollte ich meiner Frau alles sagen. Ich war wütend, weil sie an Simon dachte. Ich wollte ihrer Mutter eine reinwürgen, weil sie so komische Sachen sagte. Vor allem wollte ich wissen, warum sie das getan hatte. Warum Frauen überhaupt solche Dinge taten. Warum ausgerechnet mir das passieren musste.

Ich fasste einen Entschluss. Ich musste die Situation klären. Befriedigt schloss ich die Augen und dachte über den morgigen Tag nach.

»Warum hast du dich so fein angezogen?«, fragte meine Frau am nächsten Morgen. Wir hatten uns notdürftig miteinander vertragen, wohl wissend, dass etwas Unausgesprochenes zwischen uns stand, aber unfähig, es vor dem ersten Kaffee zu klären. Wahrscheinlich würde es keiner von uns noch mal ansprechen und es würde darauf hinauslaufen, dass die Sache zunächst in Vergessenheit geriet, um dann beim erstbesten Streit wieder an die Oberfläche gezerrt zu werden. Heute aber nicht.

»Willst du die Arztschwester beeindrucken?«, fragte meine Frau weiter. Sie hatte einen Termin für eine Ultraschalluntersuchung, zu der ich sie begleiten wollte.

Ich verneinte beiläufig.

»Oder etwa meine Mutter?« Meine Frau grinste, als ob ihr die Lächerlichkeit dieses Gedankens selbst bewusst wäre. Nicht, dass sie nicht um die sexuelle Rastlosigkeit ihrer Mutter wüsste. Aber irgendwie wähnte sie mich diesbezüglich nie in Gefahr. Ein Grund mehr, aktiv zu werden. Ich antwortete bewusst nicht auf die Frage, was meine Frau aber nicht bemerkte, da sie schon wieder aus dem Zimmer war. Nach dem Arzttermin waren wir mit Beatrix verabredet, um ihr alles über die Untersuchung zu berichten. Ich hatte mich in der Tat besser angezogen als sonst, nicht auffallend, aber doch sorgfältiger. Ich trug zwar Jeans, allerdings eine, die etwas enger anlag. Normalerweise zog ich die nicht so gern an, weil ich damit immer ein wenig den Bauch einziehen musste. Aber heute war es mir das wert. Das Gleiche mit dem Hemd. Ich hatte das gewählt, bei dem man keine Schweißflecken unter den Armen sah. Ich hatte mich ordentlich rasiert, Ohren und Nasenhaare geschnitten und ein neues Aftershave aufgelegt.

»Du riechst wie ein Geschirrspülmittel«, stellte meine Frau, die Romantikerin, fest, als wir im Auto saßen und losfuhren.

»Sollte ich unterwegs ohnmächtig werden, ist das deine Schuld.«

Beim Arzt lief alles reibungslos. Das Kind war kerngesund und am späten Vormittag trafen wir wie vereinbart bei Beatrix ein. Wenn meine Frau glaubte, ich wäre übertrieben gekleidet, wollte ich nicht wissen, was sie jetzt dachte: Beatrix trug ein langes trägerloses Sommerkleid, hellblau mit großen roten Blüten drauf, und riesige Ohrringe mit einer dazugehörigen langen Kette, die just in dem tief ausgeschnittenen Dekolleté endete. Es war ein tolles Kleid, für eine zwanzig Jahre jüngere Frau auf einer Party an einem Juniabend.

»Erwartest du noch jemanden?«, wollte meine Frau wissen.

»Ich erwarte euch«, säuselte Beatrix in der ihr eigenen Tonlage aus Liebreiz und Koketterie. »Mehr brauche ich nicht.«

Da bin ich sicher, dachte ich. In manchen Momenten wünschte ich, dass meine Frau etwas weniger pragmatisch und dafür etwas sinnlicher veranlagt wäre. Beatrix' Höflichkeit nahm sie beiläufig zur Kenntnis und watschelte schwerfällig raus auf die Terrasse, wo ein reichhaltig gedeckter Frühstückstisch mit einem großen Sommerblumenstrauß in der Mitte wartete. Wie ein nasses Handtuch plumpste sie in einen der Korbstühle.

»Ich fühle mich wie ein Kartoffelsack«, gab sie frustriert zu. Dabei war sie noch nicht mal besonders dick. Ich fragte mich, wie das im achten oder neunten Monat werden sollte.

Beatrix schwebte uns hinterher und wollte ihr einen Orangensaft einschenken. Meine Frau schob das Glas zur Seite. »Von der Säure muss ich neuerdings rülpsen.«

Beatrix wandte sich an mich. »Du musst jetzt geduldig mit ihr sein.« Ich sagte, dass Geduld von jeher eine meiner größten Tugenden sei. Sie drehte sich lächelnd weg.

Beim Frühstück wollte sie wissen, ob wir inzwischen das Geschlecht des Babys wüssten.

»Ein Mädchen.«

Beatrix klatschte begeistert in die Hände. »Eine kleine Prinzessin! Sie wird bestimmt wunderschön.«

»Schönheit ist nicht alles«, bemerkte meine Frau.

»Aber sie kann helfen«, widersprach ihre Mutter. »Wusstet ihr, dass ich als junges Mädchen für einen Maler Modell gesessen habe? Man kann das Bild heute noch im Museum sehen. Obwohl ich mir nicht sicher bin, ob man mich heute noch erkennt.«

Beatrix erzählte dauernd solche Geschichten. Ich wusste nicht, ob sie stimmten, glaubte eher, dass sie ihre Jugend gern durch sie aufpeppte. Zumindest war sie dadurch niemals langweilig.

»Das hast du dir ausgedacht«, sagte meine Frau trocken.

»Mag sein«, lenkte Beatrix ein. »Vielleicht aber auch nicht.«

Nach dem Frühstück war meine Frau schon wieder müde und legte sich für eine Weile hin. Die Chance für meinen Plan, von dem ich nun merkte, dass ich ihn noch gar nicht zu Ende gedacht hatte. Wie sollte ich meine Frau dazu bringen, im entscheidenden Moment ins Zimmer zu kommen, um zu erleben, wie ich ihre Mutter abweisen, mich der Annäherungsversuche erwehren musste?

Vielleicht sollte ich es einfach drauf ankommen lassen.

»Was machen wir beiden Hübschen denn nun?«, fragte Beatrix wie aufs Stichwort, nachdem sie uns Kaffee nachgeschenkt und sich wieder hingesetzt hatte. Sie nahm eine Blume aus der Vase und roch dran.

Ich zuckte mit den Schultern. »Keine Ahnung«, antwortete ich und zog den Bauch noch etwas weiter ein. »Was schlägst du vor?«

Beatrix sah mich fragend an und ich dachte, dass sie den ersten Schritt machen musste. Eine Biene schwirrte träge um die Blumen in der Vase.

»Weißt du, dass du eine interessante Frau bist«, sagte ich charmant lächelnd.

Beatrix strich sich eine Haarsträhne hinter das Ohr. »Ich weiß.«

»Wie viele Männer hattest du in deinem Leben?«

»Keine Ahnung.«

»Erinnerst du dich an sie?«

»Nur an die Unterhaltsamen.«

»Wie muss ein Mann sein, der dich anzieht?«

Da war es wieder, dieses verführerische, leicht spöttische Lächeln, bei dem der Mund nur leicht geöffnet war, gerade so viel, um Erwartungen zu wecken. »Interessant.«

»Findest du mich interessant?«

Das Lächeln wurde breiter. Sie griff zu ihrem Kaffee und trank langsam einen Schluck. Sie ließ sich Zeit mit der Antwort, bis sie die Tasse wieder abgestellt hatte. »Bist du gekommen, um mich das zu fragen?« Sie wirkte amüsiert.

Ich tat ebenfalls belustigt. »Ist es nicht das, was du willst?«

»Willst du es denn?«

Ja, dachte ich in diesem Moment. Vielleicht war Beatrix daran schuld, vielleicht war es auch nur, weil überhaupt eine Frau Interesse und Bereitschaft signalisierte. Weil meine Frau und ich seit Monaten nicht mehr miteinander taten als zu kuscheln und ich fast wahnsinnig wurde, jeden Tag auf der Straße Frauen zu sehen und mich zu fragen, wie sie wohl im Bett wären, ohne selbst zum Zuge zu kommen.

Beatrix schaute mir tief in die Augen, ich sah Lust und Verlangen, starrte auf das tief ausgeschnittene Dekolleté, den wogenden Busen, sah die sinnlichen Lippen und leichten Falten um die Augen, die von Erfahrung und Wissen kündeten. Ich stellte mir vor, wie wir uns die Kleider vom Leib rissen, wie ich die Lippen, die schon so oft zur Begrüßung meine Wangen gestreift hatten, küsste und die Brüste anfasste, deren

Form ich unter den engen Kleidern immer erahnt hatte. Ja, ich wollte.

»Ich glaube nicht.«

Die Worte entfuhren mir, bevor mein Gehirn sie zu Ende gedacht hatte. Beatrix kniff die Augen zusammen. Die Brauen hoben sich fragend. Ihre Mundwinkel zuckten ein paarmal.

»Weil du Angst hast?« Ihre Zunge fuhr kurz über die Lippen.

Ich grinste zurück. »Weil ich meine Frau liebe. Und weil mir die Sache falsch vorkommt.«

Beatrix erhob sich und seufzte. »Nun gut.«

Dann rauschte sie an mir vorbei, strich mir mit der Hand im Vorbeigehen über das Haar und ließ mich allein auf der Veranda zurück.

Als wir uns am Nachmittag verabschiedeten, sah ich beide Frauen kurz miteinander flüstern. Im Auto legte meine Frau ihre Hand auf meine und flüsterte: »Habe ich dir schon gesagt, dass ich deinen Kumpel Simon nicht ausstehen kann?«

»Ach, ehrlich?«, entfuhr es mir überrascht.

»Ja, er ist doch viel kleiner als ich. Außerdem stinkt er nach Zigaretten.« Sie fuhr von meiner Hand weiter über meinen Arm und ich konnte mir vorstellen, dass heute Abend noch einiges mehr passieren würde.

KAPITEL 5

Positive Mutationen – ein Ruf wird gerettet

Die Umwelt hatten wir hier bereits ins Spiel gebracht. Also: Umwelt ist extrem wichtig. Einmal natürlich in Form von Regenwald und Ozonschicht, ähnlich wichtig aber ist die soziale. Diese Sorte Umwelt (ein Teil davon wird mit Begriffen wie »Erziehung« oder »Vorbildfunktion der Eltern« umschrieben) prägt in einem erheblichen Maße das kindliche Verhalten.

Nur das kindliche?

Nun, wir wissen inzwischen, dass die Umwelt auch älteren Personen noch ihren Stempel aufdrücken kann. Das nennt sich dann »Lernfähigkeit bis ins hohe Alter«.

Diesem Umstand ist es vermutlich zuzuschreiben, dass im Verhältnis Schwiegermutter–Schwiegertochter/-sohn mitunter ganz überraschende Wendungen eintreten und manch ein Schwiegerdrachen zum Schwiegerkuscheltier mutiert.

Aber auch in der jüngeren Generation kommt es gelegentlich zu überaus positiven Verwandlungen ...

Spaß mit Phrasen:
Schwiegermutter-Bingo

Manchmal ist es anstrengend, die gut gemeinten Ratschläge, leisen Vorwürfe oder spitzen Bemerkungen der Schwiegermutter zu ertragen. Mit diesem Bingo-Spiel wird die Qual zum lustigen Zeitvertreib: Einfach die Phrasen, die Sie zu hören kriegen, ankreuzen – sobald eine Reihe vollständig ist, brüllen Sie »Bingo!«.

Bingo für Schwiegertöchter:

Ich geb dir mein Rezept – damit es ihm auch schmeckt.	Ich will ja nicht parteiisch sein, aber ...	Der Junge hat abgenommen. Kochst du etwa vegan/vegetarisch?	Also ich hatte damals sofort nach der Geburt meine Figur wieder ...
Du bügelst seine Unterwäsche nicht?	Meinst du, das ist gut für euer Kind, wenn du wieder arbeitest?	Wie – er muss im Haushalt helfen? Aber er verdient doch das Geld!	So war er schon als Kind ... das änderst du nicht mehr.
Iss nur tüchtig! Mein Sohn braucht was zum Anpacken.	Stör ich?	Du musst das Baby auch mal schreien lassen.	Du bist ja wie eine Tochter für mich – aber ...
Die Fenster hätten es mal wieder dringend nötig.	Mach dir bloß keine Umstände wegen mir!	Ich bring einen Schmorbraten mit – den liebt er so.	Du kannst das Baby doch nicht schreien lassen!

Bingo für Schwiegersöhne:

Sie hätte jeden haben können, wirklich jeden.	Und wann suchst du dir einen richtigen Job?	Ich will mich ja nicht einmischen, aber ...	Noch ein Bier? Muss das sein?
Ach, wenn ich nur zwanzig Jahre jünger wäre ...	Ihr Ex war sooo ein Netter!	Sie hat was Besseres verdient.	Ras nicht so. Und ruft an, wenn ihr daheim seid!
Kannst du sie denn auch versorgen?	Ein Mann muss seine Frau auf Händen tragen!	Aber ich hätte euch das Geld doch leihen können.	Ich will euch ja nicht zur Last fallen, aber ...
Nebenan ist ein Haus frei geworden.	Ich kenne meine Tochter wohl am besten!	So lange Haare? Na ja, wem's steht ...	Wann kommt ihr denn mal wieder vorbei?

Rosi und die Gartenzwerge

Draußen brummt gemütlich der Rasenmäher vor sich hin, während ich am Schreibtisch sitze und schreibe. Das Wochenende steht vor der Tür! Meine drei Männer – Philipp, mein weltbester Ehemann, und unsere zehnjährigen Zwillinge Robin und Felix – sind gerade im Baumarkt und kaufen Holz, Nägel und Dachpappe.

Philipp und ich, Katharina, lernten uns vor 15 Jahren kennen, noch an der Uni. Philipp schrieb gerade seine Diplomarbeit und ich hatte mein Vordiplom endlich hinter mir, da saßen wir zufällig am selben Tisch in der Mensa. Beide stocherten wir lustlos in einer kulinarischen Grässlichkeit herum, die den scheußlichen Namen »Rustikaler Jägereintopf mit Kohl« nicht mal verdiente.

Plötzlich blickte Philipp auf und fragte mich: »Ob der Jäger wohl aus biologischer Haltung kam?«

Ich prustete in mein Essen, pickte ein Stück totgekochten Kohl auf und hielt ihn hoch: »Nein, dafür ist er zu zäh. Außerdem wurde er eindeutig mit Kleidung verarbeitet!«

Nun musste Philipp auch lachen und wir kamen ins Gespräch. Nach einer Stunde fröhlicher Rumblödelei tauschten wir unsere Telefonnummern aus. Zwei Tage später gingen wir zusammen ins Kino, sechs Monate später zogen wir zusammen in ein Haus mit großem Garten und vier Jahre später war ich schwanger mit den Zwillingen. Wir heirateten im kleinen Kreis – nur Familie und ein paar Freunde – und fuhren dann das letzte Mal zu zweit in den Urlaub. Vier Wochen Italien, herrlich!

Mit in diesen Urlaub begleitete uns ein Koffer, den Rosi, Philipps Mutter, uns zur Hochzeit geschenkt hatte: ein richtig hässlicher Hartschalenkoffer, auf dem Geldscheine aus der ganzen Welt aufgedruckt waren. Aber er war groß und stabil und wir fanden ihn auf dem Gepäckband am Flughafen immer sofort wieder – denn *niemand* sonst hatte so ein Monstrum von »Geldkoffer«. Rosi ist eine tolle Schwiegermutter: Sie ist nett, lieb und hilfsbereit, versteht sich prima mit den Kindern – sie ist eine Traumschwiegermutter. Wäre da nicht eine Sache ...

Das »Rosi-Problem«

Und hier sind wir auch schon beim »Rosi-Problem«, wie Philipp und ich das Phänomen nennen, das typisch für seine Mutter ist: Sie hat überhaupt keinen Geschmack. Gleichzeitig schenkt sie aber sehr gern und sucht mit viel Liebe und Zeit Dinge aus, über die sich die Empfänger ihrer Meinung nach ganz bestimmt freuen werden.

Dank Rosi kamen wir im Lauf der Jahre zu einigen Kleinoden. Hier eine Auswahl:

- Ein Zimmerbrunnen in Form eines rosafarbenen Einhorns
- Eine ganze Schule von Gartenzwergkindern samt einem Gartenzwerglehrer mit Zeigestock und Tafel für den Vorgarten – natürlich wasser- und winterfest
- Ein emailliertes Topfset in Beige, auf dem eine kleine Wasserlandschaft inklusive Bäumen aufgedruckt ist
- Ein kleines, handbemaltes Schwarzwaldhaus für die Schrankwand, dessen Deckel man hochheben kann – es ertönt der Radetzky-Marsch
- Ein Windlicht, das von vier Kristallglas-Elefanten mit ihren Rüsseln emporgehalten wird

Rosi verschenkt aber nicht nur gern Accessoires, sondern auch Kleidung: Ich bekam zum Beispiel einen Frotteeschlafanzug in Grün-Braun-Gesprenkelt geschenkt, beigefarbene

Unterhosen, die mir bis zum Kinn reichten, in Größe 48 (ich trage 40!), und eine wild gemusterte Kittelschürze für die Küchenarbeit. Philipp beglückte sie hin und wieder mit Oberhemden, bei denen wir uns fragten, woher sie diese »Prachtexemplare« eigentlich hat: ein kurzärmeliges Hemd, gestreift in Grün und Pink mit gelben und orangefarbenen Punkten, oder Hemden, auf denen kleine Palmen oder Weihnachtsmänner aufgedruckt waren. Philipp schenkte sie aber wenigstens die richtige Größe. Grmpf.

Sogar bei der Auswahl der Süßigkeiten liegt sie mit hundertprozentiger Sicherheit daneben: Seit Jahr und Tag bekommen wir von ihr Pralinen, die mit diesen klebrigen Kunstkirschen und Likör gefüllt sind. Sie wissen, welche ich meine, gell!? Philipp und ich *hassen* diese Dinger. Abgrundtief.

Trotzdem sagten wir für jedes dieser Geschenke artig: »Danke dir, liebe Rosi, das ist wirklich toll/schön/praktisch/lecker!«

Nun fragen Sie sich, warum wir nicht einfach mal gesagt haben, dass uns all diese Sachen nicht gefallen und nicht schmecken? Ich sag es Ihnen: Wir haben den Punkt verpasst, an dem das noch ging. Aus Höflichkeit. Aus Dummheit. Aus Bequemlichkeit – was weiß ich. Und so bekamen wir über die Jahre all diese »tollen« Dinge geschenkt – so viele, dass wir anfingen, sie im Arbeitszimmer zu sammeln. Wirklich, wir schlossen ihre Geschenke weg, sobald Rosi weg war.

Die »Rosi-Vorbereitungen«

Jedes Mal, wenn meine Schwiegermutter ihren Besuch ankündigte, holten Philipp und ich die Exponate aus dem Arbeitszimmer und verteilten sie im ganzen Haus: Der Einhornzimmerbrunnen kam auf die Kommode im

Wohnzimmer, die Gartenzwerge artgerecht in den Vorgarten, das Elefantenwindlicht auf den Esstisch, das Radetzky-Schwarzwaldhaus in die Bücherwand und das Wasserlandschafts-Topfset in den Küchenschrank. Dort hielten wir immer ein Plätzchen frei – es könnte ja sein, dass wir alle zusammen etwas kochen wollten, und da mussten wir natürlich Rosis Töpfe vorrätig haben! Nur der Koffer blieb uns erspart, denn der stand sicher auf dem Dachboden, wo er die Umwelt nicht belästigte.

Schritt zwei der »Rosi-Vorbereitungen« war dann Philipps Part: Er zog eins der ganz wunderbaren Hemden an, die ihm seine Mutter geschenkt hatte – ich liebe ihn ganz besonders dafür, dass er mal an einem sonnig-warmen Augusttag im Weihnachtsmannhemd im Garten Würstchen grillte. Glücklicherweise blieb mir Part zwei erspart, denn Rosi schenkte mir wie gesagt ausschließlich Unterwäsche und Schlafanzüge. Über ihre Motivation möchte ich allerdings lieber nicht nachdenken …

Wenn Rosi sich verabschiedete, räumten wir all diese Scheußlichkeiten wieder zurück in den großen Schrank im Arbeitszimmer und Philipp zog sich um. Können Sie sich in etwa vorstellen, was das immer für ein Stress war?

Ganz besonders schlimm wurde es, wenn sich Rosi spontan via Telefon ankündigte: »Oh, ihr seid da! Gut, ich komme in drei Minuten vorbei und bringe Kuchen mit!« Kaum hatte sie aufgelegt, stürzte ich los ins Arbeitszimmer und … na ja, den Rest kennen Sie.

Das alles war so grässlich für uns, dass wir eigentlich gar nicht mehr wollten, dass Rosi uns besucht! Und das war das Schlimme daran, denn Rosi ist ansonsten wirklich die ideale Schwiegermutter. Sie geht uns nicht auf die Nerven und sie ist auch nicht aufdringlich – im Gegenteil: Sie unterstützt uns, wo sie nur kann, und hat uns auch schon finanziell aus der Patsche geholfen, als unser Auto einen Motorschaden hatte und wir fix ein neues kaufen mussten. Rosi ist der Traum aller Schwiegertöchter, ehrlich! Deshalb hätte ich es nie übers Herz gebracht, sie wegen der liebevoll ausgesuchten Geschenke zu kränken. Das hätte sie nicht verdient.

Der Tag der Wahrheit

Vorgestern war es mal wieder so weit: Ich hatte Geburtstag und Freunde und Familie zu Kaffee und Kuchen eingeladen. Sie müssen wissen, die Kinder, unsere Freunde und auch der Rest der Familie waren natürlich in die »Rosi-Vorbereitungen« eingeweiht. So hatte meine beste Freundin an Rosi-Tagen immer rund dreißig Minuten lang Tränen gelacht über den Einhorn-Zimmerspringbrunnen. Und jedes Mal, wenn sie am Bücherregal vorbeilief, öffnete sie das Dach des Schwarzwaldhäuschens und beglückte uns alle mit dem Radetzky-Marsch. Meine Güte, wie oft habe ich mir gewünscht, dass diese Spieluhr kaputtgehen würde!

An diesem Tag hatten Philipp und ich also wie gehabt alles vorbereitet, wir hatten gemeinsam mit den Jungs Kuchen gebacken, den großen Esstisch gedeckt und nun warteten wir auf die Gäste. Die trudelten einer nach dem anderen ein, es gab ein großes Hallo und die Geschenke stapelten sich auf dem Wohnzimmertisch. Nach einigen Runden Prosecco waren alle richtig gut drauf. Es versprach, ein ganz wunderbarer Geburtstag zu werden.

Rosi kam mit circa dreißig Minuten Verspätung: Es klingelte, Philipp öffnete ihr und kam dann mit einem etwa anderthalb Meter hohen und einem Meter breiten Etwas zurück, das von oben bis unten in Geschenkpapier mit Rehkitzen darauf eingewickelt war. Ja, Rehkitze, Sie haben richtig gelesen!

Den ersten Schock bekam ich also schon beim Anblick der Verpackung – wo kaufte sie so was nur? Mit einem fast schon hysterisch klingenden Lachen begrüßte ich meine Schwiegermutter und kippte in Windeseile ein weiteres Glas Prosecco – auf ex.

Mit einem fast schon hysterisch klingenden Lachen begrüßte ich meine Schwiegermutter und kippte in Windeseile ein weiteres Glas Prosecco – auf ex.

Rosi setzte sich zu uns an den Tisch, nahm sich ein Stück Obstkuchen nebst Prosecco und meinte dann erwartungsvoll zu mir: »Du darfst es gern sofort auspacken – ich weiß doch, wie ungeduldig du immer bist!«

Meine Knie fühlten sich an wie Gummi, als ich rüber ging zu diesem ... Ding. Ich steuerte darauf zu, in einer Hand das nächste Glas Prosecco und im Kopf den Gedanken, dass dieses Geschenk wohl zu groß war, um es während Rosis Abwesenheit im Arbeitszimmer zu verstecken. Ich trank das nächste Glas auf ex, stellte es zur Seite, nahm meinen ganzen Mut zusammen und fing an, das Geschenk auszupacken. Zum Vorschein kam ... eine etwa anderthalb Meter hohe Plastikpalme. Harmlos, denken Sie nun? Von wegen: Die Palme war pink. Und zwar von Kopf bis Fuß – also von den Wedeln bis zum Topf.

Während ich noch nach Luft schnappte, hörte ich Rosis Stimme hinter mir: »Toll, gell? Die musst du niemals gießen. Doch das Beste hast du noch gar nicht gesehen!«

Meine Schwiegermutter sprang auf, nahm das Kabel, das aus dem Topf ragte, drückte den Stecker in die Dose – und das pinke Ungetüm fing an zu leuchten! Mir blieb vor Schreck der Mund offen stehen. Doch Rosi guckte stolz auf dieses

Monstrum und meinte: »Dazu gibt es noch eine Fernbedienung, denn sie kann auch noch blinken. Du kannst auswählen, in welcher Frequenz! Einfach super, was?«

Ich sah meine Schwiegermutter erwartungsvoll auf mich zukommen – sie hatte ein glückliches Lächeln im Gesicht. Normalerweise hätte ich mich nun artig bei ihr bedankt mit Bussi rechts und links, die Pinkpalme wäre ebenfalls ins Arbeitszimmer gezogen und alles wäre okay gewesen.

Doch der Teufel hat ja bekanntlich nicht nur den Schnaps gemacht, sondern auch den Prosecco.

Und deshalb sagte ich zu meiner Schwiegermutter: »Oh nein, Rosi, das ist mit Abstand die schlimmste Scheußlichkeit, die du uns jemals geschenkt hast. Und da waren ja schon einige dabei!«

Stille. Absolute Stille. Alle im Raum hielten die Luft an, sogar die Kinder. Kennen Sie diese Momente im Leben, in denen man gern ein paar Sekunden zurückspulen möchte? Wie bei den guten alten Videokassetten? Genau so fühlte ich mich gerade: Ich wünschte mir im selben Augenblick, in dem ich diesen Satz gesprochen hatte, alle Worte zurück – ausnahmslos.

Rosi guckte mich verwirrt an: »Wie meinst du das, Katharina? Welche scheußlichen Geschenke?«

Aus mir platzte es einfach heraus: »Rosi, all diese Grässlichkeiten, die du uns geschenkt hast: das Einhorn, das Schwarzwaldhaus, die Zwerge, das Topfset, das Windlicht, der Koffer – das ist alles total geschmacklos! Philipp und ich überlegen schon seit Jahren, woher du eigentlich immer diese schlimmen Dinge bekommst ... Wo kann man so etwas kaufen?«

Oh, nein, jetzt machte ich alles nur noch schlimmer. Das gab's doch gar nicht! Konnte sich bitte spontan die Erde auftun, damit ich darin auf Nimmerwiedersehen verschwinden konnte? Bitte ...

Die Beichte

Rosis Gesichtsfarbe veränderte sich von weiß zu rot und sie brüllte: »*Was?* All die Jahre mache ich mir so viel Mühe, um passende Geschenke für euch zu finden. Und jetzt sagst du mir, dass du sie grässlich und scheußlich findest? *Jetzt?*«

Rosi setzte sich hin: »Philipp, ich brauche einen Schnaps. Einen doppelten.«

Der stand auf, holte schnell den Schnaps aus der Schrankwand, schenkte seiner Mutter ein ordentliches Glas ein und stellte es vor sie. Rosi nahm es und stürzte den Inhalt in einem Zug runter. Dann schüttelte sie den Kopf und hörte gar nicht mehr auf damit!

Währenddessen wurde ich schlagartig wieder nüchtern: Himmel, was hatte ich getan? Dieser blöde Prosecco!

Alle anderen am Tisch warteten gespannt darauf, was nun passieren würde, während sie verlegen an ihren Fingernägeln rumknibbelten oder intensiv das Bild über dem Sofa studierten – inklusive Philipp. Dabei hätte ich mir gerade von ihm Rückendeckung gewünscht.

Plötzlich hörte Rosi auf, den Kopf zu schütteln, und sagte: »Kinder, warum habt ihr das nicht viel früher gesagt? Warum redet ihr nicht mit mir? Warum sagt ihr mir nicht einfach, dass ihr meine Geschenke nicht mögt?«

Hilfesuchend sah ich Philipp an, doch der war mit irgendetwas ganz Dringendem beschäftigt, das sich auf der Tischplatte befand – er tat alles, um mich oder Rosi bloß nicht angucken zu müssen.

Ich stotterte: »Ach, Rosi, wir wissen, dass du so viel Zeit und Liebe und Gedanken in diese Geschenke investierst –

wir wollten nicht undankbar erscheinen, indem wir dir sagen, dass wir sie nicht mögen. Aber es ist die Wahrheit, wir mögen sie nicht! Wir verstecken sie sogar im Arbeitszimmer und holen sie nur hervor, wenn du kommst!«

 So, was raus musste, musste raus. Und zwar alles. Es konnte ja gar nicht mehr schlimmer kommen als jetzt: Meine Schwiegermutter würde mich für immer hassen. Der Rest meiner Familie und meine Freunde würden mir Vorwürfe machen, dass ich nicht die Klappe halten konnte. Und ich konnte sie verstehen!

Rosi guckte mich wieder an: »Ja, ich habe mir wirklich viel Mühe gegeben und immer überlegt, was wohl zu euch passt. Philipp zum Beispiel mag wild gemusterte Hemden ...«

Hier hob Philipp endlich den Kopf: »Ja, Mama, ich mochte sie. Als ich 16 war! Jetzt bin ich 38!«

Rosi redete weiter: »Und von dir, Katharina, dachte ich, dass du außergewöhnliche Accessoires magst – du kleidest dich doch auch immer etwas anders als andere!«

Ich setzte mich neben meine Schwiegermutter und nahm ihre Hände in meine: »Rosi, unsere Geschmäcker sind einfach zu verschieden – wir teilen noch nicht mal deine Vorliebe für die Likörpralinen mit den Kirschen drin. Die haben wir immer weiterverschenkt!«

Warum ich das auch noch hinterhergeschoben habe, fragen Sie sich nun? Das Thema musste ein für alle Mal geklärt werden. Und genug Mut hatte ich mir ja angetrunken, wie Sie wissen.

Rosi war den Tränen nahe: »All die Geschenke? Die Hemden, das Einhorn, die Zwerge ... Die kommen alle ins Arbeitszimmer? Es war wirklich schwierig, diese Dinge zu besorgen, ich musste teilweise hundert Kilometer dafür fahren – solche Spezialgeschäfte gibt es nicht bei uns!« Sie sandte einen Blick Richtung Himmel und seufzte: »Kinder, warum habt ihr nicht viel eher was gesagt? Wenn ihr nichts davon mochtet ...?« Rosi fing an zu schluchzen: »Und was soll ich euch in Zukunft schenken? Ich schenke doch so gern und ich bin auch so gern mit euch zusammen – was mache ich nun? Das kam alles von Herzen, jedes einzelne Mitbringsel!«

Ihre Tränen kullerten und meine gleich mit.

»Liebe Rosi, das ist doch alles kein Problem«, sagte ich und nahm meine Schwiegermutter in den Arm. »Du bist eine tolle Frau und immer herzlich willkommen – wir sind auch gern mit dir zusammen. Du brauchst gar keine Geschenke mitbringen, wirklich!«

»Ich möchte euch aber etwas Gutes tun, Kinder, könnt ihr das nicht verstehen?«, schluchzte Rosi.

Da mischte sich Philipp endlich ein: »Ich habe eine Idee, Mama. Wie wäre es denn, wenn du uns ab und zu im Garten unterstützt? Der kommt bei Katharina und mir immer zu kurz, weil wir einfach so viel zu tun haben. Und du bist doch fit und hast echten Spaß an der Gartenarbeit – und zwei grüne Daumen noch dazu! Da könntest du uns also wirklich helfen und uns unterstützen. Schenke uns deine Zeit!«

Rosi schluchzte weiter und begann gleichzeitig, ein bisschen zu lächeln: »Meint ihr wirklich? Euer toller Garten hätte wirklich etwas mehr Pflege verdient – und ich liebe Gartenarbeit. Aber mein kleiner Balkon gibt da nicht viel her!«

»Abgemacht: Und andere Geschenke – außer deiner Zeit – gibt's in Zukunft nicht mehr!«

Rosi wischte sich die Tränen weg und guckte mich an. »Doch. Ich möchte euch auch in Zukunft etwas schenken, denn mich macht das glücklich – da bin ich ganz egoistisch! Aber ihr sagt mir ab jetzt einfach, womit ich euch eine Freude machen kann. Und ich erspare mir die stundenlange Suche und die vielen Überlegungen, was denn zu euch passen könnte.«

Rosi ist die Beste

So ist sie, meine Schwiegermutter Rosi. Patent, lieb und ziemlich praktisch veranlagt. Außerdem ist sie glücklicherweise weder empfindlich noch nachtragend, denn sonst wäre mein Geburtstag mit Sicherheit anders gelaufen. Doch so wurde es ein tolles Fest, das erst weit nach Mitternacht endete.

Heute, zwei Tage nach diesem Tag der Wahrheit, ist Rosi hier und startet ihre Arbeit in unserem Garten: Sie mäht gerade den Rasen. Das tut sie mit Hingabe und sichtlichem Vergnügen. Zwischendrin nippt sie immer mal wieder an ihrer Weinschorle und nascht vom Streuselkuchen, den ich für sie gebacken habe – denn den mag sie sehr.

Gleich kommen meine drei Männer vom Baumarkt wieder. Gestern haben wir alle zusammen einen Plan ausgearbeitet, wie wir unseren Garten in Zukunft nutzen möchten – unter anderem bekommen die Jungs endlich das Baumhaus, das sie sich schon so lange wünschen. Schließlich haben Philipp und ich nun endlich Zeit, uns darum zu kümmern, weil Rosi uns ja jetzt die Gartenarbeit abnimmt.

Ah, da sind sie schon, die drei Herzbuben – und wie ich ihnen eben durch das Fenster zuwinke, was sehe ich da an der Terrasse mitten im Beet? Einen Gartenzwerg? »Rooosiii!«

Jugendsünden

Ich stand in Unterwäsche vor dem Spiegel im Schlafzimmer und verrenkte mir beinahe den Hals, weil ich mein Schulterblatt betrachtete. Der schwarze, dezente Schriftzug war so deutlich zu sehen, als hätte man die Tinte erst gestern auf meine Haut aufgetragen, nicht schon vor knapp zehn Jahren. »Jonathan« stand in fein säuberlich gestochenen Buchstaben da. Während unsere Liebe mit jedem Jahr mehr verblasst war, war die Tinte noch da und erinnerte mich an eine Zeit, in der ich noch gedacht hatte, dass manche Dinge ewig währen.

Ich zog mir einen Pullover über den Kopf und verbarg den Makel auf meiner Haut. Wie dumm ich doch gewesen war. Heute machte ich mich über andere lustig, wenn sie sich die Namen ihrer Partner eintätowieren ließen. In einer Zeit, in der nichts für immer hält, in der wir bei den ersten Problemen davonlaufen, war so etwas viel zu gutgläubig. Ich lachte und war gleichzeitig wütend, dass ich diese Hoffnung nicht mehr in mir trug, die damals mit jeder surrenden Berührung der Nadel gewachsen war. Manchmal wollte ich meine Schulter mit den bloßen Fingernägeln bearbeiten und die Tinte einfach aus den unteren Hautschichten herauskratzen, bis nichts mehr von Jonathan in mir war.

Dabei hatte alles so gut angefangen: Wir lernten uns in einem Irish Pub kennen und starrten uns über die Tischreihen hinweg an, beide zu schüchtern, den ersten Schritt, das erste Wort zu wagen. Als ich ihm später am Abend aus Versehen mein Bier über die Hose schüttete, war das Eis gebrochen. Er erzählte mir, dass er irische Vorfahren hatte und ein paar-mal im Jahr zu seiner Familie väterlicherseits flog. Er hatte diesen kaum merklichen Akzent, den ich damals unglaublich süß fand.

Mittlerweile zählte dieser Akzent zu einer Liste von vielen Dingen, die ich nervig und schrecklich und zum Verrücktwerden fand. Weil diese Eigenheiten andere Frauen anlockten und ich nur zusehen konnte, wie Jonathan immer selbstbewusster wurde und mein Vertrauen mit jedem Jahr mehr bröselte.

Ich verließ das Haus, um joggen zu gehen. Nicht weit von unserer Wohnung gab es einen See, um den ich immer dann lief, wenn ich etwas aus mir herausschreien musste – was ich viel zu selten tat und sich dementsprechend sofort auf meinen Körper auswirkte. Nach dem ersten Kilometer war ich fix und fertig, schwitzte und fühlte ein Brennen auf meiner Schulter, als wollte Jonathan mich auslachen.

»Raus aus meinem Kopf«, sagte ich laut und die wenigen Passanten warfen mir irritierte Blicke zu.

Während ich rannte, überlegte ich, wann der große Wendepunkt gewesen war, ab dem alles schiefgelaufen war. Es war wohl nach unserem ersten Streit dieser Art, bei der man tagelang danach nicht mehr miteinander spricht und die eine oder andere Nacht auf dem Sofa einer Freundin verbringt, weil man Stolz und Wut nicht überwinden kann. Während eines Familienessens bei Jonathans Eltern hatte ich den tödlichen Fehler begangen zu erwähnen, dass das Thema Kinder bei uns derzeit noch keine Rolle spielte. Jonathan war zwar derselben Meinung gewesen, aber er hatte immer darauf beharrt, dass wir seiner Familie dies erst einmal nicht unterbreiten sollten. Und prompt hatte ich mich in das schwarze Schaf der Familie verwandelt, ohne dass er mich vor all den entsetzten Gesichtern in Schutz nahm. Wir hatten irgendwann Versöhnungssex und eine Weile lief alles wie immer, aber unter der Oberfläche brodelte etwas, was sich von nun an festgesetzt hatte.

Dabei erinnerte ich mich noch genau daran, wie es früher gewesen war; wie jung wir waren und außergewöhnlich und unzertrennlich; wie wir Hand in Hand über die Straßen gerannt und dann, lachend und prustend, weil der strömende Regen in unsere Kragen hinablief, vor diesem Tattooladen stehen geblieben waren. Das Schaufenster war gefüllt mit Zeichnungen, mit Skizzen und Bildern, die mich überwältigten. Ich war so mutig wie noch nie in meinem Leben und Jonathan so gerührt von meiner Absicht, für immer mit ihm zusammenbleiben zu wollen, dass ich mir diese Ewigkeit in die Haut einbrennen lassen wollte. Da war ein Zauber in der Luft, der uns zusammenschweißte und alles möglich zu machen schien.

Aber der Alltag zerstört jeden Zauber und bei uns war es am Ende nicht anders gekommen.

Frustriert kam ich auf der Hälfte der Strecke zum Stehen und stützte mich, nach Luft schnappend, auf meine Knie. Über meinem Kopf zogen sich die Wolken zu einer Unheil verkündenden, dunkelgrauen Masse zusammen. Ein paar Regentropfen fielen auf den Weg. Die wenigen Leute, die sich mit ihren Decken am Ufer niedergelassen hatten, packten eilig ihre Habseligkeiten zusammen. Trotz eines unangenehmen Ziehens in den Waden lief ich weiter und versuchte, so schnell ich konnte, am Ufer entlangzurennen, fort von Regen und Wolken und den Gedanken an Jonathan und unser verkorkstes Zusammensein.

Als ich daheim ankam, war ich pitschnass und mein Kopf voll von Gefühlen, die ich eigentlich hatte wegwaschen wollen. Wütend auf Jonathan und mich und auf einfach alles warf ich die nassen Klamotten in den Trockner und gönnte mir ein heißes Bad als letzte Maßnahme, mich abzulenken.

Gerade als ich mich in das dampfende Wasser gleiten lassen wollte, klingelte es an der Tür. Frustriert stöhnte ich auf.

Hatte Jonathan etwas vergessen, als er seine Tasche gepackt hatte, um für ein paar Tage zu einem Kumpel zu ziehen? Bis wir wussten, wo wir standen. Bis die Pause vorbei war oder am besten die ganze Beziehung.

Wütend schlang ich mir ein Badetuch um den Körper und stapfte zur Tür, um sie aufzureißen und meinen Besucher böse anzufunkeln.

»Was zur Hölle machst du noch ...?!«

Jonathans Mutter stand vor mir.

Ich saß wie ein Häufchen Elend auf meiner eigenen Couch und ließ mir von Gerta Kaffee aus meiner eigenen Kaffeemaschine aufsetzen. Der Duft zog durch die gesamte Wohnung und hüllte mich in etwas ein, das sich wie Entspannung anfühlte.

Es war nicht so, dass Gerta und ich uns nie verstanden hätten, zumindest nicht offensichtlich. Aber unter der Oberfläche waren wir uns immer fremd gewesen, ein wenig wie zwei sich umkreisende Löwinnen, die ihr Revier markieren mussten: in unserem Fall Jonathan. Seit der Kindersache vor zwei Jahren hätte ich schwören können, dass es ihr nicht das Geringste ausgemacht hätte, wenn ich mich einfach in die nächste Wüste verzogen hätte.

Die Tasse mit schwarzem Kaffee - woher wusste sie, wie ich ihn am liebsten mochte? - landete vor meiner Nase und ich klammerte mich daran fest. Mittlerweile trug ich einen dicken Pullover und eine Trainingshose. Draußen goss es in Strömen. Ich trauerte um das eingelassene Badewasser, das nebenan erkaltete.

Gerta setzte sich nun mit einer Tasse Kaffee mir gegenüber. Ihr Blick war forsch, ein wenig streng sogar, genau so, wie ich ihn kannte. Ich nippte am Kaffee und stellte missmutig fest, dass er Gerta besser gelungen war als mir. Verdammt, sogar der Kaffee ließ mich im Stich.

»Was treibt dich hierher?«, fragte ich schließlich, als die Stille im Raum unerträglich wurde.

Gerta schlug die Beine übereinander. Sie war noch sehr jung gewesen, als sie Jonathans Vater geheiratet hatte. Bei der Hochzeit war sie bereits schwanger gewesen. Auf den Fotos, die von Zeit zu Zeit auf Familienfeiern herumgeisterten, konnte man die leichte Wölbung ihres Bauchs sehen.

Dementsprechend war sie noch verhältnismäßig jung und sie wusste, wie sie das Beste aus ihrer Reife machen konnte. Meistens sah sie so anmutig aus, dass ich mich neben ihr wie der sprichwörtliche Elefant im Porzellanladen fühlte.

»Ich wollte einfach mal die Freundin meines Sohnes besuchen«, antwortete sie und lächelte.

Ich traute dem Ganzen nicht; weder dem Lächeln noch der Behauptung. Eine Mutter besuchte nicht einfach so die Schwiegertochter in spe. So lief das nicht.

Die Noch-Freundin, wollte ich sie verbessern, aber ich sprach es nicht aus. Ich wollte ihr nicht auf die Nase binden, wie schlecht diese Beziehung gerade war, wie nah am Abgrund. Schwiegermütter hielten immer zu ihren Söhnen, ganz gleich, was diese zum Status quo beigetragen hatten oder nicht. Also hielt ich wohlweislich meinen Mund, auch wenn es mir schwerfiel. Unbehaglich rutschte ich mit der Tasse in meinen Händen auf dem Sofa herum.

»Ja, also ...«, murmelte ich, »das ist nett von dir.«

Gerta strich ihren Rock glatt, obwohl dieser keine einzige Falte aufwies. Es war mehr die gedankenverlorene Geste einer Perfektionistin. Ich trank einen weiteren Schluck, um das peinliche Schweigen zu füllen.

»Wie geht es dir denn?«, fragte sie dann.

»Gut«, log ich wie aus der Pistole geschossen. »Alles bestens.«

Gerta zog eine Augenbraue hoch und neigte den Kopf. »Ist das so?«

Ich wollte eine Bemerkung darüber machen, wie wunderbar alles war, mit dem Leben und der Liebe, aber da erhob sie sich und zog ihren Blazer aus. Sorgsam legte sie das Kleidungsstück über die Lehne meines Sofas. Darunter trug sie ein schlichtes, schwarzes Top mit dünnen Trägern. Mit der rechten Hand fasste sie ihre Haare zusammen und drehte sich um, sodass sie mit dem Rücken zu mir stand.

Mit großen Augen starrte ich sie an. »Oh«, kam es aus mir heraus.

Sie warf mir einen Blick über die Schulter zu. Dann brachen wir beide in lautes Gelächter aus. Wir lachten, bis uns die Tränen kamen und wir husteten und uns irgendwann den Bauch hielten. Mit dem Handrücken wischte ich die Tränen und die Schminkreste von meinen Wangen.

»Klingt schlimmer als bei dir, finde ich«, sagte Gerta sanft.

Auf ihrem feinen Schulterblatt stand in ungelenken Buchstaben der Name von Jonathans Vater:

»H-E-R-B«

Ich war belustigt, aber gleichermaßen auch verwundert. Die toughe, clevere, erfolgreiche Gerta hatte den Namen ihres Mannes auf ihrer Schulter eintätowiert. Ich hatte mit allem gerechnet, aber nicht damit. Im Gegenteil, ich hätte sie nie für so dumm gehalten, solch einen unumkehrbaren Fehler zu begehen wie ich.

»Wir waren alle mal jung«, sagte sie kichernd, als hätte sie meine Gedanken erraten.

»Hast du es je bereut?«, wollte ich wissen.

Einen Moment sah sie nachdenklich aus, als schweife ihr Blick für einen Augenblick in die Vergangenheit; vielleicht zu einem dieser Tage zurück, an denen man so glücklich war, dass man sich dieses Glück in die Haut schrieb, damit es einen nie wieder verließ.

»Ob ich es je bereut habe?«, wiederholte sie dann und lachte wieder. »Ich habe es schon tausendmal bereut, bei jedem Streit, bei jeder Hürde, bei jedem falschen Wort. Ich war mehrmals kurz davor, eine dieser superteuren Entfernungen durchführen und diese elendige Tinte wegradieren zu lassen.« Sie stockte kurz. »Aber dann begriff ich, dass nicht das Tattoo das Problem ist und dass ich unser gemeinsames Leben auch dann nicht wegradieren würde, wenn das Tattoo fort wäre. Es wäre noch da und zwar als Narbe. Und ich wollte nicht, dass unsere Liebe eine Narbe wird.«

Ich nickte. Natürlich wollte ich auch nicht, dass Jonathan und ich zu einer Narbe wurden, aber ich fühlte mich zu erschöpft, um noch um diese Beziehung zu kämpfen. Wir beide waren wie Gegner an einem Tauseil. Wir zerrten um dasselbe, aber in verschiedene Richtungen. Wir zerrten, bis uns der Atem ausging und keiner von uns auch nur einen einzigen Millimeter vorwärtsgekommen war. Wir standen auf der Stelle und erreichten uns nicht mehr. Wir kämpften und kämpften, wir zogen und gaben alles und warfen in die Waagschale, was wir hatten.

Aber irgendwann würde das Seil reißen.

Gerta stand auf und setzte sich neben mich. Dieses plötzliche Geständnis schuf eine ungewohnte Nähe zwischen uns, die ich gern schon früher kennengelernt hätte. Es musste ja nicht immer kompliziert und schwierig sein mit den Schwiegermüttern.

Es musste ja nicht immer kompliziert und schwierig sein mit den Schwiegermüttern.

»Und wie lautet dann das Geheimrezept?«, fragte ich scherzhaft. Herb und sie galten allgemein als Vorzeigepaar.

Sie lächelte und drückte meine Hand. »Nun ja, jeder hat sein eigenes Geheimrezept«, antwortete sie. »Aber was mir geholfen hat, war der Gedanke, das Tattoo nicht als Erinnerung an bessere Zeiten zu sehen, sondern als Warnung, was ich verlieren würde, wenn ich es entfernen ließe. Was zurückbleibt, ist zerstörtes Gewebe. Und ich wollte nie zerstört sein.«

Wir unterhielten uns noch eine Weile und mir wurde leichter ums Herz. Sie erzählte mir Geschichten von früher und von Jonathan, als er mir noch vertrauter gewesen war, und es lag so viel Liebe in ihrer Stimme, dass ich begann, mich nach dem Jonathan ihrer Geschichten zu sehnen.

Als Gerta später am Abend gegangen war, holte ich mein Bad nach, und als mir endlich wieder warm war, schickte ich Jonathan eine Nachricht, dass er vorbeikommen könnte. Während ich auf seine Ankunft wartete, machte ich mich fertig und trug ein dezentes Make-up auf. Ich war nervös und musste mich darauf konzentrieren, nicht mit dem Eyeliner auszurutschen, weil meine Finger zitterten. Als es klingelte, flog ich fast zur Tür und riss sie schwungvoll auf.

»Wusstest du, dass deine Mutter ein Tattoo hat?«, schoss ich hervor wie aus der Pistole.

Jonathan zog irritiert eine Augenbraue hoch. »Was für eine Begrüßung ... Natürlich weiß ich das. Warum fragst du?«

Weil ich keine Narbe davontragen möchte, wollte ich sagen, aber ich ließ es. Ich bat ihn herein und schloss die Tür hinter ihm sorgfältig. Ich drehte mich zu ihm herum und holte tief Luft.

»Ich will dich nicht verlieren. Wir werden einen Termin für dich machen lassen. In diesem Tattooladen. Und dann wirst du es mir nachmachen und wir werden beide eine Warnung haben, dass wir uns nie verlieren dürfen.«

Jonathan stieß einen langen Atemzug aus. »Du bist doch echt verrückt.«

Dann lachte er so lange, bis ich einstimmte. Unser Lachen vertrieb die Fremdartigkeit zwischen uns und ebnete einen Weg, auf dem wir vielleicht wieder zueinander finden würden.

Als meine Schwiegermutter sich mit George Clooney verlobte

»Oma Mathilde spinnt!«, kommentierte mein Sohn Kevin knapp, als er am Nachmittag vom Training nach Hause kam. Er knallte die Haustür hinter sich zu und warf seine Fußballschuhe in hohem Bogen in die Ecke neben der Garderobe. Sand und Schmutz spritzten durch die Gegend und verteilten sich gleichmäßig auf Boden und Wand.

»Kevin, verdammt noch mal!«, schimpfte ich und stellte mich ihm in den Weg, bevor er in seinem Zimmer verschwinden konnte. Seine dunkelbraunen, halblangen Haare waren schweißverklebt, Dreckspritzer zierten seine linke Wange und überhaupt, wie das Trikot wieder aussah! Es war über und über mit Schlamm und Grasflecken beschmiert.

Ich seufzte. Als Mutter von zwei sportbegeisterten Jungs war ich heilfroh, dass ein kluger Mensch vor Jahrzehnten die Waschmaschine erfunden hatte. Ich würde ihm dafür glatt den Nobelpreis verleihen.

Kevin war 14, sein Bruder Moritz wurde nächste Woche zwölf. Ach ja, ein drittes Kind hatte ich auch noch, meinen Mann Thomas.

Ich stemmte beide Hände in die Hüften: »Du räumst sofort deine Schuhe weg und beseitigst die Sauerei im Flur. Wie oft soll ich das noch sagen? Ich bin nicht euer Dienstmädchen, das euch ständig hinterherputzt.«

Kevin setzte eine säuerliche Miene auf. Da er aber nicht an mir vorbeikam, drehte er sich um, schnappte sich seine Fußballschuhe und machte sich auf den Weg ins Bad. Ich folgte ihm und ließ ihn nicht aus den Augen.

»Was meinst du damit, dass Oma Mathilde spinnt?« Ich zog eine Bürste aus der Schublade, die ich meinem Sohn in die Hand drückte. Kevin aß jeden Dienstag bei meiner Schwiegermutter zu Mittag, die am anderen Ende unserer Kleinstadt wohnte. Von dort hatte er es näher zum Fußballplatz und musste nicht zuerst nach Hause fahren. Das war ganz praktisch.

»Oma Mathilde hat einen Neuen.« Kevin sah mich erwartungsvoll von der Seite an.

»Was?«

Er grinste. Ich musste wohl ziemlich verdutzt aus der Wäsche gucken.

»Ja, Oma hat einen Freund. Mann, echt, ich sag's dir. Die ist total verknallt in diesen Typen. Hüpft rum wie auf Wolke sieben und strahlt wie eine Supernova. Echt krank.«

»Und wer ist das? Hast du ihn gesehen?«, hakte ich nach.

»Nö!« Kevin schrubbte seine Fußballschuhe mit der Bürste ab und versaute mir auch noch das Badezimmer. »Sie hat den Kerl in so einem Flirtportal im Internet kennengelernt. Hat sie gesagt. Jedenfalls chattet sie nun ständig mit ihm, auf Facebook oder so. Das ist vielleicht peinlich, wenn so alte Leute rumflirten!«

Mein Sohn ließ sich weiter über das Flirten im Allgemeinen und alte Leute im Besonderen aus. Ich hörte schon gar nicht mehr zu, sondern hing meinen Gedanken nach. Meine Schwiegermutter war also verliebt. Tolle Neuigkeiten. Was Thomas wohl dazu sagen würde? Seit dem Tod meines Schwiegervaters vor ein paar Jahren hatte Mathilde nie erwähnt, dass ihr ein Mann fehlte und sie sich neu verlieben wollte. Und nun suchte sie in einem Flirtportal nach Männern? Unglaublich!

Mein Sohn zog mit sauberen Fußballschuhen in sein Zimmer. Den ganzen Dreck hatte er im Bad verteilt. Gedankenverloren machte ich mich an die Arbeit und schrubbte zuerst Waschbecken und Fliesen und anschließend noch den Flur.

Beim Abendessen waren Schwiegermutter Mathilde und ihr angeblicher Lover Thema Nummer eins.

»Je oller, je doller!«, war das Einzige, das Thomas zwischen zwei Bissen Bratkartoffeln brummte.

Dafür waren meine Jungs ganz aufgekratzt. »Das ist so ein Schönling, graue Haare, aber sieht echt gut aus«, wusste Moritz zu berichten. »Der hat so ein Grübchen am Kinn.«

»Stimmt«, pflichtete Kevin seinem Bruder bei. »Der sieht aus wie George Clooney. Aber das Bild im Internet ist bestimmt gefaket. Das ist doch nicht der echte George. Oma Mathilde kann schließlich kein Englisch. Und außerdem interessiert sich so ein Hollywoodstar bestimmt nicht für unsere Oma.«

»George Clooney ist sowieso vom Markt«, nuschelte ich mit vollem Mund. »Verheiratet.«

»Warum sollte der sich denn nicht für Oma interessieren?«, rief Moritz lachend. »Sooo schlecht, wie du tust, ist Oma Mathilde nun auch wieder nicht.«

Kevin schüttelte den Kopf. »Na hör mal. Diese berühmten Typen haben doch nur Models als Frauen. Mit 'nem dicken Bankkonto, nicht dicke Hüften und Po wie bei Oma.«

»Genau, George Clooney würde gar nicht zu meiner Mutter passen«, meinte Thomas kauend. »Rein figürlich betrachtet.«

Das stimmte. Mathilde kochte nämlich sehr gut. Wenn wir bei ihr eingeladen waren, kamen wir uns vor wie im Gourmet-Restaurant. Immer gab es mindes-

»Genau, George Clooney würde gar nicht zu meiner Mutter passen«, meinte Thomas kauend. »Rein figürlich betrachtet.«

tens drei Gänge mit einem köstlichen Dessert als Abschluss. Mathilde probierte dauernd neue, raffinierte Rezepte und machte mindestens einmal jährlich einen Kochkurs. Auf diese Weise waren im Laufe der Jahre nicht nur ihre Kochkünste, sondern auch ihr Hüft- und Bauchumfang beträchtlich angewachsen.

Thomas schien seine Mutter und ihre Liebschaft nicht sonderlich ernst zu nehmen.

Ich schenkte ihm den Rest aus der Bierflasche in sein Glas. »Vielleicht stellt Mathilde uns ihre neue Liebe ja bald vor. Mich würde der Herr jedenfalls sehr interessieren.«

Insgeheim hatte ich sowieso schon beschlossen, meiner Schwiegermutter morgen einen spontanen Besuch abzustatten. Diesen Mister Clooney wollte ich mir gern mal aus der Nähe ansehen.

Mathildes Pausbäckchen leuchteten wie Blutorangen, als sie mir am nächsten Nachmittag die Tür zu ihrer Wohnung öffnete. Ein köstlicher Duft strömte mir entgegen. Es roch nach Fisch und exotischen Gewürzen.

»Hallo, Mathilde. Mhm, das duftet ja lecker bei dir. Was kochst du denn wieder Tolles?«

Ich folgte ihr in ihre geräumige Wohnküche. Im hoch eingebauten Backofen brannte Licht und ich erkannte eine gläserne Auflaufform, in der etwas Rotes verführerisch vor sich hin schmurgelte.

»Hoo Mog Plaah«, sagte Mathilde.

»Äh, bitte?«

»Thailändischer Fischauflauf mit Kokosmilch und Currypaste«, erklärte sie mir in einem Ton, als könnte ich nicht bis drei zählen. Klar doch. Wie konnte ich als zivilisierter Mensch dieses Gericht nicht kennen und damit auch nur einen Tag überleben?

»Aha«, murmelte ich, »ein Rezept aus deinem letzten Kochkurs?«

Eine Antwort bekam ich nicht, denn Mathildes Aufmerksamkeit richtete sich auf den Bildschirm ihres Laptops, der von mir abgewandt auf dem Küchentisch stand. Sie klickte mehrmals auf der Maus herum und ein glückliches Lächeln erschien in ihrem Gesicht.

»Gute Nachrichten?«, war mein nächster Kommunikationsversuch.

»Natürlich«, erwiderte sie, während sie den Backofen öffnete. Mit zwei selbst gestrickten Topflappen holte sie die Auflaufform heraus und stellte sie auf dem Herd ab. Hoo Mog Plaah dampfte still und verheißungsvoll vor sich hin und ließ mir das Wasser im Munde zusammenlaufen. Ich wandte mich schnell ab, trat zwei Schritte näher an Mathildes Küchentisch und schaute auf den Bildschirm, auf dem ein Chatprogramm geöffnet war.

Es stimmte also, Oma Mathilde chattete mit fremden Männern im Internet. Auf der Seite waren mehrere Chateinträge zu lesen. Mathildes Name war anscheinend »Küchenschätzchen«, ihr Profilbild eine knallrote Chilischote. Das passte zu ihr. Ihr Gesprächspartner nannte sich tatsächlich »George Clooney« und hatte auch das Profilbild des berühmten Hollywoodstars. Was das wohl für ein Typ war? Der echte George Clooney war das sicher nicht.

Als Mathilde bemerkte, dass ich in ihren Laptop starrte, schob sie mich energisch zur Seite.

»Das ist privat«, meinte sie knapp.

»Schon gut«, verteidigte ich mich. »Die Jungs haben erzählt, dass du im Internet eine Bekanntschaft gemacht hast.«

»Die mussten natürlich gleich petzen. Kevin hat sich bloß darüber lustig gemacht. Als ob ich in meinem Alter zu keinen Gefühlen mehr fähig wäre.«

Schnell versuchte ich, die Wogen zu glätten: »Das hat er doch nicht so gemeint. Du weißt ja, wie die Jungs in dem Alter drauf sind. Und außerdem gönnen wir dir doch dein Glück. Trotzdem solltest du vorsichtig sein, wen du im Internet kennenlernst.«

»Du musst mich nicht belehren, Tanja. Ich weiß schon, was ich mache. Es gibt auch seriöse Herren im Internet. Ich pass schon auf mich auf, keine Sorge.«

Eine Frage brannte mir besonders unter den Nägeln und ich konnte mich nicht zurückhalten, sie zu stellen: »Möchtest du denn wieder heiraten?«

Mathilde überlegte einen Augenblick, ehe sie sagte: »Natürlich, was denkst du denn? Schließlich bin ich schon verlobt.«

Sie schaute mich so glücklich an, dass ihre Augen mit der Sonne vor ihrem Küchenfenster um die Wette strahlten.

»Du bist waaas?«

Ich dachte zuerst, mich verhört zu haben.

»Ver-lobt! Ja-wohl!« Mathilde betonte jede einzelne Silbe, als ob sie damit alle meine Zweifel beseitigen könnte.

Ich konnte es trotzdem nicht fassen. »Äh ... du meinst ... du hast dich mit dem aus diesem ... diesem Chat?«

Meine Schwiegermutter schaute mich entrüstet an. »So wie du das sagst, klingt es ja, als hätte ich meinen Verlobten von der Straße aufgesammelt oder aus dem Sperrmüll gerettet.«

Mein Geduldsfaden war kurz vor dem Zerreißen. »Du weißt ganz genau, was ich meine. Wie oft hast du diesen Mann denn schon getroffen? Wohnt der hier in der Nähe?«

»Wir haben uns noch gar nicht persönlich gesehen. Aber das kommt bald, schon am nächsten Wochenende.« Sie lächelte selig.

»Du kennst diesen Menschen nur aus dem Internet?«
Langsam glaubte ich, Mathilde habe den Verstand verloren.
»Bist du verrückt geworden? Wie kannst du dich mit einem
Wildfremden verloben?«

»Das ist pure Menschenkenntnis«, beharrte Mathilde
stur. »Davon habe ich in meinem Alter mehr als genug. Aber
davon verstehst du noch nichts, das hat nämlich was mit
Lebenserfahrung zu tun.«

Wohl eher mit Dummheit, ging mir durch den Kopf, aber
ich biss mir auf die Lippen. Meine Schwiegermutter schien so
dermaßen überzeugt zu sein, in diesem »George Clooney«
den Richtigen gefunden zu haben, dass alle Versuche, sie
davon abzubringen, unweigerlich scheitern mussten.

»Möchtest du mal probieren?« Mathilde hatte inzwischen
eine Portion ihres Hoo Mog Plaah auf einen Teller gehäuft,
den sie mir unter die Nase hielt. Der Auflauf roch herrlich
exotisch und ich steckte mir eine große Gabel davon in den
Mund. Haargenau zwei Sekunden später hätte ich am liebsten Feuer gespuckt.

»Lieber Himmel«, japste ich hilflos und wischte mir Tränen
von den Wangen. »Wie viel Chili hast du denn da reingetan?«

Mathilde kaute seelenruhig. »Ihr jungen Leute vertragt
aber auch gar nichts. Wie kann man nur so empfindlich sein?«

»Verlobt?« Thomas schrie mir das Wort fast ins Gesicht, als ich
ihm beim Abendessen von meinem Besuch bei seiner Mutter
erzählte. »Und sie kennt diesen Kerl nicht mal? Das darf ja
wohl nicht wahr sein!«

Thomas war so aufgebracht, dass er sein Essen nicht
anrührte.

»Sie darf diesen Mann nicht heiraten. Das müssen wir verhindern«, wetterte er weiter und schlug mit der Faust auf den
Tisch, dass die Gläser klirrten. Kevin und Moritz grinsten nur.

»Sag ich doch, Mann«, meinte Kevin. »Oma ist total verknallt.«

Moritz nickte. »Die hat 'ne Meise.«

»Wie willst du das denn verhindern?«, hakte ich bei meinem Mann nach.

»Diesen Typen werde ich mir vorknöpfen. Der kann nicht so einfach meine Mutter heiraten. Da habe ich auch noch ein Wörtchen mitzureden.«

»Vergiss bitte nicht, deine Mutter ist erwachsen«, warf ich ein.

»So verhält sie sich aber gerade nicht.« Thomas legte seine Stirn in Falten. »Könnten das erste Anzeichen einer Demenz sein?«

Ich schwieg ratlos.

»Hat sie gesagt, wann sie sich mit dem Mann treffen will?«

»Ja, sie trifft ihn in Berlin. Im Café Kranzler am nächsten Wochenende.« Wenigstens so viel hatte ich meiner Schwiegermutter über das Treffen mit ihrem Schwarm entlocken können. »Mathilde findet es total romantisch, dass er sie dorthin einlädt.«

»Berlin, das könnte gehen«, murmelte Thomas und aß endlich sein Gulasch, das schon kalt geworden war.

»Willst du ihr etwa nachreisen?«

»Was glaubst du denn? Ich werde doch nicht zugucken, wie meine Mutter in ihr Unglück rennt und am Ende noch irgendein dahergelaufener Hallodri sie beerbt.«

Jetzt schaute ich meinem Mann streng ins Gesicht. »Geht's dir um deine Mutter oder um ihr Geld, das du mal erben willst?«

»Um beides.«

Zwei Tage später ging es los: Thomas und ich wollten Mathilde mit dem Auto zuvorkommen und sie bei ihrem Treffen im Café Kranzler am Kurfürstendamm beobachten, bevor wir eingriffen. Insgeheim musste ich zugeben, dass mir dieses Detektivspiel sogar Spaß machte. Ich war einfach zu neugierig auf diesen »George Clooney« und wollte unbedingt wissen, was für einen Typen meine Schwiegermutter sich da geangelt hatte. Auf der Autobahn wurde meine Anspannung immer größer und richtiges Jagdfieber machte sich in mir breit. Ich zappelte nervös auf meinem Sitz hin und her.

»Lass den Quatsch«, schimpfte mein Mann. Dann haute er mit der flachen Hand auf die Hupe, denn vor uns war ein Lastwagen etwas zu knapp auf die Überholspur gewechselt. »Überleg dir lieber, wie wir es heute Nachmittag im Café Kranzler anstellen können, dass meine Mutter uns nicht erkennt.«

»Wir müssen uns verkleiden«, entgegnete ich.

»Verkleiden? Etwa mit Perücke und so?« Thomas warf mir einen ungläubigen Seitenblick zu.

»Na klar. Ich habe alles dabei. In der Faschingskiste war meine alte Indianerperücke, die passt mir sogar noch. Ich musste nur das bunte Stirnband entfernen.«

Thomas schüttelte den Kopf. »Und was soll ich machen? Mir etwa einen falschen Bart ankleben? Ich mache mich doch nicht komplett zum Affen.«

»Keine Sorge, ich habe deine blaue Baseballkappe dabei und eine alte Sonnenbrille. Außerdem kannst du den Kragen deiner Jeansjacke hochschlagen. Deine Mutter wird ohnehin nur Augen für ihren George Clooney haben.«

»Na hoffentlich«, brummte Thomas.

»Oh Gott, sehen wir bescheuert aus!«

Ich konnte fast nicht glauben, was ich nach dem Umziehen im Spiegel unseres Hotelzimmers, das ich vorausschauend gebucht hatte, weil es nur dreihundert Meter vom Café

248

Kranzler entfernt lag, erblickte: Thomas hatte seine blonden Haare unter die Baseballkappe gestopft, den Kragen seiner alten Jeansjacke, die ihm an den Ärmeln zu kurz und in den Hüften zu eng war, nach oben geklappt und die unmoderne Sonnenbrille auf die Nase gesetzt. Darunter trug er eine verwaschene Jeans

und ein weißes Hemd. Mein eigenes Spiegelbild sah kein bisschen besser aus. Die schwarze Kunsthaarperücke glänzte unnatürlich – jeder halbwegs intelligente Mensch würde schon von Weitem sehen, dass das nicht meine echten Haare waren. Dazu trug ich einen karierten Rock, eine grüne Bluse und schwarze Stiefel.

Ich konnte mir ein Grinsen nicht verkneifen.

»Wenn uns die Polizei in diesem Aufzug erwischt, werden wir verhaftet und in die nächste Psychiatrie eingewiesen. Wegen Erregung öffentlichen Ärgernisses.«

»Ach was«, meinte Thomas. Er schien zuversichtlicher zu sein als ich. »In Berlin laufen so viele kranke Typen durch die Gegend, da fallen zwei Verrückte wie wir doch gar nicht auf.«

In Berlin laufen so viele kranke Typen durch die Gegend, da fallen zwei Verrückte wie wir doch gar nicht auf.

Also machten wir uns auf den Weg. Operation »George Clooney« konnte beginnen. Mein Puls galoppierte wie ein Rennpferd, als wir uns dem Café Kranzler näherten, das in einem Eckhaus lag und schon von Weitem durch die runde Kuppel auf dem Dach auffiel. Am lang gestreckten Balkon hingen Kästen mit knallroten Hängegeranien und darüber flatterte eine rot-weiß gestreifte Markise im Wind. Bei dem schönen Wetter saß Mathilde mit ihrem »Verlobten« bestimmt draußen, ging es mir durch den Kopf. Wir marschierten also durch die Glastür und stiegen die Treppe nach oben. Auf dem Balkon wanderte mein Blick vorsichtig in alle Richtungen. Aber niemand beachtete das Paar mit der merkwürdigen Verkleidung oder schien sich an unserem Outfit zu stören. Mein Herzschlag beruhigte sich ein wenig. Um Punkt 15 Uhr wollte sich Mathilde mit ihrem George Clooney treffen. Ich schaute schnell auf meine Uhr. Zwanzig Minuten noch. Thomas fand einen freien Tisch am Ende des Balkons, von dem aus wir einen guten Überblick über die anderen Plätze hatten. Die meisten Tische waren reserviert, was mich kaum verwunderte, denn das Café Kranzler war eine Touristenattraktion. Wir setzten uns hin und steckten unsere Nasen schnell in die Speisekarten.

»Schön auffällig unauffällig«, kicherte ich wie ein Teenager und Thomas grinste.

»Die Sache fängt an, mir Spaß zu machen«, raunte er mir zu.

Bei einer blutjungen Bedienung im knappen Röckchen bestellten wir Kaffee und Käsekuchen. Kaum standen Tassen und Teller vor uns auf dem Tisch, betrat meine Schwiegermutter den Balkon. Schnell zogen wir die Köpfe ein und schielten hinter den Speisekarten hervor. Aber Mathilde nahm keine Notiz von uns, sondern steuerte auf einen der reservierten Tische am Balkongeländer zu, direkt hinter einem großen Balkonkasten voller Geranien. Sie trug einen grauen Hosenanzug, den ich noch nie an ihr gesehen hatte, darunter ein zartrosa Shirt und eine passende mehrreihige Kette. Ihre Haare waren frisch gestylt und die Wangen und Lippen geschminkt. Zum Glück setzte sie sich mit dem Rücken zu uns an den kleinen Tisch. Vor lauter Aufregung bekam ich keinen Bissen meines Kuchens hinunter. Dafür langte Thomas ordentlich zu.

»Ich hatte ja nichts zu Mittag«, meinte er und futterte mein Stück Käsekuchen auch gleich weg.

Dagegen schien Mathildes Mister Clooney Verspätung zu haben. »Nicht sehr nett von dem Herrn, seine Verlobte hier so lange warten zu lassen«, sagte Thomas, nachdem er bestimmt schon zwanzigmal auf die Uhr geschaut hatte.

Schließlich betrat ein gut gekleideter, älterer Herr den Balkon des Cafés. Er hielt einen Strauß gelber Rosen in der Hand und schaute sich suchend um. Ich hielt den Atem an. Der Mann war eine beeindruckende Erscheinung: groß, schlank und mit weichen Gesichtszügen. Sein grau meliertes Haar schimmerte in der Nachmittagssonne und der dunkelblaue Anzug saß wie angegossen, war bestimmt maßgeschneidert. Für sein Alter sah er unverschämt gut aus und wirkte äußerst elegant. Sein Gesicht erinnerte mich an irgendjemanden, einen berühmten Hollywoodschauspieler. Verflixt, mir wollte der Name gerade nicht einfallen. Aber George Clooney war es nicht.

»Robert Redford«, flüsterte ich Thomas zu. »Der sieht aus wie Robert Redford.«

»Was?« Thomas kaute den letzten Bissen meines Käsekuchens.

»Na, du weißt schon. Der aus *Jenseits von Afrika*. Der Pferdeflüsterer.«

»Quatsch, der sieht doch nicht aus wie Robert Redford«, behauptete Thomas im Flüsterton, obwohl wir nicht in Hörweite der beiden saßen. »Eher wie der andere. Äh, der ... Wie heißt der doch gleich? Der aus *Pretty Woman*.«

»Richard Gere meinst du?« Erstaunt sah ich meinen Mann an. »Im Leben sieht der nicht aus wie Richard Gere. Eher wie Robert de Niro.«

»Jedenfalls nicht wie George Clooney«, beharrte Thomas.

Inzwischen hatte der Mann gegenüber meiner Schwiegermutter Platz genommen und ihr den Rosenstrauß überreicht. Mathildes verzücktes Lachen war bis in unsere Ecke zu hören.

»Aber das wäre doch nicht nötig gewesen«, rief sie. Begeistert steckte sie ihre Nase in die gelben Blüten und sog den Duft ein.

»Also, ich muss sagen«, fing ich vorsichtig an, »wenn dieser Mann tatsächlich dein neuer Vater werden sollte ... Also optisch ist der nicht zu verachten. Und wie ein Heiratsschwindler sieht der auch nicht aus.«

»Abwarten«, gab Thomas zurück. »Ich werde diesem feinen Herrn schon noch auf den Zahn fühlen. Verlass dich drauf. So einfach kriegt der meine Mutter nicht.«

Eine ganze Weile sahen wir zu, wie sich Mathilde und der Mann angeregt unterhielten und immer wieder laut lachten. Zärtlichkeiten tauschten sie allerdings keine aus.

Ja, jetzt fiel mir das erst richtig auf. Er hatte sie nicht mal zur Begrüßung geküsst. Merkwürdig! Und dann wollten die beiden verlobt sein? Außerdem passten sie schon rein äußerlich gar nicht zusammen. Er total gut aussehend und gertenschlank. Und Mathilde? Na ja, hässlich war sie sicherlich nicht, aber ihre Proportionen konnte man wohl als apfelförmig bezeichnen und das in XXL, was eine durchaus nette Umschreibung war. Was wollte so ein Mann also ausgerechnet von meiner Schwiegermutter?

Die junge Bedienung im knappen Röckchen tauchte wieder an unserem Tisch auf und versperrte uns die Sicht auf Mathilde und ihren Verehrer.

»Darf ich abräumen?«, flötete sie und griff, ohne auf eine Antwort von uns zu warten, nach den Tassen und Tellern, die sie zu anderem Geschirr auf ein Tablett stapelte. »Darf es für Sie noch etwas sein?«

»Nein, danke«, sagte ich.

»Ja, ein Glas Wasser, bitte«, meinte Thomas und verrenkte den Hals, um seine Mutter sehen zu können.

Die junge Frau nickte und drehte sich um. Dabei hielt sie das Serviertablett wohl etwas schief, denn eine Kaffeetasse, die auf dem Rand des Tabletts stand, kippte nach hinten weg und fiel direkt in Thomas' Schoß. Kaffeereste bespritzten seine Jeans und das weiße Hemd.

»Können Sie nicht aufpassen?«, herrschte er die junge Frau lautstark an.

Alle Gäste starrten nun zu uns herüber. Selbstverständlich auch meine Schwiegermutter und ihr Verehrer. Mathilde kniff ihre Augen zu schmalen Schlitzen zusammen. So als könnte sie nicht glauben, was oder wen sie da sah. Wie von der Tarantel gestochen sprang sie in die Höhe und steuerte auf unseren Tisch zu.

»Thomas?«, rief sie mit spitzer Stimme. »Thomas, bist du das etwa?«

Jetzt fiel ihr Blick auf mich und mir sackte das Herz in die Hose. Zum Glück hatte ich nichts gegessen, sonst wäre mir der Käsekuchen jetzt womöglich vor Schreck hochgekommen.

»Thomas?«, wiederholte Mathilde verstört. »Tanja? Seid ihr beiden das wirklich? Das gibt's doch gar nicht. Spioniert ihr mir etwa hinterher?«

Thomas und ich saßen da wie geprügelte Hunde. Ich konnte mich beim besten Willen nicht erinnern, dass mir jemals eine Situation in meinem Leben so peinlich gewesen war. In diesem Moment verfluchte ich Thomas und seine blödsinnige Idee, Mathilde hinterherzufahren. Dabei war ich doch selbst bis gerade eben noch begeisterte Privatdetektivin gewesen.

Die junge Bedienung entschuldigte sich inzwischen wortreich und wischte Thomas mit einer Stoffserviette auf Hose und Hemd herum, was allerdings wenig brachte. Schließlich lief sie wie ein aufgescheuchtes Huhn mitsamt ihrem Geschirrtablett davon. Mathilde blieb vor uns stehen und starrte uns an.

»Nun sag doch was«, forderte ich meinen Mann auf, der die Sprache verloren zu haben schien.

»Wir wollten nur wissen ... ähm ... mit wem du dich hier triffst«, stotterte er und wirkte ziemlich hilflos. »Ich meine ... also ... die Sache mit der Verlobung und dann noch George Clooney. Das klingt schon alles recht ... äh ... merkwürdig, das musst du doch zugeben.«

»Und da habt ihr euch gedacht, ihr reist mir einfach hinterher und guckt mal, wen ich mir da so geangelt habe, stimmt's?« Mathildes Mundwinkel verzogen sich zu einem leichten Lächeln und sie machte eine einladende Handbewegung. »Dann werde ich euch meinen Verlobten mal vorstellen. Aber vorher nimmst du dieses blöde Ding vom Kopf, Tanja. Siehst ja fürchterlich aus.«

Schnell riss ich mir die Indianerperücke herunter und wuschelte durch meine Haare, während Thomas seine Baseballkappe vom Kopf nahm. Einige Sekunden später standen wir diesem unverschämt gut aussehenden Herrn gegenüber und ich reichte ihm meine Hand, die er kräftig drückte.

»Darf ich vorstellen?«, begann Mathilde. »Herr Dr. Konrad Kellermann, Seniorchef der Zeitschrift *Besser essen und genießen.*«

Thomas und ich sahen uns erstaunt an. *Der* Dr. Kellermann? Das Oberhaupt der berühmten Verlegerfamilie, die etliche Zeitungen und Zeitschriften herausbrachte? Und dieser Dr. Kellermann verlobte sich mit meiner Schwiegermutter?

»Hier scheint wohl ein Missverständnis vorzuliegen«, sagte Dr. Kellermann mit süffisantem Lächeln.

Völlig verdattert setzten wir uns zu den beiden an den Tisch.

»Frau Mathilde hat schon viele ganz hervorragende Rezepte bei unserer Zeitschrift *Besser essen und genießen* eingereicht, die allesamt veröffentlicht wurden. Unsere Leserinnen sind begeistert«, erklärte er. »Und nun wollte ich diese Perle von einer Köchin endlich persönlich kennenlernen und ihr im Namen unseres Chefredakteurs den Vorschlag unterbreiten, eine wöchentliche Kochserie in unserer Zeitschrift herauszubringen. Frau Mathildes Kochkurs. Deshalb habe ich sie gebeten, sich heute mit mir zu treffen. Sie erwähnte in unserem Chat, dass sie noch nie im Café Kranzler war. Diesen Wunsch wollte ich ihr gern erfüllen.«

»Und die angebliche Verlobung?«, fragte ich, »... mit George Clooney?«

»Oh, ich bitte um Verzeihung.« Dr. Kellermann hob entschuldigend die Hände. »Ich benutze im Internet nie meinen richtigen Namen, immer ein Pseudonym. Gern George Clooney, denn meine Frau ist ein großer Fan des Schauspielers.«

»Ihr habt wirklich geglaubt, ich hätte mich verlobt? Einfach so, ohne euch den Mann vorher vorzustellen?« Mathilde sah uns kopfschüttelnd an. »Für wie blöd haltet ihr mich eigentlich?«

»Aber Kevin und Moritz haben deine Turtelei mit George Clooney doch auch mitbekommen«, versuchte ich mich an einer halbherzigen Erklärung. Ich grübelte immer noch, an wen mich der Verleger erinnerte.

Mathilde verzog das Gesicht. »Kevin hat sich nur darüber lustig gemacht, dass sich Leute in meinem Alter nicht mehr verlieben könnten. Als ob man mit sechzig plus keine Gefühle mehr hätte. Da hatte ich die Idee mit dem Flirtportal und habe ihm was vorgespielt. Und wie ihr seht, ist er mir ganz schön auf den Leim gegangen.«

Schließlich verabschiedeten Thomas und ich uns von den beiden.

»Wir haben nämlich noch ein paar geschäftliche Dinge zu besprechen«, erklärte uns Mathilde mit wichtiger Miene.

Thomas und ich verließen das Café und spazierten Richtung Kurfürstendamm. Mitten im Touristentrubel fiel es mir wie Schuppen von den Augen und ich zupfte Thomas wild am Ärmel: »Jetzt weiß ich's endlich: Harrison Ford – der war's!«

Deine Mudda und ich

Es klingelte an der Tür.

»Du machst auf«, sagte Johanna, ohne die Augen vom Bildschirm zu nehmen, »ich warte auf dich.«

»Deine Mudda macht auf!«, gab ich zurück und setzte zu einem brutalen Angriff an.

Johanna ließ kurzerhand den Controller fallen und sprang auf.

»Nein«, rief ich, »so komm ich doch komplett aus dem Flow. Wir müssen den Kampf noch zu Ende bringen!«

»Pause!«, rief sie, während sie im Flur verschwand.

»Deine Mudda macht Pause«, murmelte ich und starrte düster auf den Bildschirm, wo der Cyborg Bryan Fury gerade zu einer Angriffsserie angesetzt hatte, mit der er die zarte Anna Williams in ihrem Cocktailkleid und den hochhackigen Schuhen durch die Luft schleuderte. Ihr Power-Balken war schon ziemlich erschöpft und ich war mir sicher, dass ich ihr den Todesstoß hätte verpassen können, bevor sie wieder auf die Beine gekommen wäre.

Da musste man durchziehen! Wenn die Magie einmal unterbrochen war, konnte alles passieren! Hier ging es schließlich um was.

»Wenn ich das Ding jetzt verliere, zählt das aber nicht«, rief ich Johanna hinterher. »Ich mache jedenfalls nicht die gesamte Woche den Abwasch, weil irgendein Depp am Freitagabend um halb zehn bei uns klingelt!« Mir war klar, dass ich kindisch klang. Aber nachdem ich vor zwei Wochen unser beziehungsinternes Turnier verloren hatte und in der Folge alle Fenster unserer Wohnung putzen musste, verstand ich in der Richtung keinen Spaß mehr.

Tekken war zu einem festen Ritual in unserer Beziehung geworden und die meisten Streitigkeiten und Konfrontationen regelten wir darüber am Bildschirm.

»Halli-Hallo-Hallöchen! Was geht ab?«, ertönte es fröhlich von der Wohnungstür.

Neben Johanna, die nicht besonders glücklich aussah, stand eine ältere Dame, bestimmt über sechzig, und winkte mir mit einer Hand zu, die in einem pinkfarbenen Handschuh steckte. Ich hatte bereits Fotos von Johannas Mutter gesehen, sie aber noch nie persönlich getroffen. Das Bild, das sich mir bot, passte in keinster Weise zu der Tonspur.

Johanna und ich führten seit knapp zwei Jahren eine Beziehung. Letzten Herbst war sie zu mir gezogen und irgendwie hatte ihre Mutter bisher keine große Rolle gespielt. Johanna erwähnte sie nicht einmal besonders oft.

Jetzt erst fiel mir der Koffer auf, den Frau Schulze in der anderen Hand hielt.

»Was wird das, Mama?«, fragte Johanna, offenbar mindestens so benommen wie ich. Langsam drückte ich mich aus dem Sessel hoch und ließ den Controller sinken.

»Ich dachte, ich besuche euch zwei einfach mal in Berlin. Schaue mir an, wie ihr so lebt. Vielleicht können wir was unternehmen. Gemeinsam um die Häuser ziehen.« Mit hoher Stimme und komplett ohne erkennbare Melodie sang sie:

»Berlin! Hör ich den Namen bloß, da muss vergnügt ich lachen! Wie kann man da für wenig Moos den dicken Wilhelm machen!«

»Du willst aber nicht hier wohnen, oder?«

Ich hatte Johanna selten derart fassungslos erlebt. Sie schien sogar etwas bleich um die Nase zu sein.

»Natürlich!«, antwortete Frau Schulze, stellte den Koffer ab und zupfte sich die Handschuhe von den Fingern. Dann schob sie sich an Johanna vorbei, um ins Wohnzimmer zu treten. »Ich werde mit meiner bezaubernden Tochter und ihrem Lover in ihrer Bude abhängen! Mucke hören und ...« Sie sah mich an. »Habt ihr was zu rauchen da?«

Ich werde mit meiner bezaubernden Tochter und ihrem Lover in ihrer Bude abhängen!

Verdattert hielt ich ihr die Hand hin, die sie geistesabwesend schüttelte, den Blick dabei auf das Standbild von Bryan und Anna gerichtet. »Was schaut ihr da? Comics?«, fragte sie und setzte sich in den Sessel neben meinen.

»Du kannst nicht einfach hierbleiben. Wir haben kein Bett für dich«, protestierte Johanna, die nur zögerliche Schritte vom Flur in unsere Richtung machte, als könnte sie das Unglück damit noch abwenden.

»Ach, das macht doch nichts. Ich schlafe auf der Couch«, sagte Frau Schulze, winkte ab und klopfte auf das Polster neben sich, als würde sie sich mit einem Pferd anfreunden. »Ich brauche nicht viel Platz.«

»Entschuldigen Sie uns einen Augenblick?«, brachte ich endlich heraus und nahm Johanna am Arm, um sie hinter mir her in die Küche zu ziehen.

»Nenn mich Annemarie!«, rief mir Frau Schulze hinterher.

»Die kann nicht hierbleiben«, zischte ich. »Morgen kommen Mario und die Jungs vorbei, zum Zocken.«

Johannas Gesichtsausdruck veränderte sich. Bis gerade eben war sie verwirrt und leicht verärgert gewesen, auf ihre Mutter. Jetzt war sie sauer auf mich, richtig sauer.

»Meinst du, das weiß ich nicht? Warum, glaubst du, hast du sie noch nie kennengelernt?«

»Deine Mutter?«

»Ja, meine Mutter. Was denkst du?«, bohrte sie nach.

Ich überlegte. »Weiß nicht. So lange sind wir ja noch nicht zusammen«, antwortete ich lahm.

»Du bist ein Deppl«, schoss sie zurück und wandte sich ab, um das Geschirr in die Spülmaschine einzuräumen.

Ich hatte eine Vermutung, warum ihr meine Antwort nicht gefiel. Zwischen uns lief es toll. Wir besaßen die gleiche Art Humor, wir lästerten gern über ähnliche Leute, wir hielten zusammen wie Pech und Schwefel und wir stellten uns unsere Zukunft ganz ähnlich vor: im Schaukelstuhl auf der Veranda sitzend mit einer Wolldecke auf dem Schoß. Und einer Schrotflinte unter der Decke. Johanna hatte mir zu unserem einjährigen Jubiläum ein großes Schild geschenkt, auf dem stand: »Runter von meinem Rasen!«

Ich liebte das Schild und ich liebte sie.

Und genau deswegen hatte ich sie jetzt wütend gemacht. Weil sie mir ihre Mutter vermutlich längst vorgestellt hätte, wenn es bloß darum ginge. Bei meinen Eltern war sie schon nach ein paar Monaten gewesen. Wir waren beide davon überzeugt, den Rest unseres Lebens miteinander zu verbringen; keiner von uns käme auf die Idee, den besten Kumpel, den wir jemals hatten, wieder gehen zu lassen.

»Okay, weswegen dann?«, fragte ich und signalisierte mit Hundemiene, dass mir klar war, dass ich etwas Dummes gesagt hatte.

Johanna machte Anstalten zu antworten, zögerte und ließ dann die Arme fallen. »Ich bin ausgezogen, als ich 17 war.«

Ich nickte.

»Sie hat sich nie großartig um mich gekümmert. Ich meine, sie hat mich nicht vernachlässigt oder so.«

Sie sah mich hilflos an, als hätte sie Schwierigkeiten, ihre Gefühle in Worte zu fassen. »Sie hat mich in den Wahnsinn getrieben. Als Teenager schon. Ich hatte eine Mutter, die fast fünfzig war und sich trotzdem immer benommen hat, als sei sie die Jüngste von uns. Du kannst dir nicht vorstellen, wie sehr ich mich für sie geschämt habe.«

»Bist du deshalb von zu Hause weg?«

»Auch, ja. Und weil ich keine Lust mehr hatte, mich um sie zu kümmern.«

»Dann schmeiß sie raus. Soll sie sich ein Hotelzimmer suchen.«

Und ich kann dich endlich bei Tekken fertigmachen!

Johanna verzog das Gesicht. »Was sie damals getan oder nicht getan hat, nehme ich ihr echt übel. Aber sie ist immer noch meine Mutter. Ich kann sie nicht einfach auf die Straße setzen.«

»Warum nicht?«

Sie schaute mich wieder mit diesem Blick an, der mich so deprimierte. Der besagte, dass sie mich für klüger gehalten hätte. Ich mochte den Blick nicht, weil er ja ganz offenbar bewies, dass ich tatsächlich nicht so clever war, wie sie gedacht hatte.

Ich seufzte. »Okay. Was dann? Wir ertragen sie so lange, bis sie keine Lust mehr hat, als unsere neue WG-Bewohnerin hierzubleiben?«

Johanna schwieg.

»Nicht dein Ernst, oder? Wie lange kann das dauern? Reden wir hier über das Wochenende?«

Sie sagte nichts.

»Eine Woche?«

Immer noch keine Reaktion.

»Was? Länger? Was denn, ein paar Wochen? Einen Monat? Und bitte, bitte, sag jetzt was.«

Sie lächelte gequält. »Ich weiß es nicht. Manchmal schwirrt sie irgendwo nach ein paar Tagen oder sogar Stunden wieder ab. Manchmal bleibt sie länger. Einmal hat sie sich bei so einer Kommune im Schwarzwald ein halbes Jahr lang eingenistet.«

»Und da hat sie auch keiner rausgeschmissen?«

Sie zuckte mit den Schultern. »Vielleicht haben sie es versucht. Aber meine Mutter reagiert nicht gut auf, sagen wir mal, subtile Anspielungen. So was sitzt sie einfach aus. Und die Hippies waren vermutlich nicht allzu grob mit ihr. Erst als sie keine Lust mehr hatte, ist sie von sich aus wieder gegangen.«

Ich stöhnte. Johanna trat dichter an mich heran und senkte verschwörerisch ihre Stimme. »Hör zu, du musst mir helfen.«

»Okay.«

»Wir schließen einen Pakt. Wir vereinbaren, dass wir sie von hier vertreiben. Wie einen bösen Geist. Durch Exorzismus.« Sie bot mir ganz ernst ihre Hand an.

Zögernd schlug ich ein. »Wie machen wir das?«

»Wir lassen sie auflaufen. Machen es ihr so ungemütlich, bis sie vielleicht wirklich genug von uns hat und lieber in eine Pension zieht. Ich fahre sie sogar hin.«

»Bist du dir sicher, dass das klappt?«

»Ich werde sie jedenfalls nicht einfach rauskicken. Okay?«

»Alles klar«, erwiderte ich resigniert.

Hintereinander gingen wir zurück ins Wohnzimmer.

»Ist das ein Spiel?«, wollte Frau Schulze wissen, als wir uns setzten, und zeigte auf den Bildschirm. Instinktiv hatte ich den Controller wieder in die Hand genommen, obwohl ich keine Ahnung hatte, ob Johanna noch in der Stimmung war, unser Match fortzusetzen.

»Ich bin raus«, sagte Johanna und ging, um ihrer Mutter etwas zu trinken zu holen.

»Ich bin drin«, verkündete Frau Schulze fröhlich und schnappte sich den Controller. »Was muss ich machen?«

Nachdem ich mich einen Augenblick gesammelt hatte, beugte ich mich vor und erklärte meiner Schwiegermutter in knappen Worten, um was es ging und was sie zu tun hatte.

»Alles klar, das bekomme ich schon hin.« Mit einem Seitenblick auf mich fügte sie hinzu: »Ich mach dich fertig, du Loser.« Bei meinem Gesichtsausdruck brach sie in lautes Lachen aus.

»FIGHT!«

»Gleich habe ich dich, Bürschchen!«, rief sie, als es eins zu eins stand und sie mehrere gute Attacken hintereinander abgeliefert hatte.

»Deine Mudda hat mich gleich ...«, entfuhr es mir. Als mir wieder bewusst wurde, neben wem ich saß, sah ich wie erstarrt zur Seite. Aber sie grinste bloß, hämmerte auf den Controller ein und entschied das Match für sich.

»Deine Mudda? Das gefällt mir.« Sie sah auf, als Johanna gerade mit einem Tablett ins Zimmer kam, und rief ihr entgegen: »Deine Mudda hat deinen Lover fertiggemacht, Schatz!«

 **Deine Mudda hat deinen Lover fertiggemacht, Schatz!**

Johanna blieb stehen, starrte erst sie und dann mich an. Ich hatte offensichtlich einen schweren Fehler begangen.

»Deine Mudda ist bereit für das nächste Match, sag ihm das!«, sagte Frau Schulze und zappte durch die Charakterauswahl.

»Ich geh ins Bett«, sagte Johanna müde und räumte den unberührten Tee wieder in die Küche.

»Deine Mudda geht ins Bett«, sagte Frau Schulze lachend und attackierte mich. »Aber noch nicht jetzt. Erst muss sie dieses Bürschchen abservieren. Gute Nacht, Schatz«, fügte sie hinzu.

»Gute Nacht, Schatz«, sagte auch ich.

Johanna schloss ohne ein weiteres Wort die Tür zum Schlafzimmer.

Das Wochenende verging wie im Fluge. Wir machten einen Ausflug raus in den Tierpark, ließen uns von den Ziegen das Futter von den Händen lecken und saßen später in den Duft der Tiere eingehüllt im Auto. Wir gingen essen, tranken Wein und machten einen Spaziergang den Landwehrkanal entlang.

Zwischendrin machte ich immer wieder den Fehler, meine Schwiegermutter mit »Sie« und »Frau Schulze« anzusprechen, und bekam jedes Mal die gleiche Antwort.

»Nenn mich Annemarie. Deine Mudda kannst du Frau Schulze nennen.« Jedes Mal lachte sie danach keckernd.

Irgendwann, als wir uns gerade ein paar Boulespieler am Paul-Lincke-Ufer ansahen, zog Johanna mich zur Seite.

»Was zum Teufel machst du da?«, zischte sie.

»Wovon redest du?«, fragte ich. Dabei wusste ich genau, was sie meinte, und setzte eine unschuldige Miene auf.

»Du hältst dich nicht an unseren Pakt, du Verräter!«

»Was denn? Nur weil ich nett zu ihr bin? Sie ist deine Mutter.«

»Ja, genau, meine Mudda.« Sie wackelte mit dem Kopf, um mir klarzumachen, dass das nicht witzig sei. »Ich kann nicht glauben, dass du diesen Scheiß mit ihr angefangen hast.«

»Was?«

»Der Mudda-Scheiß.«

»Es war ein Versehen. Keine Absicht.«

Johanna schaute mich einen Augenblick lang an. Schließlich nickte sie langsam, hatte meine Beteuerung akzeptiert.

»Außerdem – finde ich sie ganz nett.«

Ihre Augen verengten sich erneut zu Schlitzen.

»Was? Ich meine, andere Frauen würden sonst was drum geben, wenn sich ihr Freund so toll mit ihrer Mutter verstehen würde. Schwiegermütter – das ist doch sonst nur ein ewiger Krieg. Freu dich doch, so hast du keinen Ärger zwischen uns.«

»Wir haben einen Pakt geschlossen!«

»Ich verstehe das nicht. Ja, sie ist komisch und sie redet manchmal merkwürdiges Zeug. Und sie verhält sich vielleicht nicht so, wie das eine Mutter tun sollte. Aber das kann auch was Gutes sein. Ich bin nicht dafür verantwortlich, dass ihr Ärger habt. Ich versuche einfach nur, mit euch beiden klarzukommen.«

Johanna musterte mich und sagte mit kalter Stimme: »Den Job machst du berauschend schlecht.« Damit entfernte sie sich.

»Wieso? Annemarie liebt mich«, rief ich ihr halblaut hinterher. Sie zeigte mir, ohne sich umzudrehen, den Mittelfinger.

»Was denn?«, murmelte ich bloß noch. Annemarie saß im Hintergrund auf einer Bank und sah den Boulespielern zu. Sie bemerkte meinen Blick und winkte mir aufgeregt mit ihren pinkfarbenen Handschuhen zu. Halbherzig erwiderte ich die Geste.

Zwei Tage später saßen Annemarie und ich gerade an der Konsole, als Johanna plötzlich mitten ins Bild trat. Ich sah nur noch ihren Hintern, denn sie beugte sich vor und drückte den Reset-Knopf. Schon tauchte der Intro-Bildschirm auf.

»Hey, was soll das?«, protestierte ich und Annemarie sagte: »Sei nicht so, Schatz. Wir wollen nur spielen.«

Johanna drehte sich zu uns um und nickte. »Ich auch. Wir spielen gegeneinander. Ein Turnier. Der Verlierer muss gehen.« Sie sah ihre Mutter mit zusammengezogenen Brauen an. »Packt seine Sachen und sucht sich eine Pension.«

»Deine Mudda muss gehen!«, konterte Annemarie. Ich musste lachen.

»Ganz genau«, sagte Johanna grimmig. »Also los, nimmst du an?«

»Klar, du Weichei. Ich mache dich platt!« Annemarie rückte zur Seite, um Platz für sie zu machen.

Die beiden begannen. Best-of-three, alles oder nichts.

Annemarie mit der agilen Julia Chang und Johanna mit der kleinen Xiao Ling, die mit ihren putzigen Tanzeinlagen jede Niederlage gegen sie besonders bitter wirken ließ. Johanna schien fest entschlossen, ihrer Mutter nicht den Hauch einer Chance zu lassen. Eins zu null für die Chinesin, dann, bämm, gleich das Zwei-zu-Null hinterher. Annemarie – du bist raus!

Bevor ich mein Mitleid für ihr jämmerliches Ergebnis zum Ausdruck bringen konnte, stieß mir Johanna den Ellenbogen in die Seite. »Jetzt du.«

»Was? Um die Ehre, oder wie?«

Sie hielt mir den Controller hin. »Wir beide. Damit wir wissen, wer Chef im Ring ist.«

Die erste Runde ging an mich.

»Who's your daddy?«, rief ich, sprang auf und pumpte den rechten Arm auf und ab.

»Deine Mudda is your daddy«, sagte Johanna und fügte hinzu: »Setz dich wieder hin. Das ist noch nicht vorbei.«

Einen Augenblick schaute ich herablassend auf sie herunter, zuckte mit den Schultern und setzte mich schließlich wieder. »Also gut – Zeit, dir die Luft abzulassen, Puppe.«

Sie schnaubte.

»Fight!«

Wir sprangen vor, prügelten aufeinander ein.

Ich versuchte, ihr durch schnelle Kicks zu begegnen, ihr keine Luft zu lassen, wie mir das im Match davor gelungen war. Aber immer wieder konterte sie mich aus, fegte mich zu Boden. Ich verlor den nächsten Kampf.

»Jetzt geht es um die Wurst!«, verkündete Annemarie aufgeregt.

Johanna erwischte mich auf dem falschen Fuß, schleuderte mich hoch in die Luft, trat nach, drehte mich wie einen Helikopter. Ich sprang auf, wurde erneut erwischt, nach hinten getreten. Meine Power-Anzeige sank immer weiter nach unten, schließlich ein letzter verzweifelter Tritt zur Seite – ein Move, den Johanna vorausgeahnt hatte. Sie fegte mich zu Boden und hatte gewonnen!

Missmutig saß ich noch da, während sie aufstand und den Controller fallen ließ. Annemarie tätschelte mir den Arm und grinste. »Der Zweite ist der erste Loser.«

»Na, danke schön.«

Johanna tauchte wieder auf und stellte Annemaries Koffer vor ihr ab. »Bitte schön.«

»Meinst du das ernst, Schatz?«, fragte diese.

»Todernst.«

Annemarie schien einen Moment zu zögern, nickte dann und sagte: »Spielschulden sind Ehrenschulden.«

Ich wollte mich gerade von ihr verabschieden, als die Noppen meiner schwarzen Sporttasche auf den Dielenboden knallten. Überrascht sah ich Johanna an.

»Was wird das?«

»Das sind deine Sachen, Schatz. Du gehst in die Pension. Mit Mama.«

»Was?« Fassungslos starrte ich beide Frauen an. Johanna erwiderte meinen Blick düster, aber Annemarie fing an zu lachen.

»Deine Mudda zieht aus«, rief sie Johanna zu. Dann boxte sie mich gegen den Arm. »Los, komm schon, du Loser.«

KAPITEL 6
Der ultimative Selbstversuch

Doch was geht eigentlich in so einem Schwiegermuttertier vor? Erstmalige Berichte von der Spezies selbst erhellen ihre Verhaltensmuster und Gedankengänge, teils mit überraschenden Erkenntnissen. Ist die Schwiegermutter vielleicht sogar ein verkanntes Wesen?

Starten Sie den Selbstversuch und finden Sie heraus, zu welcher Unterart der Spezies Sie gehören. Denn Einsicht ist bekanntlich der erste Schritt zur Besserung.

Psychotest: Welcher Schwiegermutter-Typ sind Sie?

Sätze, die »Typisch Schwiegermutter« beinhalten, müssen zwangsläufig voller Vorurteile sein. Denn es gibt sie nicht, die typische Schwiegermutter.

Aber es gibt Schwiegermutter-Typen – und damit sind jetzt nicht die Typen gemeint, die man gemeinhin als »idealer Schwiegersohn« bezeichnet, sondern ... Nun, das erfahren Sie weiter unten. Testen Sie zunächst einfach selbst, in welche Kategorie Sie gehören. (Sofern Sie weiblich sind und schon in die Verlegenheit gekommen sind oder kommen könnten, dass Ihr Nachwuchs Sie zur Schwiegermutter macht.)

Viel Spaß!

Und denken Sie daran: Psychotests lügen nicht.

Niemals ...

Das Schwiegerkind

Ihr Sprössling ist frisch verliebt. Seit einigen Wochen trifft er beziehungsweise sie sich mit einem neuen Schatz, es ist was Ernstes. Nun sollen Sie die neue Partnerin beziehungsweise den neuen Partner kennenlernen. Was denken Sie?

Ich freue mich! Wenn mein Kind diesen Menschen als Herzenspartner ausgewählt hat, kann er beziehungsweise sie ja nur sympathisch sein. Wir werden bestimmt gute Freunde werden! (A)
Da bin ich ja mal gespannt. Meine künftige Schwiegertochter/mein künftiger Schwiegersohn darf mich gleich Mutti nennen, in meinem Herzen ist genug Platz. (C)

Der/dem werde ich erst mal zeigen, wer der wichtigste Mensch im Leben meines Kindes ist. Nämlich ich. Wir werden ja sehen, wie ihr/ihm meine versalzene Suppe schmeckt. (B)

Muss das sein? Ich glaube, an diesem Tag habe ich ein wichtiges Beauty-Treatment, das ich unmöglich verschieben kann. Reicht ja noch bis nächstes Jahr mit dem Kennenlernen. (D)

Die Hochzeit

Ihr wunderbarer Sohnemann oder das liebreizende Fräulein Tochter heiratet und macht Sie zur Schwiegermutter. Der große Tag der beiden Liebenden naht. Wie fühlen Sie sich?

Wenn die doch nur ein anderes Restaurant ausgewählt, den anderen Pfarrer gefragt, die andere Band gebucht hätten ... Aber auf mich hört ja mal wieder keiner! (C)

Wie bitte? Ich würde doch sagen, das ist eher mein großer Tag. Ohne mich gäbe es keine Hochzeit. Ein bisschen Respekt wäre da schon angebracht! (B)

Muss ich da wirklich hin? Ich war doch schon auf meinen eigenen drei bis fünf Hochzeiten ... Eigentlich hatte ich für den Termin eine Kreuzfahrt geplant. (D)

Ich kann es kaum abwarten! Hoffentlich wird es der schönste Tag im Leben der beiden. Ich freu mich so für sie! Sie sind aber auch ein süßes Paar ... (A)

Die Wohnung

Die jungen Leute sind beide berufstätig und haben ein gutes Einkommen. Doch die Wohnung der beiden ist alles andere als nach Ihrem Geschmack. Was tun Sie?

Zum Glück muss ich mir das Elend nicht ansehen! Wenn sie mich sehen wollen, können sie gern zu mir kommen. Aber bitte nicht allzu häufig ... Sonst verwohnen sie mir noch meine Stilmöbel! (D)

Ach, die brauchen einfach ein bisschen Inspiration. Demnächst werde ich mal ein bisschen sauber machen und umgestalten, während die zwei auf der Arbeit sind ... (B)

Aber das ist doch normal. Es ist nun mal eine andere Generation und die Geschmäcker sind doch eh verschieden. Wobei - eigentlich wohnen sie doch ganz hübsch! (A)

Das werden die beiden schon noch lernen. Ich muss mich nur regelmäßig über die hässliche Wohnung auslassen, irgendwann fällt der Groschen bestimmt. (C)

Die Feiertage

Weihnachten, Ostern, Muttertag ... Gemeinsam feiern oder separat? Daheim bei Ihnen oder bei den »Kindern«? Oder vielleicht doch nur telefonieren? Was schwebt Ihnen da vor?

Wozu wurde das Telefon erfunden? Zu viel Nähe tut nicht gut. Ich habe schließlich mein eigenes Leben. Ostern reicht dicke, Weihnachten muss nicht schon wieder sein. Geschenke mach ich eh keine. (D)

Das überlasse ich ganz den beiden. Wenn sie etwas anderes vorhaben, habe ich vollstes Verständnis dafür. Und wenn wir uns treffen - umso schöner. (A)

Wie soll ich den beiden unter die Arme greifen, wenn wir nicht den ganzen Tag zusammen verbringen? Dieses Jahr probiere ich ein neues Gänsebraten-Rezept aus. Die werden staunen! (C)

Da verstehe ich gar keinen Spaß: An sämtlichen Feiertagen erwarte ich die komplette Familie bei mir. Pünktlich - und angemessen gekleidet. Wo kämen wir denn hin?! (B)

Der Nachwuchs

Nach Liebesglück und Heirat bleibt meist auch der Kinder-
segen nicht aus. Man macht Sie zur Oma! Ist das nicht ganz
wunderbar?

Die lieben Kleinen sind ja entzückend, aber so unterernährt und so schmutzig und so oft bei der Tagesmutter ... Da muss ich doch ein-schreiten. Ich glaub, ich ziehe dort ein. (C)
Enkelkinder zu haben, ist fast noch schöner, als Mutter zu sein. Man kann sie genießen, aber ohne all den Stress. Wenn meine Hilfe ge-wünscht wird, bin ich natürlich sofort da. (A)
Besser wäre es gewesen, wenn sie kinderlos geblieben wären. Schlechte Genmischung. Und die Namen erst! Ich hoffe, es kommen nicht noch mehr Babys. (B)
War das wirklich nötig? Wehe, die Blagen nennen mich Oma. Damit jeder weiß, wie alt ich bin? Aber zum Glück wohnen sie ja weit ent-fernt! Kinder sind ja so anstrengend. (D)

Die Auswertung:

Zählen Sie nun bitte, wie oft Sie A, B, C oder D angekreuzt
haben, und schon erfahren Sie, welcher Schwiegermutter-Typ
Sie sind beziehungsweise eines Tages werden könnten. Haben Sie mehrere Buchstaben gleich oft angekreuzt, sind Sie
eine Mischung aus den verschiedenen Typen.

A: Die Schwiegerfreundin

Sie kommen wunderbar mit Schwiegersohn beziehungsweise Schwiegertochter aus, weil Sie sich nicht einmischen,
aber sofort da sind, wenn man Sie braucht. Genau aus dem
Grunde hat man Sie auch gern dabei, ob bei Familienfeiern,

beim ungezwungenen Wochenendausflug oder bei der Einschulung der lieben Kleinen. Sie sind der lebende Beweis dafür, dass es ganz wunderbare Schwiegermütter gibt!

B: Das Schwiegermonster

Manche Schwiegermütter sind wahre Drachen! Dass das kein Vorurteil ist, bestätigen Sie durch Ihre Existenz. Fiese, kleine Bemerkungen gegen Schwiegertochter oder Schwiegersohn gehören bei Ihnen zum normalen Umgangston. Nichts kann man Ihnen recht machen. Sie halten nicht viel von Harmonie, aber auch nichts von gesundem Abstand. Sich nicht einzumischen, ist für Sie keine Option. Schade eigentlich.

C: Die Schwiegerperle

»Meine Schwiegermutter ist mit Gold nicht aufzuwiegen - aber leider auch furchtbar anstrengend«, wird man womöglich über Sie sagen. Oder: »Sie meint es nur gut, ich weiß. Aber ach, sie ist so eine Nervensäge!« Das liegt daran, dass Sie ein Helfersyndrom haben und Ihre Familie beschützen wollen wie eine Löwin ihre Jungen. Aber vielleicht wollen die ab und zu einfach ... ihre Ruhe? Schon mal drüber nachgedacht?

D: Das Schwiegerphantom

Wenn Sie einmal ins Gras beißen, wird man Sie nicht sonderlich vermissen. Denn man wird kaum bemerken, dass Sie überhaupt fehlen. Von Herzlichkeit und zwischenmenschlicher Wärme haben Sie noch nie allzu viel gehalten. Sie haben Ihre Pflicht getan und die eigene Brut aufgezogen, danach waren endlich mal Sie dran. Dass Ihre Enkel Sie höchstens am etwas zu schweren Parfum erkennen, ist zwar schade, aber nicht zu vermeiden.

Der und meine Tochter?

Wer kennt sie nicht, diese wilden Geschichten über Schwiegermütter? Klar, sie sind allesamt böse Hexen und machen ihren Schwiegersöhnen und -töchtern das Leben zur Hölle. So will es der Volksmund. Aber mal ehrlich, gerade aus dieser Quelle kommt ziemlich viel Unsinn. Denn was ist eine Schwiegermutter anderes als eine besorgte Mutter? Es gibt sicherlich genug Schwiegermütter, mit denen der Umgang eher problematisch ist. Ganz im Ernst, mit mir ist das anders.

Ich bin mit meinen Kindern schon immer gut klargekommen. Als richtig coole Mutti hat man da kein Problem. Das sagen alle. Erst recht die Freunde meiner Kinder. Und die müssen es ja wissen, oder?

Nur das mit den Schwiegersöhnen ist wirklich nicht so einfach. Unsere Größte, mittlerweile zwanzig, hat uns da schon so manches interessantes Exemplar angeschleppt. Kein Wunder also, dass ich damals bei dem Andi kritisch war.

Misstrauen? Nein, so würde ich es nicht nennen. Eher Beschützerinstinkt nebst Erfahrung.

Doch von Anfang an:

Es mag jetzt ungefähr ein Jahr her sein, als es wieder einmal so weit war: *Der Neue* kam zum Essen und »diesmal ist es der Richtige, Mama. Ganz sicher«, hatte Isa mir erklärt. Genau wie bei dessen Vorgängern.

Wahrscheinlich müssen Töchter so sein. Nun ja, sagte ich mir, wenn ich meiner Größten diesmal glauben konnte, war er tatsächlich *der Eine* fürs Leben. Mister Right.

Oder ...? Isa konnte sich schon immer schnell für Neues begeistern. Ein neues Hobby, neue Klamotten, neue Freunde ...

Nun, der neue Freund kam immerhin aus gutem Hause. Lehrersohn. Student. Bildungsbürger. Zudem sah er wohl gut aus. Zumindest kam Isa aus dem Schwärmen gar nicht mehr raus. Ich erinnere mich gut, dass ich mir vorgenommen hatte, nicht voreingenommen zu sein und mir den jungen Mann erst mal genauer anzuschauen.

Es war Samstagnachmittag und jeder ging seinen gewohnten Beschäftigungen nach. Bis es klingelte. Meine Tochter, total aus dem Häuschen, stürmte zur Haustür. Die beiden Verliebten flüsterten im Windfang, ich konnte leider absolut nichts verstehen. Erst nach etlichen Minuten hörte ich sie in den Flur treten, bis Isa dann ungewöhnlich schüchtern mit ihrem neuen Freund bei mir in der Küche erschien.

Noah, unser Jüngster, spitzte hinter einem der Balken hervor. Wie konnte man nur so neugierig sein?

Ich tat erst mal so, als wäre ich mit irgendetwas beschäftigt.

»Hallo!« Kleinlaut meldete sich meine Größte zu Wort. Mit meinem freundlichsten Schwiegermutterlächeln ging ich auf die beiden zu.

Auf den ersten Blick wirkte *der Neue* ganz nett. Wenn nur diese komischen Haare nicht gewesen wären. Da hatte er wohl zu tief in die Geltube gegriffen. Und was hatte er überhaupt an? Sollte das etwa ein Hemd sein? Sah eher aus wie ein Ikea-Sofakissen mit Ärmeln.

Und was hatte er überhaupt an? Sollte das etwa ein Hemd sein? Sah eher aus wie ein Ikea-Sofakissen mit Ärmeln.

»Guten Tag, Sie sind bestimmt Isas Mutter. Ich bin der Andi.« Selbstsicher zeigte er mir eine Reihe gepflegter weißer Zähne. Nur der linke Schneidezahn mit dem gelblichen Fleck stach ein bisschen heraus. Zu meiner Überraschung reichte er mir die Hand. Ein angenehm fester Händedruck, passend zu seinem Auftreten. Aber da sollte er sich mal noch nicht so sicher sein, der Andi. So einfach gewann man mein Schwiegerherz nicht, nur mit Hemd und Handschlag und frisch geduscht. Da musste er sich schon ein bisschen mehr ins Zeug legen.

»Hallo«, erwiderte ich leger den Gruß. Schließlich wollte ich auch als coole Mutter wahrgenommen werden.

Erst jetzt sah ich die Blumen, die er hinter seinem Rücken hervorzauberte. Na, da hatte wohl einer ernste Absichten. Wenn es keine weißen Nelken gewesen wären, hätte er sicherlich Eindruck auf mich gemacht. Er strahlte. Der Andi.

»Schöne Blumen«, hörte ich mich sagen und dachte dabei an den Friedhof. Denn auf Omas Grab würde sich der Strauß gut machen. »Bis zum Essen dauert es noch. Möchtet ihr noch einen Kaffee trinken?«, fragte ich nicht ganz ohne Hintergedanken. Eine passende Gelegenheit, dem Jungen auf den Zahn zu fühlen.

Meine Tochter sah mich strafend an. Sie hätte ihn wohl gern schnell in ihr Zimmer verschleppt. Doch der junge Mann ging freundlich auf meine Aufforderung ein.

Als Isa ihren Gast ins Wohnzimmer führte, verdrehte sie ihre Augen. Nicht, dass ich das gesehen hätte. Eine Mutter weiß auch so, wann ihr Kind das tut.

»Geht schon mal vor, ich komme gleich mit dem Kaffee.«

Isa und Andi nahmen auf der Couch Platz. Sehr groß war er ja nicht, der Andi. Aber er gab sich locker und überzeugt.

Ob er wohl so nervenstark bleiben würde, wenn mein Mann Peter heimkam?

Manche mögen sagen, dass mein Mann nicht sehr umgänglich ist. Sehr diplomatisch ausgedrückt. Wieder andere schwören auf ihn. Er ist halt ein echter Kumpel. Ein Kerl wie ein Baum. Peter verträgt sich im Grunde mit allen. Außer man kommt ihm dumm. Oder man ärgert seine kleine Prinzessin Isa. Kurz nach der Geburt seiner Ältesten hatte er seinen Kumpels stolz den Baseballschläger präsentiert, mit dem er später die bösen Jungs verhauen wollte. Wehe, es würde einer seine Prinzessin unglücklich machen. Aber man musste Isa nicht mal ärgern oder verstimmen. Nein, es genügte, wenn ihr einer den Hof machte. Das verkraftete Peter überhaupt nicht und das ließ er sich dann auch deutlich anmerken. Na, das konnte ja noch heiter werden. Und spannend, zumindest für den Andi.

Noah, unser Achtjähriger, sah *den Neuen* aus so großen Augen an, dass der sich vorkommen musste wie das achte Weltwunder. Seine elfjährige Schwester Jule war da schon cooler. Sie schwang sich lässig zwischen die beiden auf die Couch. Dann blinzelte sie kokett zu mir herüber.

Schön, das war dann wohl der erste Test: der Geschwistertest.

Schnell stellte ich Milch und Zucker zu den Tassen aufs Tablett und gesellte mich zu den vieren in unseren Wohnbereich.

Mit einem »Vielen Dank« und seinem Glitzerlächeln nahm Andi die Tasse entgegen. Isa saß still daneben und beobachtete mich. Traute sie mir etwa nicht? Dabei wusste sie doch, dass ich als besorgte Mutter nur das Beste für sie wollte.

Andi war clever. Er fing gleich ein Gespräch mit den Kleinen an. Geduldig hörte er zu, wie Noah ihm von seinem letzten Fußballturnier vorschwärmte. Tor für Tor. Zudem erkundigte sich *der Neue* bei Jule, welche Musik sie denn so hörte. Sie unterhielten sich eine Weile über eine exotische Gruppe aus Japan. Er schien sich auszukennen, der Andi. Während er mit seinen zwei verschiedenen Gesprächen jonglierte, suchte seine Hand hinter Jules Rücken nach der von Isa.

Da hatte einer seine Hausaufgaben gemacht. Mal sehen, wie lange er das Spiel aufrechterhalten konnte. Oder sollte er tatsächlich so nett und zuvorkommend sein?

Die Erstreaktion der Geschwister ließ jedenfalls erahnen, dass Andi es leichter haben würde als sein Vorgänger. Schmunzelnd erinnerte ich mich an den Jungen mit der Punkerfrisur und den kajalgeschwärzten Augen. Er hatte es nicht verkraftet, dass unsere Jule seine Schminke zum Malen benutzt hatte. Sein Heulkrampf hatte uns jedenfalls bewiesen, dass er nicht der Coolste war.

Isa warf mir ein Strahlen zu, das ich so nur an Weihnachten von ihr kannte. Und da auch nur, wenn sie das Richtige bekam. Ich musste zugeben, sie sah richtig glücklich aus. Das harmonische Miteinander ließ meine kritische Einstellung bröseln. Aber nur ein klein wenig. Man gewann ein Rennen erst im Ziel und nicht in der ersten Kurve.

Als die Tassen leer waren, wollte Isa aufstehen.

»Noch einen Kaffee?«, fragte ich unseren Gast schnell.

Andi hob ablehnend die Hand. »Danke schön, aber ich ...«

Viel weiter kam er nicht. »Keine Sorge, das macht keine Mühe. Ich bringe dir rasch noch einen.«

Da half es auch nicht, dass Isa mich gequält ansah. Ohne eine weitere Antwort abzuwarten, nahm ich die Tassen und machte mich auf den Weg in die Küche.

Als ich zurückkam, hatten sich die beiden in ihr Schicksal gefügt und unterhielten sich wieder mit den Kleinen.

Andi bedankte sich brav für den Kaffee und ließ seinen Blick über unsere Bücherregale schweifen. »Kleist«, sagte er anerkennend. Dann lächelte er und fing an zu sinnieren: *Fiat iustitia, et pereat mundus.* Ich persönlich halte seinen *Michael Kohlhaas* für einen Meilenstein der Rechtsphilosophie.«

»Bitte?«, rutschte es mir heraus.

Unsicher zeigte er auf die dekorativen, ledergebundenen Bücher, hinter denen Peter den hochprozentigen Alkohol versteckte.

»Ach die«, sagte ich und setzte mein Pokerlächeln auf. »Ja, hinter diesen alten Büchern steckt mehr, als man glaubt.« Schnell wechselte ich das Thema: »Du kommst aus der Gegend von Bamberg, oder?«

Etwas hinter seiner Stirn machte Klick und er begann ein paar Informationen abzuspulen. Sicherlich hatte er sich die vorher zurechtgelegt. Geduldig gab er mir die gewünschten Auskünfte über berufliche Zukunftspläne bis hin zu seinen Verwandtschaftsverhältnissen.

Das Strahlen im Gesicht meiner Tochter wich zusehends einem wütenden Blitzen in meine Richtung. Wenn Blicke töten könnten ...

Andi leerte seine Tasse in Rekordtempo. Dass er sich dabei die Zunge verbrühte, ließ er sich nicht anmerken.

Isa zog ihn hoch in Richtung Treppe, noch ehe ich ihm einen weiteren Kaffee andrehen konnte. Die Kleinen trollten hinterher. Sie wollten ihm unbedingt ihre Zimmer zeigen.

»Bis später«, warf mir der Andi noch entgegen, selbstredend mit einem breiten Lächeln. So viel Aufmerksamkeit bekam ich sonst nicht mal an meinem Geburtstag. Aber nicht nur das verwunderte mich. Auch dass Isa ihre Geschwister nicht gleich abschob, war außergewöhnlich. Heute schien einiges anders zu sein als sonst. Und nicht im schlechten Sinne. Damit hatte *der Neue* den Schwiegermuttertest bestanden.

Leider musste ich jetzt in die Küche, mich um das Huhn kümmern. Weil ich dabei den Kindern noch hinterhersah, lief ich beinahe gegen den Türrahmen. Sachen gibt's.

Die aufgeregten Stimmen verebbten und ich war allein mit meiner Arbeit. So wie meistens. Das Huhn wartete schon auf der Arbeitsfläche. Beinahe anklagend lag der nackte Vogel da und sah mir dabei zu, wie ich den unpassenden Blumenstrauß in eine Glasvase steckte.

Die Nelken waren eigentlich ganz schön. Vielleicht würde ich sie doch nicht auf den Friedhof bringen. Mal sehen.

Mit einem Seufzer, den wie üblich niemand hören konnte, wusch ich mir die Hände und ging ans Werk. Dass dabei immer wieder lautes Lachen bis hinunter in die Küche drang, irritierte mich. So viel Harmonie war ich gar nicht gewohnt.

Fast hätte ich glücklich sein können über *den Neuen*. Das erste Mal in Isas Laufbahn als Männerfängerin brachte sie einen mit nach Hause, der allen zu gefallen schien. Fast allen. Es fehlte noch der ultimative Test: der Vatertest.

Er würde es dem Andi alles andere als leicht machen, der stolze Vater. Schon glaubte ich, die Stimme meines Mannes zu hören: *Noch so ein Student. Einer, der sich zu schade für körperliche Arbeit ist.* Mit seiner handwerklichen Begabung erledigte Peter sämtliche Arbeiten im und ums Haus selbst. Ich wüsste nicht, dass wir jemals einen Handwerker gebraucht hätten.

Zugegeben, seinen Händen nach zu urteilen hatte *der Neue* es wohl nicht so mit der Körperkraft. Kein Wunder, er war ja auch der Spross einer Lehrerfamilie. Wie hieß es doch so schön? Lehrers Kinder, Pfarrers Vieh gedeihen selten oder nie.

Aber ich schweife ab. Nachdem ich eiligst die Füllung zubereitet und in das Huhn gestopft hatte, verschwand die eigens gezüchtete Frau Henne in der Röhre. Ja, das war auch so ein Ding, wo es Probleme geben konnte. Peter hatte einen ganzen Kleintierzoo im Garten. Aber nicht zum Streicheln oder Anschauen. Mein Mann ist da aus einem anderen Holz.

Unser Viehbestand dient eigentlich nur – wie soll ich sagen? – der Nahrungsmittelversorgung. Quasi eine Realalternative zur Mensa, die der Student sicher gewohnt war, mit direktem Bezug zur Natur. Ein Blick hinter die Fleischtheke. Ich konnte mir beim besten Willen nicht vorstellen, dass der Andi schon mal gesehen hatte, wie ein Huhn geschlachtet wird. Oder eine Ente. Oder ...

Mittlerweile hatte ich ein ungutes Gefühl in der Magengegend. Gegensätzlicher konnten die beiden nicht sein, der Peter und der Andi. Mann, Mann, Mann.

Wieder hörte ich Gelächter, alle waren gut gelaunt. Zumindest im Moment. Ich machte mich daran, die Bratkartoffeln vorzubereiten. Insgeheim hoffte ich, dass sich seine Lieblingsspeise positiv auf die Laune meines Mannes auswirken würde. Vielleicht sah ich das alles aber auch viel zu eng. Motiviert machte ich mich ans Tischdecken. Unseren Gast platzierte ich mir gegenüber, etwas weiter weg von Peter, nur sicherheitshalber.

»Kann ich Ihnen helfen?« Es war Andi. Mit dieser Frage überraschte er mich umso mehr.

»Sicher.« Kurz überlegte ich, welche Aufgabe ich ihm übertragen konnte, ohne ihn zu überfordern. »Kümmerst du dich bitte um die Getränke?« Mein Blick zeigte auf die Glasvitrine.

Er nickte und nahm die Gläser heraus. Sorgfältig stellte er Glas für Glas an die passende Stelle. Na, das konnte doch selbst ein Student.

»Trinkt Ihr Mann Bier?«, fragte er und ich nickte.

»Und du?« Ich ließ meine Frage so beiläufig wie möglich klingen. Das, was dahintersteckte, war dagegen ernst. Bierernst, sozusagen. Man hörte ja viel über Studenten und ihren Hang zu alkoholischen Getränken.

Der junge Mann aber lachte und schüttelte den Kopf. »Ich muss doch noch fahren.« Damit war er dem, was ich eigentlich von ihm hatte wissen wollen, elegant ausgewichen.

Lächelnd schnappte er sich die bereitstehenden Wasserflaschen und den Saft in der Küche und trug sie hinaus. Da erschien auch schon Isa von oben und strahlte wieder wie die aufgehende Sonne. Sicher hatte sie ihren Andi bereits vermisst, so verliebt, wie sie war. Nachdem sie ihm das Bier aus dem Kühlschrank gereicht hatte, rief sie mir noch ein »Wir sind wieder oben« in die Küche und die beiden verschwanden aus meinem Blickfeld.

Das war doch jetzt ein netter Zug vom Andi gewesen. Er schlug sich ganz gut. Da hörte ich, wie die Haustür geöffnet wurde.

Peter schnaufte schwer, als er seine Jacke über den Stuhl im Flur legte. Als gäbe es keine Garderobe in unserem Haus. Ich ermahnte ihn nicht. Heute machte das keinen Sinn. Wenn der Peter so demonstrativ nach Atem schnappte, bedeutete das nichts Gutes. Dann hatte ihn jemand geärgert.

Nicht wirklich ideale Bedingungen, seinem neuen Schwiegersohn gegenüberzutreten. Zumindest für den Schwiegersohn. Gedanklich bereitete ich mich schon auf das Schlimmste vor.

Mein Mann erschien im Türrahmen. »Hallo Schatz«, brummte er und klang irgendwie nach gereiztem Grizzly.

»Hi.« Ich bemühte mich, ihn anzustrahlen. »War was?«

Seine Augen verengten sich zu Schlitzen. Au weh. Da hatte er wohl beim Kartenspielen verloren.

»Schau mal, was es gibt«, versuchte ich, ihn aufzuheitern.

Das war im Grunde gar nicht nötig. Seine Nasenflügel bebten bereits leicht, als er den Duft aus dem Ofen wahrnahm. Sofort hellte sich sein Miene auf.

Ich konnte noch nie begreifen, warum sich Männer so über Essen freuen, das sie selbst erlegt haben. Ist wohl so eine Art Urinstinkt. Möglicherweise stimmt es ja auch nicht ganz, dass der Neandertaler ausgestorben sein soll. Vielleicht erklärt das ja den Unterschied zwischen Männern und Frauen. Weil nur Letztere in Wirklichkeit als Homo sapiens zu bezeichnen sind. Nun, das sollen mal schön die Wissenschaftler klären. Plausibel ist es aber irgendwie doch. Vor allem, wenn man den Peter kennt.

Sein Blick erfasste den toten Vogel und ich sah, wie seine Zungenspitze unwillkürlich über die Lippen glitt. Wenn das mal kein Zeichen aufkeimender guter Laune war!

Doch zu früh gefreut. Von oben ertönte lautes Lachen zu uns herab. Peter ahnte etwas. Ohne ein Wort ging er ins Esszimmer.

»Haben wir heute einen Gast?« Vorbei war es mit der aufblühenden guten Laune. Natürlich hatte ihm wieder mal keiner erzählt, dass wir heute solch interessanten Besuch bekamen. Vor allem nicht die Isa. Das durfte jetzt die Mutter richten. Na klar.

»Das habe ich dir doch erzählt«, bluffte ich.

Peter schaute mich an, als hätte ich ihn bei etwas Verbotenem ertappt. Fast tat er mir ein bisschen leid.

»Du ...«, begann er sich zu rechtfertigen. Dann fasste er sich an seine Stirn, als wollte er gestikulieren: »Ach ja.«

Heimlich lachte ich in mich hinein. Das funktionierte immer. »Isas neuer Freund Andi isst heute mit uns.«

Da war es. Peters Beschützergesicht. Eine Bulldogge sah im direkten Vergleich freundlich aus. Gerade schien er zu überlegen, wo er den Baseballschläger versteckt hielt. Mir wurde ganz unbehaglich. Möglicherweise war die Zimmertemperatur auch um ein paar Grad gefallen.

»Und wie ist er so?«, wollte mein Gatte wissen. »Wieder so ein Vollpfosten wie der letzte?« Verachtung schwang in seinen Worten mit.

Jetzt musste ich eingreifen, aber schnell. »Du wirst es kaum glauben, aber ich finde ihn angenehm und er scheint ein wirklich gut erzogener, cleverer Bursche zu sein.«

Ein misstrauischer Blick heftete sich auf mich.

»Weißt du was? Schau ihn dir bitte erst mal in Ruhe an, ehe du ein Urteil fällst. Ich denke, er ist es wert.« Da hatte ich mich jetzt für den Andi weit aus dem Fenster gelehnt. Ob das die richtige Entscheidung gewesen war? Aber wenn ich an Isas glückliches Gesicht dachte, übernahmen meine Mutterinstinkte eben das Kommando.

Mein Mann zog seine rechte Augenbraue hoch und marschierte wortlos in Richtung Treppe. Immerhin ohne Knüppel. Instinktiv hielt ich den Atem an. Peters polternde Schritte erklangen auf den Stufen. Spätestens jetzt wusste Isa Bescheid. Ich wollte nicht wissen, welche Panik sie in diesem Moment schob.

Oben klopfte der Herr des Hauses an ihre Zimmertür. Hoffentlich endete sein Besuch in Isas Zimmer nicht wie eine Shakespeare'sche Tragödie.

Ich hörte, wie sich die Zimmertür wieder schloss, dann nichts mehr, keinen Laut. Flüsterten die etwa? Minutenlang tat sich nichts.

Plötzlich ein seltenes Lachen. Das Lachen meines Mannes. Das gab's doch nicht! Langsam wurde mir die Sache unheimlich.

Noch während ich grübelte und lauschte, wurde Isas Tür schwungvoll aufgestoßen. »Schatz, wie lange braucht der Vogel noch?«

»Etwa dreißig Minuten«, rief ich nach oben.

»Prima«, kam prompt Peters Antwort und machte mich endgültig sprachlos.

Was trieb mein Mann da oben? Und warum zum Teufel fand er es gut, wenn er auf sein Essen warten musste? Ganz ehrlich, das war nun wirklich das erste Mal. Sonst kam nur ein verärgertes Brummen oder ein vorwurfsvoller Blick.

Offensichtlich gut gelaunt kamen der Peter, Isa und Andi die Treppe herunter. Gefolgt von den beiden neugierigen Geschwistern. Mein Gatte warf mir ein Lächeln zu. Ich konnte nicht sagen, ob in seinem Blick etwas Spitzbübisches lag. Die Kleinen gingen ins Wohnzimmer, fröhlich vor sich hin trällernd.

»Komm, Andi, wir gehen in den Keller«, sagte mein Mann. Das Grinsen, das er jetzt aufsetzte, wirkte irgendwie breiter als sonst. Fast schon diabolisch.

Oh nein, schrie es in mir. Bitte nicht in den Keller. Dort hatte Peter seinen Hackstock. Den mit dem Beil. Normalerweise war das für sein Geflügel reserviert. Denn wenn Peter seine Kleintiere verarbeitete, dann ging es eher rustikal zu.

Oh nein, schrie es in mir. Bitte nicht in den Keller. Dort hatte Peter seinen Hackstock. Den mit dem Beil.

Ich folgte den dreien auf dem Fuße.

Auf dem Weg nach unten zeigte sich Andi redselig. Er erzählte, dass er gern Huhn aß.

Peter führte uns in den langen Kellerraum, der direkt an die Garage anschloss. Die Neonröhren flackerten widerwillig, als er den Schalter betätigte. Vielleicht sprach deswegen zunächst niemand. Doch dann enthüllte das kalte Licht den hüfthohen Holzblock mit den rotbraunen Spuren. Samt Beil.

Willkommen bei Hannibal Lecter.

Ich glaubte, Isa war mehr als nur ein bisschen grün im Gesicht. Andi dagegen schien wenig beeindruckt zu sein.

Der junge Mann fing an zu lachen. »Ist wie in einem Horrorfilm.«

Sekunden verstrichen, dann stimmte Peter mit ein. Isa bemühte sich um ein schwaches Grinsen.

Super, Andi. Das hatte er gut gemacht.

»Als Kind war ich in den Ferien immer auf dem Bauernhof meines Onkels«, erklärte Andi. »Ich habe schon oft beim Schlachten zugesehen. Früher. Und die Eier geholt.«

Er fachsimpelte unbeschwert mit Peter, dass es fast schon harmonisch wirkte.

Nachdenklich betrachtete ich meine Tochter. Wie viel hatte sie diesem Vorzeigeschwiegersohn eigentlich von uns verraten? Hatte *der Neue* etwa unsere Familie studiert und sich kleinlichst auf das Zusammentreffen vorbereitet? Immerhin war er Student. So was wie Prüfungsangst musste er kennen.

Aber ob das reichte, bei einem Schwiegervater wie Peter? Ich sah etwas in den Augen meines Mannes, das mir überhaupt nicht gefiel. Er führte etwas im Schilde.

Peter führte unseren Gast weiter durch den Keller. Stolz präsentierte er seine Werkstatt. Hier gab es alles, absolut alles für den Heimwerker. Und Andi bewies, dass er die Werkzeuge sogar beim Namen kannte. Alle Achtung, das hatte ich ihm jetzt wirklich nicht zugetraut. Auch der Peter staunte kurz.

Durch die Garage verließen wir das Haus und gingen nach draußen. Mit jedem Schritt kamen sich die beiden Männer näher. Im Garten zeigte mein Mann dem Andi die eigens errichtete Gartenhütte mit Terrasse und gemauertem Grill. Unser Gast war begeistert und die beiden schwärmten von netten Grillabenden und Fußball.

Na, da konnte ich beruhigt durchatmen. Es schien alles gut zu laufen. Isa warf mir einen stolzen Blick zu. Zu Recht.

Doch ich hatte mich zu früh gefreut. Denn nun ging es in den hinteren Teil unseres Grundstückes, wo sich besagter Kleintierzoo befand. Klar, Peter wollte es jetzt genau wissen. Der Vatertest ging dem Ende entgegen. Nur dass der Höhepunkt dem Andi noch bevorstand. Der Junge ahnte nichts. In mir steigerte sich die Unruhe von Schritt zu Schritt. Isa warf mir einen unsicheren Blick zu.

Nein, Peter wollte gewiss nicht mit seinen Enten und Erpeln angeben. Oder mit den Hühnern. Er führte etwas anderes im Schilde.

Wie auf Befehl ertönte das heisere Krähen. Hinter den Hühnern und Enten befand sich ein einsamer Zaun aus Metallgeflecht. Den Peter bereits dreimal verstärkt hatte. Hinter dem Zaun saß ein alter Hahn, das Federkleid schwer ramponiert. Der Schnabel war bereits stellenweise abgesplittert. Die Augen funkelten tückisch.

Rambo.

Ein paar vereinzelte Hühner gackerten im Hintergrund herum. Mit gesenkten Köpfen, denn keines wollte diesem Hahn zu nahe kommen. Das konnte ich gut verstehen, mir ging es ebenso. Dieses Tier wurde seinem Namen nur zu gerecht.

»Peter ...«, setzte ich an, doch mein Mann ließ mich nicht aussprechen.

»Andi, kannst du uns mit den Eiern helfen?« Er streckte sich verräterisch. »Die dummen Hühner legen sie immer ganz hinten in den Kasten und da komme ich nicht mehr so gut hin.«

Zuversichtlich griff Andi nach der Gittertür.

Isas Stimme klang mit einem Mal sehr schrill. »Aber Papa ...«

Der Junge winkte lässig ab. »Ist kein Problem. Habe ich schon hundertmal gemacht.«

Peters Grinsen offenbarte die ganze Heimtücke. Ich hoffte nur, dass Andi diese Prüfung überleben würde.

Mit einem Schnappen zog der Gast das Schloss auf. Dann stand er im Gehege. Ob es ihn misstrauisch machte, dass Peter hastig die Tür hinter ihm zuwarf?

Andi zuckte mit den Schultern und machte einen Schritt ins Innere. Dabei beobachtete ihn Rambo irritiert. Sein schmaler Kopf zuckte hin und her. Einmal mehr kam mir dieses Tier vor, als wäre es der Hauptdarsteller in Hitchcocks *Die Vögel* gewesen.

»Wie viele Eier müssten es denn sein?« Andis Frage klang unbeschwert.

Ich betrachtete Isa aus den Augenwinkeln. Sie schielte auf das verrückte Federvieh. Sie hatte aus Erfahrung einen Heidenrespekt vor Rambos Schnabel. Dabei war der eher harmlos im Vergleich zu ...

Während sich unser Gast bückte, senkte der Hahn kaum merklich seinen Kopf. Dann stürzte er los.

Überrascht sah Andi den Vogel auf sich zustürmen. Ihm entglitten sämtliche Gesichtszüge, als Rambo zum Sprung ansetzte. Ich kannte das. Man sah es zwar irgendwie kommen, aber dann war man doch hilflos. Irgendwie gelähmt.

Der Hahn breitete seine Flügel aus und flog direkt auf sein Opfer zu. Seine dürren Beinchen waren auf bizarre Weise gestreckt. Bis seine Krallen auf Widerstand trafen. Dass er seinen Gegner nicht kratzte, war eines von Rambos Markenzeichen. Er trat lieber zu. Wie ein Chicken-Shaolin. Oder eine Hühnerversion von Jackie Chan. Die blauen Flecken erinnerten einen noch tagelang daran, dass man diesem Tier besser nicht zu nahe kam.

Unser Schwiegersohn machte diese Erfahrung genau in diesem Moment. Rambo traf ihn an der Schulter. Da schaute selbst ein souveräner Junge wie Andi ziemlich dumm aus der Wäsche. Er ließ die Eier Eier sein und floh.

Peter sah grinsend dabei zu, während Isa hastig nach der Gehegetür griff. Aber die klemmte, weshalb Andi ein paar Sekunden ungeschützt vor dem versperrten Fluchtweg stand. Mehr als genug Zeit für Rambo, noch einen draufzusetzen. Das irrsinnige Vieh hüpfte auf Andis Rücken. Der Junge versuchte, seinen kleinen Gegner abzuschütteln, während Isa anfing zu heulen.

»Mach was, Papa!«

Irgendwie langsamer als sonst griff mein Mann nach dem Schloss und öffnete die Tür. Und schon war Andi wieder draußen.

Rambo blieb zurück. Er warf seinem menschlichen Kontrahenten noch ein oder zwei finstere Blicke zu, dann stolzierte er vor seinem Hühnerharem auf und ab.

»Was war denn das?«, stammelte Andi.

Isa knuffte ihren Vater in den Oberarm. Fest genug, um selbst Rambo zu beeindrucken.

Diesmal hatte Peter wirklich übertrieben. Dass er dieses wahnsinnige Biest auf einen potenziellen Schwiegersohn hetzte, hatte eine völlig neue Dimension. Den hatte er vergrault.

Aber Andi fand sein Lächeln wieder und sah Peter fest in die Augen. »Vielleicht ist der arme Hahn nur traumatisiert? Wurde er vielleicht mal Zeuge einer Schlachtung?« Während Peter völlig verdutzt nach einer Antwort suchte, setzte der Hühnerpsychologe seine Ausführungen fort. »Das muss ein wirklich schlaues Tier sein. Habt ihr gesehen, wie er mich kommen ließ und dann zugeschlagen hat, als ich es am wenigsten erwartete?«

Rambo hatte wohl einen neuen Bewunderer gefunden. Ganz im Gegensatz zu Peter, der nur noch feindselige Blicke von seiner Tochter erntete.

Andi rieb sich die entstehenden blauen Flecken. Peter räusperte sich, doch sofort bedachte Isa ihn mit einem mahnenden Blick.

»Ich zeige dir mal den Rest«, meinte er nur kleinlaut.

Andi nickte zufrieden und folgte ihm.

Für mich war das mehr als genug. »Ich muss jetzt nach dem Essen sehen.« Zügig machte ich mich auf den Weg ins Haus.

Als Peter, Isa und Andi zum Essen kamen, war alles fertig. Es brauchte nur einen strengen Blick in Peters Richtung, um ihn genauso zu disziplinieren wie die Kleinen. Die hatte ich vorher gründlich ermahnt, sich nur ja vorbildlich zu verhalten. Auch bei meinem Mann schien dies zu funktionieren. Zumindest ließ er sein Hemd beim Essen an. Keine Selbstverständlichkeit, wenn es Henne gab. Ich liebte meine Familie.

Aus den Augenwinkeln beobachtete ich ihn heimlich, *den Neuen*.

Der Andi hatte Manieren, das musste man ihm lassen. Aber mir schien das alles doch zu glatt gelaufen zu sein. So was wie den perfekten Schwiegersohn konnte es doch gar nicht geben. Oder doch? Immerhin hatte er alle drei Tests bestanden, den Geschwister-, den Schwiegermutter- und sogar den Schwiegervatertest. Ich war hin- und hergerissen. Nicht, weil ich Isa nicht zutraute, einen anständigen Jungen mitzubringen. Nein, das gewiss nicht. Doch hier ging es schließlich um die Zukunft meiner Tochter. Da musste eine Mutter vorsichtig und nicht voreilig sein. Das war mal klar.

Der kleine Noah bemühte sich angestrengt, das Fleisch zu schneiden. Vielleicht hielt sich sogar mein Mann daran.

Der Neue lächelte. Wie gut ihm das Essen schmeckte, sagte er. Da war ich echt gerührt. Der hier, der konnte es sein.

Das hässliche Quietschen von Besteck auf Porzellan beendete meine Schwärmerei. Dem neuen Freund meiner Tochter gelang es, sich den ganzen Inhalt seines Tellers auf den Schoß zu kippen. Andi lief knallrot an.

Totenstille kehrte ein an unserem Esszimmertisch.

Bis meine Verräterfamilie anfing, laut loszulachen. Während ich im Geiste nach einem Wort suchte, das einen Legastheniker am Besteck hätte bezeichnen können, wurde mir klar, dass *der Neue* gar nicht so viel anders war als wir.

Und das beweist er bis heute.

Der Schwiegermütterclub

»Irene, du hast doch nicht schon wieder Käsesahnetorte gebacken?« Hannelore strich sich durch das weiße Haar, das seit
einiger Zeit in dezentem Lilaton glänzte. Ihre ersten grauen
Haare hatte sie mit 22 bekommen, die letzten dunkelblonden
mit 44 verloren. Ein Familienerbe.

»Natürlich habe ich das. Zur Feier des Tages.« Ich zwinkerte Hannelore zu und ein aufgeregtes Raunen ging durch
die Menge. Wobei »Menge« bei drei etwas in die Jahre ge-
kommenen Damen vielleicht nicht ganz die richtige Bezeichnung ist, doch immerhin, ich hatte Publikum. Wir freuen uns
jedes Mal auf unsere monatlichen Verabredungen – immer
sonntags, wenn unsere Männer Kegelnachmittag haben. Was
bedeutet, dass sie in die Kneipe gehen. Doch wozu sich aufregen? Sie glauben ja auch, wir würden die ganze Zeit stricken
oder uns Schwarz-Weiß-Schmonzetten im Nachmittagspro-
gramm anschauen.

»Na dann mal rein mit euch in die gute Stube.« Hannelore
nahm mir die Torte ab und balancierte sie in die Küche, während
ich zusammen mit Olga und Sabine »die gute Stube« aufsuchte.

Wie immer war sie tadellos gesaugt und abgestaubt, nicht
mal auf den Blättern der zahlreichen Pflanzen fand sich ein
Schmutzfilm. Das wird wohl der Grund dafür sein, weshalb
wir uns fast immer bei Hannelore treffen. Die Spitzengardinen
und Platzdeckchen verleihen unserer Gemeinschaft das richtige Ambiente und außerdem ist sie die Einzige von uns, die
sich auf das Putzen danach freut.

»Es kann losgehen«, tönte sie auch sogleich, als sie mit
einem Tablett den Raum betrat. Neben meiner Torte lagen auf
zwei Tellern diverse Kekse und natürlich durfte auch der Kaffee nicht fehlen.

Ihre Schwiegertochter hatte ihr und Herbert zu Weihnachten eine von diesen neumodischen Espressomaschinen geschenkt. Hannelore erzählt immer wieder gern, wie sie damals seufzend das Gerät angestarrt und dann diesen melancholischen Blick aufgesetzt hatte.

»Ach, ich verstehe doch nie, wie das Ding funktioniert«, jammert sie seither täglich ihrem Mann vor.

»Zu viel Kaffee ist nicht gut für mein Herz.« Das erzählt sie ihrem Sohn immer wieder gern am Telefon, vor allem wenn die Schwiegertochter mithört. Doch sobald Herbert das Haus verlässt, gönnt sie sich erst mal einen schönen Espresso, und immer wenn die Familie zu Besuch kommt, beklagt sie sich über die enorme Menge an Kaffeebohnen, die diese Maschine verschlinge, obwohl sie sie doch kaum benutzen würden. Dabei wird sie nicht einmal rot.

Ja, sie ist richtig gut, die Hannelore.

Wir nippten genüsslich an Hannelores Spezial-Amaretto-Cappuccino und probierten meine neuste Tortenkreation.

»Na los, erzähl«, forderte Sabine mich auf, nachdem unser Blutzuckerspiegel erträgliche Werte angenommen hatte.

Gemütlich lehnte ich mich in den Sessel zurück.

»Ulf hat endlich eine Freundin gefunden«, begann ich.

Die anderen drei nickten und nahmen sich noch ein zweites Stück Kuchen.

»Letzten Sonntag stellte er sie mir dann vor, nachdem sie schon seit zwei Monaten zusammen sind. Ein nettes Mädchen, wirklich, hübsches Lächeln, gute Manieren, ein bisschen ernst vielleicht.«

Erstes aufgeregtes Gekicher brodelte los, obwohl ich noch nicht mal richtig angefangen hatte.

»Jedenfalls kamen sie fünf Minuten zu spät, das ist ja nichts Neues. Ulf war noch nie pünktlich. Leicht genervt wartete ich schon an der Tür und schaute ihnen entgegen, sagte aber nichts. Das Mädchen holte dann auch gleich dieses Lächeln hervor und überreichte mir Blumen und Pralinen, keine billigen, das kann ich euch mal sagen.

›Ich bin Rita‹, sagte sie und ich antwortete: ›Sehr erfreut, ich bin die Frau Gerstenkorn, aber das wissen Sie vermutlich schon.‹«

Das Gackern wurde lauter. Kein Wunder, das Insistieren auf dem »Sie« gehört zu unseren Klassikern. Da mussten bisher alle angehenden Schwiegertöchter durch. Man kann es den Mädchen ja auch nicht allzu leicht machen, schließlich wollen sie unsere Söhne mitsamt Familie ein Leben lang ertragen. Im Idealfall.

»Die Blumen legte ich zusammen mit den Pralinen in die Küche und begann, demonstrativ nach einer Vase zu suchen und gleichzeitig in den Töpfen zu rühren. Dabei versuchte ich, möglichst gestresst und hektisch auszusehen. Ulf saß im Wohnzimmer bei Klaus, um sich die Fußballergebnisse im Fernsehen anzuschauen, und Rita kam in die Küche, um mir ihre Hilfe anzubieten. Sie musste zweimal fragen, bis ich ihr antwortete, dass das Essen schon längst fertig sei, ich müsste nur noch ein paar Kleinigkeiten erledigen, und dann rannte ich weiter hektisch durch die Gegend und stellte ihr die Teller raus, beachtete sie aber nicht weiter.«

»Armes Mädchen«, kicherte Sabine.

»Ach was«, meinte Olga. »Das härtet ab. Deutsches Frauen viel zu weich.«

»Rita verzog sich ins Wohnzimmer, um den Tisch zu decken, sie hatte schon ganz rote Flecken im Gesicht. Das war schon mitleiderregend, aber ich habe mich eisern an unsere Grundregel gehalten: keine Schwäche zeigen. Kurz darauf brachte ich die Klöße und rückte erst mal alle Teller zurecht.«

»Sehr schön!« Hannelore nickte zufrieden. Den Tick mit den Tellern hatte ich von ihr übernommen.

»Danach servierte ich das Essen, schönen Schweinebraten, so wie Ulf ihn mag. Er hatte mir natürlich schon am Telefon erzählt, dass Rita Vegetarierin ist.«

»Nein!«, brüllte Hannelore und klopfte sich begeistert auf die Schenkel.

»Sie guckte auch ziemlich irritiert in seine Richtung. ›Hast du deiner Mutter gar nicht gesagt, dass ich kein Fleisch esse?‹ Darauf sah Ulf etwas betreten drein, wahrscheinlich war er sich nicht mehr sicher, was er mir wann mitgeteilt hatte und was nicht. Er ist ja auch nicht immer so richtig konzentriert, wenn wir telefonieren, weil er nebenbei meistens noch was anderes macht. Das hat er nun davon.

›Wie, kein Fleisch?‹, fragte ich. ›Wollen Sie etwa sagen, dass mein Junge bei Ihnen nie etwas Vernünftiges zu essen bekommt?‹«

»Herrlich!« Die Augen der Mädels glänzten vor Freude über meine Darbietung.

»Ulf wurde langsam wütend. Er kriegt dann immer dieses Funkeln in den Augen und wie ihr ja wisst, hat er es eh ein bisschen schwer bei den Frauen. Wahrscheinlich hatte er Angst, Rita würde ihm gleich nach dem Essen davonrennen, wenn ich mich weiter so benahm.«

Mit meinem Sohn hatte ich bisher auch wirklich wenig Glück gehabt, was das Anschleppen angehender Schwiegertöchter anbelangt. Er hätte eben nicht Informatik studieren sollen. Das steht doch in jedem Studienführer, dass man mit so einem Studium kein vernünftiges Mädchen abbekommt.

»Ich kann sehr gut selbst kochen, das weißt du doch‹, sagte er jedenfalls ziemlich lautstark, aber das machte Rita auch nicht wirklich glücklich. So richtig sensibel ist Ulf da nicht gerade. Ein Lob über ihre vegetarischen Gerichte hätte sicher mehr gebracht, als seine eigenen Fähigkeiten im Umgang mit Tiefkühlpizza zu betonen.

Ich nickte nur und ließ einen Moment der Stille einkehren, bevor ich hinzufügte: ›Nun ja, das ist sicher auch besser für die Figur, nicht wahr?‹ Dabei sah ich Rita mit verschwörerischer Miene an. ›Sie können sicher nichts dafür, meistens ist das ja genetisch, aber es ist sehr klug von Ihnen, mehr auf Ihre Ernährung zu achten. Je älter man wird, desto schwieriger wird auch das Abnehmen. Das ist Ihnen sicherlich schon aufgefallen.‹«

Olga biss gackernd in einen Keks. Für ein paar Minuten unterbrach ich meine Erzählung, damit uns Hannelore eine neue Runde Cappuccino kredenzen konnte. Diese kleinen Sticheleien bezüglich der Figur stammen aus Olgas Repertoire und bei ihr wirken sie viel überzeugender als bei mir mit meiner properen Hüfte und dem ziemlich deutlichen Bauch. Olga geht zweimal die Woche ins Fitnessstudio und liest jede Modezeitschrift, die sie auftreiben kann. Wenn ihr Sohn eine neue potenzielle Schwiegertochter präsentiert, trägt sie immer irgendetwas Hautenges und ziemlich Kurzes und hat meist auch noch was Verrücktes mit ihren Haaren angestellt, ohne sich jemals mit ihrem Äußeren zu blamieren. Bis jetzt blieb keine länger als ein halbes Jahr. Wahrscheinlich ist es jeder Frau unangenehm, wenn die Mutter des eigenen Freundes ein viel heißerer Feger ist als man selbst.

»Und, hat sie dann wütend das Haus verlassen?«, fragte Hannelore, als sie mit frisch gefüllten Tassen zurückkam. Diesmal mit einem deutlich großzügigeren Schuss Amaretto, schließlich war es schon nach vier. Da kann man sich ja mal ein Schlückchen gönnen.

»Nein, nein, sie hat mit den Tränen gekämpft, sich aber zusammengerissen. Gegessen hat sie kaum etwas, das war schon irgendwie schade. Die Klöße sind mir diesmal wirklich gut gelungen.«

»Schmecken ja auch nicht, so trocken, ohne Soße.« Olga klapperte missbilligend mit ihren goldenen Armreifen. Für sie gibt es keine vegetarischen Gerichte. Das ist etwas, das sie sich gar nicht vorstellen kann.

»Jedenfalls hat sie sich bemüht und den Tisch mit abgeräumt. Die Blumen lagen immer noch in der Küche, ohne Vase natürlich, und auch schon ein bisschen welk. Ich habe sie schön in der Nähe des Herdes platziert, wo es ziemlich warm war.«

»Armes Mädchen«, seufzte Sabine. »Hat sie was gesagt?«

»Sie hat einfach gefragt, wo die Vasen stehen, und sich um die Blumen gekümmert. Praktisch veranlagt, das ist ja nicht verkehrt und genau das, was Ulf braucht. Der ist ja so ein bisschen weltfremd, manchmal. Am liebsten hätte ich ihr das auch gesagt, stattdessen bin ich jedoch gleich an den Schrank gegangen, nachdem sie eine Vase rausgenommen hatte, und habe ein bisschen darin aufgeräumt. Dann lächelte ich sie an, ihr wisst schon, auf diese Weise, die wir geübt haben. Mit übertrieben hochgezogenen Mundwinkeln und nur ganz kurz.«

»Habt ihr euch unterhalten?« Mit einem leisen Platschen ließ Hannelore noch einen Klecks Sahne auf ihren Teller fallen, den sie mit Zimt und braunem Zucker dekorierte. So macht sie das immer, ihr Abschiedssahneklecks ist das. Der letzte süße Happen, bevor der Kuchen weggeräumt wird.

»Na ja, ich fragte sie nach ihrem Beruf, von dem mir Ulf natürlich schon erzählt hatte. Sie ist Verkäuferin in einem kleinen Dekoladen, unten in der Hauptstraße. Und dann wollte ich noch wissen, was sie so studiert hat. Sie hat ein Pharmaziestudium begonnen, es aber nach drei Semestern abgebrochen.

›Und was wollen Sie so in Zukunft machen? Wollen Sie denn für den Rest Ihres Lebens als Verkäuferin arbeiten?‹, war dementsprechend meine nächste Frage.«

»Na hör mal«, unterbrach mich Sabine, die schon seit Ewigkeiten in einem Baumarkt arbeitet, gespielt empört. »Was ist denn an Verkäuferinnen verkehrt?«

»Nichts natürlich. Aber ich dachte, es kann nicht schaden, auf die bildungstechnischen Unterschiede zwischen den beiden hinzuweisen. Rita wurde ganz still und irgendwann verließ sie fluchtartig die Küche.«

»Und dann?«

»Ich hörte die beiden im Flur streiten, nicht laut, aber immerhin. Erst mal nahm ich alle Pralinen aus der Schachtel und versteckte sie im Küchenschrank hinter den Suppendosen, die Klaus sich immer warm macht, wenn ich arbeiten muss. Die Packung warf ich in den Müll, legte aber den Deckel nicht richtig drauf, damit man sie gerade so noch erkennen konnte. Dann wartete ich darauf, dass die beiden zusammen in die Küche kamen. Das taten sie dann auch, sie hielten sogar Händchen. Richtig süß, wie in der Grundschule.

›Wir gehen jetzt‹, sagte Ulf in wirklich unfreundlichem Tonfall.

›Wolltet ihr nicht erst nach dem Kaffee fahren? Ich habe extra Kuchen gebacken‹, fragte ich daraufhin scheinheilig. Aber Ulf antwortete nur, dass es Rita nicht so gut ginge und er mich die Tage anrufen würde.

Damit verschwand er schon und zog seine Rita hinter sich her. Sie sah sehr unglücklich aus und die Pralinenschachtel im Mülleimer hatte sie natürlich auch entdeckt. Aber ich bin sehr stolz auf meinen Sohn. Wirklich. Hätte nicht gedacht, dass er überhaupt mal eine Frau findet, und dann noch eine, für die er sich richtig einsetzt.«

»Dann hat die Beziehung deine Traktur also überstanden?« Hannelore klang richtig beeindruckt.

»Ja, ich denke, das wird was. Für die Frau wird sogar aus meinem Sohn noch mal ein vernünftiger Mensch, der auch ein bisschen für seine Familie kämpft. Das kann ja heutzutage niemand mehr. Was natürlich nicht heißt, dass ich jetzt weich werde. Am Ende kommen sie uns noch dauernd besuchen und drücken uns später ständig die Enkelkinder auf.«

»Um Himmels Willen, da du musst wirklich aufpassen.« Olga nickte so heftig, dass ihre Ohrringe wild hin und her schwangen. Sie hat damit Erfahrung. Ihr Sohn hatte eine seiner Exfreundinnen immerhin schon geschwängert und erst geglaubt, Olga würde sich prima als kostenloser Babysitter machen. Nachdem sie den Kleinen regelmäßig mit Schnapspralinen gefüttert und den ganzen Tag hatte fernsehen lassen, ließ das aber rasch wieder nach.

»Was würden unsere Kinder nur ohne uns machen?« Sabine lächelte zufrieden. »Wahrscheinlich die erstbeste Person heiraten, die ihnen über den Weg läuft.«

»Na dann schauen wir doch mal.« Hannelore öffnete eine der zahlreichen Schubladen ihrer Schrankwand und kramte einen Notizblock hervor. »Bisher hast du ja kaum Punkte mit deinem Ulf machen können, Irene. Aber die Sache mit den Pralinen bringt mindestens zehn, dazu noch acht Punkte für Kreativität, der Kommentar über die Figur 15, dann ...« Sie murmelte ein paar Zahlen vor sich hin. »Olga steht mit 124 Punkten immer noch an der Spitze, aber Sabine und du, ihr habt jetzt Gleichstand und seid mit 62 Punkten beide auf dem dritten Platz.«

Fröhlich reichte sie mir den Zettel mit unserer Jahresleistung. Olga strahlte.

»Ach was, bald ist Weihnachten.« Ich rieb begeistert die Hände. »Danach werden wir ja sehen, wer dieses Jahr Platz eins belegt.«

Schwiegermutter sein dagegen sehr

Wie alle Menschen mit übergroßem Vorstellungsvermögen habe ich es schon immer geliebt, mir die Zukunft auszumalen. Als ich jung war, betrafen meine Gedankenspielchen oft Fragen wie: Werde ich wohl einen Mann finden, der mich wirklich liebt, und das nicht nur in der rosaroten Phase A, sondern auch noch nach einem Vierteljahrhundert? Werden wir Eltern? Werden wir die Pubertät des Nachwuchses einigermaßen unbeschadet überstehen? Werde ich jemals ein Buch veröffentlichen? (Die Antworten lauten übrigens ja, ja, ja und ja.) Aber eine Frage hatte ich mir noch nie gestellt: Was werde ich wohl für eine Schwiegermutter?

Mal ganz ehrlich: Schwiegermutter zu werden, ist nichts, wovon man als kleines Mädchen träumt. Nicht mal beim berühmten Vater-Mutter-Kind-Spiel wird die Rolle der Schwiegermutter vergeben. Auch dass es keine Schwiegermutter-Barbie gibt, ist garantiert kein  **Die Vorstellung, eines Tages Schwiegermutter zu sein, ist für eine Heranwachsende ungefähr so reizvoll, wie seekrank zu werden oder eiskalt zu duschen.** Zufall. Die Vorstellung, eines Tages Schwiegermutter zu sein, ist für eine Heranwachsende ungefähr so reizvoll, wie seekrank zu werden oder eiskalt zu duschen. Beides so unerfreulich, dass man für gewöhnlich keinen Gedanken daran verschwendet.

Unangenehme Dinge werden nun mal gern verdrängt. Ich bin da keine Ausnahme. Daran, dass auch ich eines Tages

300

Schwiegermutter werden könnte, dachte ich nicht einmal, als ich selbst eine bekam. Auch nicht, als ich Mutter wurde. Warum auch? Das hatte schließlich nichts mit mir zu tun. Schwiegermütter sind bekanntlich alt, unattraktiv und geborene Nervensägen. Weiß doch jedes Kind.

Schwiegermütter sind bekanntlich alt, unattraktiv und geborene Nervensägen. Weiß doch jedes Kind.

Wobei – meine eigene Schwiegermutter muss eine Riesenausnahme gewesen sein. Sie war eine Seele von einer Frau: liebenswert, großzügig, herzlich – ein wahrer Traum! Theoretisch hätte ich sie mir zum Vorbild nehmen können. Doch als sie starb, war ich noch eine junge Mutter und damit Lichtjahre davon entfernt, eine Heirat des kleinen Hosenscheißers, der gerade laufen lernte, in Betracht zu ziehen.

Der Hosenscheißer wurde zum ABC-Schützen, zum Pubertisten, zum Abiturienten, zum Studenten und Nesthocker. Freundinnen hatte er viele. Sie waren so flüchtig wie der Tanz der Schmetterlinge um unseren Sommerflieder. Ich hatte den Eindruck, er wechselte seine Angebeteten häufiger als seine Bettwäsche. Fast lohnte es sich nicht, mir ihre Namen zu merken. Ich gewöhnte mir an, sie »Liebes« zu nennen, wenn sie mir hin und wieder über den Weg liefen.

Doch dann kam Ronja.

Ronja war anders als ihre Vorgängerinnen, das sah ich sofort. Ihre Bereitschaft, sich im Haushalt nützlich zu machen, die Schnapspralinen, die sie meinem Mann und mir hin und wieder mitbrachte, ihre Zahnbürste in unserem Bad – all das signalisierte, dass sie gekommen war, um zu bleiben.

Was für eine erfreuliche Entwicklung! Ronja hatte einen ausgesprochen günstigen Einfluss auf unseren Ältesten. Er wurde ordentlicher, ehrgeiziger, erwachsener. Was wir mit erzieherischen Maßnahmen nicht geschafft hatten, gelang ihr anscheinend spielend. Nach einem guten Jahr beschlossen sie, zusammenzuziehen, und ich freute mich für die beiden. Und ein bisschen auch für uns. In unserem Haus wurde es ruhiger. Und wir hatten jetzt ein Gästezimmer.

Alles lief großartig. Das junge Paar war glücklich und wir erlebten unseren zweiten Frühling. Es gab sogar eine Zeit, in der ich den irrwitzigen Gedanken an eine weitere Schwangerschaft zuließ. Was eine Ute Lemper und eine Gianna Nannini konnten, das konnte ich ja wohl auch!

Diese hormongesteuerte Idee verging mir exakt an jenem denkwürdigen Abend, an dem wir mit unserem Sohn und seiner Liebsten essen gingen. Zwischen Salat und Hauptgang platzten sie mit der Neuigkeit heraus: »Wir haben uns verlobt. Im nächsten Juni ist die Hochzeit.«

Die beiden strahlten wie die Honigkuchenpferde, während mir vor Überraschung der Mund offenstand. Unser Hosenscheißer wollte heiraten. Das war ja wohl ein Witz!

Nun ja, bei genauerer Betrachtung war es natürlich kein Witz. Er hatte inzwischen sein Studium beendet und einen gut bezahlten Job, Ronja arbeitete ebenfalls, sie waren beide Ende zwanzig und seit Jahren ein Traumpaar – im Grunde sprach alles für diese Ehe.

Alles außer einer Kleinigkeit: Sie würde aus mir eine Schwiegermutter machen!

Irgendwie gelang es mir, jenen Abend im Restaurant einigermaßen souverän über die Bühne zu bringen, ohne dass mir das Brautpaar etwas anmerkte. Die beiden präsentierten uns stolz wie Oskar ihre Verlobungsringe in trendigem Rotgold, erörterten ihre Vorstellungen von einer perfekten Feier-Location, schwärmten von einer süßen Altbauwohnung, in die sie demnächst ziehen würden ...

Mechanisch nickte, lächelte, kommentierte, aß und trank ich (vor allem Letzteres), während meine Gedanken pausenlos um das gruselige Anti-Mantra kreisten: *Ich werde Schwiegermutter!*

Zum Glück sollte es noch eine ganze Weile dauern bis zu dem großen Tag. Fast neun Monate sogar. Ich hatte also Zeit, um mit meiner neuen Rolle schwanger zu gehen. Tatsächlich hatte ich mich schneller als befürchtet an den Gedanken gewöhnt, dass Ronja meine Schwiegertochter würde. Warum schließlich auch nicht? Ich mochte Ronja. Sehr sogar. Sie war wie die Tochter, die ich nie hatte. Ab und zu gingen wir sogar miteinander shoppen und dann kam es mir vor, als wären wir einfach gute Freundinnen. So wie es war, fand ich es prima. Warum sollte sich daran etwas ändern?

Es änderte sich. Spätestens an dem Tag, an dem unser Sohn bekannt gab, dass Ronjas Mutter die Hochzeitsplanung übernehmen würde. Denn erst in diesem Moment wurde mir klar, dass es noch eine andere Schwiegermutter gab. Mit anderen Worten: Ich hatte Konkurrenz!

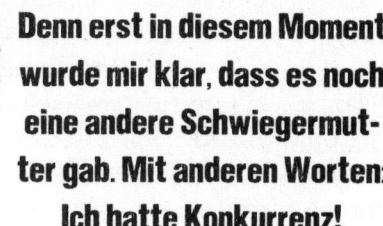

Denn erst in diesem Moment wurde mir klar, dass es noch eine andere Schwiegermutter gab. Mit anderen Worten: Ich hatte Konkurrenz!

Sofort waren mein Ehrgeiz und Misstrauen geweckt. Warum sollte Margot Wedding Planner sein? Warum nicht ich? Margot hatte doch keine Ahnung, was junge Leute heutzutage mochten. Sie war mindestens zehn Jahre älter als ich – jedenfalls sah sie so aus. Und sie war eine langweilige Spießerin. Ich dagegen war cool und witzig. Ich würde eine perfekte Schwiegermutter und Hochzeitsplanerin sein, verdammt noch mal!

Ronja hatte genug Feingefühl, um mir meine Enttäuschung anzumerken. »Ach weißt du – Mamilein ist doch Hausfrau und hat nichts anderes zu tun. Außerdem backt sie die weltbesten Torten. Vielleicht kannst du uns mit den Einladungen helfen?«

Ich nickte verständnisvoll und tat so, als wäre alles in bester Ordnung. Doch das war es nicht. Ich fühlte mich herausgefordert. Und ich nahm diese Herausforderung an!

Am nächsten Tag krempelte ich die Ärmel hoch und knöpfte mir die Kursprogramme von Volkshochschule, Landfrauenverein und Kirchengemeinde vor. Spontan belegte ich Seminare zu den Themen »Festliche Torten backen und dekorieren«, »Ikebana – die fernöstliche Kunst des Blumensteckens«, »Servietten falten einmal anders«, »Veranstaltungen effektiv planen und durchführen« sowie »Tischreden, die wirklich ankommen«. Was nun folgte, war eine höchst anstrengende Phase, in der mir fast keine Zeit mehr für meine Hobbys blieb. Ich musste sogar einen Abgabetermin verschieben – es war einfach unmöglich, das Manuskript rechtzeitig fertigzukriegen bei all den Torten, Servietten, Gestecken, Listen und Entwürfen. Ganz nebenbei entwarf ich sogar die gewünschte Einladungskarte.

Mein Mann runzelte die Stirn und aß tapfer all die Torten, die ich kredenzte. Er legte innerhalb von nur einem Monat fünf Kilo zu. Doch spätestens an dem Tag, an dem der Lkw aus Holland bei uns vorfuhr, um die bestellte Ware für mein Blumengesteck-Training zu liefern, begann er, sich ernsthaft Sorgen um mich zu machen. Er riet mir dringend, zur Besinnung zu kommen.

Ich kam nicht zur Besinnung. Stattdessen arbeitete ich ein aufwändiges Veranstaltungskonzept aus, so als ginge es nicht um eine private Feier mit fünfzig Gästen, sondern mindestens um ein Champions-League-Endspiel oder die

Oscarverleihung. Inzwischen betrachtete ich diese Hochzeit als mein persönliches Fest. Das Fest meiner Schwiegermutter-Werdung.

Längst hatte ich, ohne es zu bemerken, völlig den Bezug zur Realität verloren. Ich war leicht reizbar, schlief nur noch wenige Stunden pro Nacht und kommandierte meine Mitmenschen aufs Übelste herum. Statt das Brautpaar in Ruhe zu lassen, rief ich die beiden immer häufiger an, gab ungebetene Ratschläge und mischte mich unter dem Vorwand der Hilfsbereitschaft in ihr Leben ein. Das lockere, gute Verhältnis, das Ronja und ich über Jahre hinweg gehabt hatten, stand auf der Kippe. Gemeinsame Shoppingtouren fanden nicht mehr statt – ich hatte für so einen Firlefanz ohnehin keine Zeit und sie hütete sich, etwas Derartiges überhaupt nur vorzuschlagen.

Als wir am Geburtstag unseres Sohnes auf Ronjas Eltern trafen, warf ich der anderen Schwiegermutter flammende Blicke zu und machte eine abfällige Bemerkung über die Torte, die sie mitgebracht hatte. Konkret unterstellte ich Margot, künstliche Aromen statt echter Vanille verwendet zu haben. Ich war definitiv übergeschnappt!

An jenem Abend hatte mein Mann genug und wusch mir gehörig den Kopf.

»Tut mir leid«, tat ich zerknirscht. »Wenn ich doch bloß nicht so nervös wäre. Die machen mich zur Schwiegermutter – das ist für eine Frau nicht einfach zu verkraften.«

»Pah. Du bist doch schon längst zum Schwiegermonster mutiert«, knurrte er nur.

Wie bitte? Ich hörte wohl nicht richtig. Das war doch völlig unmöglich – schließlich war ich locker, jugendlich, modern.

»Unsinn, ich bin eine tolle Mutter. Und bald auch eine großartige Schwiegermutter!«, gab ich trotzig zurück.

»Mitnichten«, widersprach mein Mann. »Wenn du so weitermachst, sagen die Kinder ihre Hochzeit ab. Das haben sie vorhin jedenfalls angedeutet. Sie fürchten ernsthaft um deine seelische Gesundheit.«

Ich war schockiert. Und beleidigt. Und müde.

Sooo müde ...

Als ich fast zwanzig Stunden später wieder aus meinem Bett kroch, war ich ein neuer Mensch. Ein geläuterter Mensch!

Ich vernichtete sämtliche Tortenrezepte, Gästelisten, Sitzordnungen, Serviettenmuster und überhaupt alles, was zu meinem alten Leben als Schwiegermonster gehörte. Als Nächstes schickte ich Margot einen riesigen Strauß Sonnenblumen und legte ein Kärtchen bei, auf dem ich ihr herzlich für ihre tolle Hochzeitsplanung dankte und meine Hilfe anbot, was sie zum Glück umgehend ablehnte – höflich, aber bestimmt.

Schließlich unternahm ich einen langen Spaziergang, um mich endlich ernsthaft der Frage zu stellen, was für eine Art Schwiegermutter ich sein wollte. Eine fürsorgliche? Eine perfekte? Eine verständnisvolle? Eine ultracoole?

Ich stapfte vor mich hin und achtete nicht auf den Weg. Als ich genug hatte von diesem anstrengenden Marsch, wurde mir klar, dass ich mich verirrt hatte. Ich hatte keine Ahnung, woher ich gekommen war und welcher Weg wieder nach Hause führte. Es blieb mir nichts anderes übrig, als einfach weiterzugehen und zu hoffen, auf ein Zeichen von Zivilisation zu stoßen.

Verdammt, ja, ich hatte mich wahrhaftig verirrt. Wie hatten meine Gedanken nur so auf den Holzweg geraten können? Mein Sohn heiratete seine große Liebe. Das war wichtig. Nicht die Frage, was ich für eine Schwiegermutter würde. Was spielte das schon für eine Rolle? Ich war eine Nebenfigur in diesem Plot. Genauso wie Margot. Niemanden interessierte, ob ich mich dabei alt, uncool oder einfach nur verwirrt fühlte. Hauptsache, ich ruinierte das Fest nicht.

Was für eine Befreiung! Endlich konnte ich mich wieder auf die wirklich wichtigen Dinge des Lebens konzentrieren. Beispielsweise auf die Frage: Was zieh ich nur an? Oder: Ist das da vorn wirklich eine Straße?

Es war eine. Fröhlich pfeifend kam ich eine Viertelstunde später wohlbehalten zu Hause an. Als mein Mann kurz danach den Kopf zur Schlafzimmertür hereinstreckte, hatte sich bereits ein Berg Klamotten auf dem Bett angehäuft und ich probierte gerade einen Paillettenrock an.

»Findest du das zu aufgetakelt für eine Hochzeit?«, fragte ich ihn und steckte mir eine der Schnapspralinen in den Mund, die Ronja neulich mitgebracht hatte.

»Kann man bei so einer Gelegenheit überhaupt zu aufgetakelt sein?« Er lachte erleichtert, mich so entspannt zu sehen.

»Du hast recht. Mal sehen, welches Oberteil ich damit kombinieren könnte.«

Ich wählte schließlich ein nachtblaues Seidenoberteil, das mir hervorragend steht.

Genau die richtige Wahl, wie ich jetzt weiß. Denn es ist ein heißer Tag heute. Ich sitze in der ersten Reihe neben meinem Mann, bewaffnet mit einer Riesenschachtel Kleenex, und warte auf den Einmarsch des Brautpaares.

»Aufgeregt?«, flüstert er mir zu.

»Eigentlich gar nicht. Aber gerührt«, gestehe ich.

In der nächsten halben Stunde macht der Standesbeamte eine Schwiegermutter aus mir. Aber ich bin gelassen. Ich habe mir sämtlichen Aktionismus abgewöhnt. Und lasse es einfach geschehen. Die Grammatik verrät es schon: Schließlich ist Schwiegermutter *werden* passiv.

Der Schwiegermutter-Paragraph

»Guten Tag, Herr Krieber, mein Name ist Angelika Weintraub und ich bin Ihre Schwiegermutter.«

Vollkommen baff starrte ich auf die Frau jenseits der sechzig, die in ihrem eleganten Hosenanzug und mit einem ledernen Aktenkoffer vor meiner Wohnungstür stand. Verlegen kratzte ich mir den Bauch unter dem T-Shirt. »Ich fürchte, da liegt ein Missverständnis vor. Ich bin Single.«

Sie lächelte mich an. »Kann ich vielleicht hereinkommen? Hier draußen ist es etwas ungemütlich.«

Ich zögerte. War das ein Trick, um mir etwas zu verkaufen? Um mich zu bestehlen? Zum richtigen Glauben zu bekehren? Andererseits kam ich mir albern vor. Ich war ein ausgewachsener Mann Ende dreißig, ich fand nicht, dass ich Angst vor einer älteren Dame haben müsste.

Unbeirrt lächelte sie mich weiter an, während sich meine Gedanken qualvoll durch mein müdes Gehirn wanden.

»Es tut mir leid, ich war gestern etwas lange unterwegs«, gestand ich mit einem Gähnen. »Bitte, kommen Sie doch herein.« Ich trat zur Seite und machte eine einladende Handbewegung.

»Ja, davon hat mir meine Tochter erzählt. Von den, sagen wir, gelegentlichen Ausschweifungen.«

Ich wartete, bis wir uns an den Küchentisch gesetzt hatten, um zu fragen: »Wenn Sie gestatten – wer ist denn genau Ihre Tochter?«

Wieder dieses Lächeln. »Ich bin die Mutter von Luisa.«

»Luisa Wesiger?« Mit Luisa war ich seit mindestens sechs oder sieben Jahren nicht mehr zusammen. Sie war eine aufstrebende Rechtsanwältin gewesen, die ich während eines

Praktikums in meiner damaligen Firma kennengelernt hatte. Unsere Beziehung war in einem furchtbaren Streit geendet. Zum Schluss hatten wir uns so gehasst, dass sie mir sogar ins Gesicht spuckte. Ich erinnerte mich nicht mehr genau, warum ich ihre Mutter nie kennengelernt hatte, aber soweit ich wusste, hatten die beiden zu der Zeit keinen Kontakt miteinander gehabt. Was mich nicht wunderte, wenn ich daran dachte, wie ich Luisa gegen Ende unserer Beziehung kennengelernt hatte.

Frau Weintraub strahlte mich an. »Genau. Ich habe neu geheiratet. Daher der andere Name.«

Ungeduldig nickte ich. Mein Trinkexzess der vergangenen Nacht fing an, sich mit einem leichten Kopfschmerz bemerkbar zu machen, und ich wollte die Dame gern wieder aus meiner Wohnung haben.

»Ja, in Ordnung. Das verstehe ich. Was ich nicht so recht begreife, Frau Weintraub, ist die Tatsache, warum Sie jetzt in meiner Küche sitzen. Es tut mir leid, dass es mit Luisa nicht geklappt hat, ich mochte sie wirklich gern.« Bevor sie zu einer echten Furie wurde. »Und ich bin mir sicher, dass Sie eine tolle Schwiegermutter gewesen wären.« Wenn Sie noch mit Ihrer Tochter gesprochen hätten. »Aber die Beziehung ist lange vorbei, längst begraben. Davon ist wirklich nichts mehr übrig geblieben. Was wollen Sie denn jetzt in drei Teufels Namen hier bei mir?«

Sie schien nicht zu verstehen. Lächelte immer noch enervierend milde. »Herr Krieber, ich bin doch Ihre Schwiegermutter!«, sagte sie sanft und lehnte sich vor, um mir den Arm zu tätscheln. Schnell zog ich ihn zurück.

»Das sind Sie nicht! Schon seit Jahren nicht mehr!« Meine Stimme war lauter geworden. Ich stand erregt auf. »Das ist doch absurd – Sie können nicht meine Schwiegermutter sein, wenn es längst keine Beziehung mehr gibt!«

Jetzt schüttelte sie den Kopf. »Und genau da irren Sie sich. Au contraire, mon frère, wie mein Vater zu sagen pflegte«, fügte sie mit einem kleinen Lachen hinzu.

Ich verstand gar nichts, mir drohte, schwindelig zu werden. Die Kopfschmerzen waren schlimmer geworden. »Was?«

Ohne sich beirren zu lassen, beugte sie sich zur Seite, hob den Aktenkoffer auf den Tisch und ließ die Schlösser aufspringen. Sie öffnete ihn und holte ein Blatt Papier daraus hervor. Geradezu feierlich legte sie es auf den Tisch, betrachtete es einen Moment und schob es dann einige Zentimeter in meine Richtung.

»Hier, direkt aus dem BGB«, sagte sie und fing an, mit betont getragener Stimme vorzulesen: »Paragraph elf, sonstige Wirkungen der Lebenspartnerschaft, Absatz zwei: Die Verwandten eines Lebenspartners gelten als mit dem anderen Lebenspartner verschwägert. Die Linie und der Grad der Schwägerschaft bestimmen sich nach der Linie und dem Grad der sie vermittelnden Verwandtschaft. Und jetzt passen Sie auf, hier kommt der wichtige Part: Die Schwägerschaft dauert fort, auch wenn die Lebenspartnerschaft, die sie begründet hat, aufgelöst wurde.«

»Wir haben doch nicht geheiratet!«

»Genau deswegen ist dort auch von einer Lebenspartnerschaft die Rede. Nicht nur von der Ehe. Auf diese Weise kommt wirklich jeder in den Genuss der eigenen Schwiegermutter. Oder gleich mehrerer.«

Auf diese Weise kommt wirklich jeder in den Genuss der eigenen Schwiegermutter. Oder gleich mehrerer.

Für einen Moment saß ich einfach bloß da. Mir ging wahnsinnig viel Zeug durch den Kopf und das meiste hatte überhaupt nichts mit der Situation in meiner Küche zu tun. Zirkusmusik hätte noch gut dazu gepasst.

»Wie bitte?«, fragte ich bloß.

»Verstehen Sie immer noch nicht? Schwägerschaft, wie es so schön heißt, endet nicht mit der Beziehung. Sie haben mit Luisa nichts mehr zu tun, das ist richtig. Das ändert aber nichts daran, dass Sie mit mir verschwägert sind. Eine Ex-Schwägerschaft gibt es nicht, ich werde bis zum Lebensende Ihre Schwiegermutter bleiben.«

Ihr Lächeln kam mir vor wie das der Grinsekatze aus *Alice im Wunderland*. Es schien bereit, mich gänzlich zu verschlucken.

»Aber ... warum? Wieso?«, stammelte ich und versuchte aufzustehen. Meine Beine gaben nach und ich fiel wieder zurück auf den Stuhl.

»Und das fragen Sie mich?«, sagte Frau Weintraub verwundert. »Es ist ja nicht so, als ob ich mir das ausgesucht hätte. Ich wurde schließlich als Einzige nicht gefragt in diesem Beziehungsverhältnis.«

»Was bedeutet das? Ich meine, welche Auswirkungen hat das?«

»Mal abgesehen von der Tatsache, dass ich Ihre Schwiegermutter bin, meinen Sie?« Sie fragte das, als sei es das absolut Größte für mich, eine solche zu haben. Ich nickte erneut.

»Na ja, zum einen das Zeugnisverweigerungsrecht. Wenn Sie jetzt einen Mord begehen würden, könnte man mich nicht zwingen, gegen Sie auszusagen.«

Mir schoss sofort eine Idee durchs Hirn, wen ich gern umbringen würde, ich wusste nur noch nicht, ob ich mit Luisa oder ihrer Mutter anfangen würde.

Unbeirrt fuhr sie fort: »Außerdem dürfen Sie Ihre Schwiegermütter nicht heiraten. Ich hoffe, Sie haben nicht bereits zu viele ›Schwäherinnen‹, wie man sie auch nennt, in die Welt gesetzt, sonst könnte Ihre Partnerauswahl irgendwann klein werden.« Vergnügt zwinkerte sie mir zu.

»Äh, das ist ... nicht witzig!«, quetschte ich hervor. Mir drohte, schlecht zu werden, als ich mir meine verschiedenen Ex-Schwiegermütter vor Augen führte. Falsch, aktive Schwiegermütter. Über die Jahre waren da wohl gut ein Dutzend zusammengekommen und manche von ihnen waren wirklich gruselige Exemplare. Unfreiwillig schüttelte es mich.

»Und jetzt? Was bedeutet das alles?«

Frau Weintraub klappte ihren Koffer wieder zu. »Ich muss langsam los. Aber ich komme natürlich oft und gern wieder.« Sie beugte sich vor und kniff mir schmerzhaft in die Wange. Ich war zu perplex, um mich zu wehren oder auszuweichen. »Mein kleiner ›Tochtermann‹. Noch so ein alter, putziger Ausdruck.« Sie stand auf. »Ich dachte, ich komme ab jetzt jeden Donnerstag vorbei. Und vielleicht manchmal am Wochenende.«

»Was? Warum?«

Sie ignorierte meine Frage. »Und natürlich habe ich mich bereits mit Ihren anderen Schwiegermamas in Verbindung gesetzt. Alle sind ganz wild darauf, wieder eine wichtigere Rolle in Ihrem Leben zu spielen.«

»Nein!«

»Doch. Manche waren ganz aus dem Häuschen, als ich ihnen berichtet habe, dass Sie immer noch ihr Schwiegersohn sind. Es ist merkwürdig, aber viele Menschen kennen den Schwiegermutter-Paragraphen gar nicht.« Sie beugte sich verschwörerisch vor. »Also, so heißt der natürlich nicht, so nenne nur ich den. Man sollte sich wirklich mehr mit dem Bürgerlichen Gesetzbuch beschäftigen, da stehen spannende Dinge drin.« Sie breitete die Arme aus, um mich mit einer Umarmung zu bedrohen. »Vielen Dank und bis bald. Ich hoffe sehr, Sie werden das entsprechend genießen: So viele liebenswerte Menschen, die jetzt wieder in Ihr Leben treten.«

Sie ließ sich von mir zur Tür bringen. Komplett benommen sah ich zu, wie sie mit einem letzten Winken nach draußen trat und den Weg aus Waschbetonplatten entlang durch den Garten lief. Kurz vor dem Gartentor drehte sie sich noch einmal um. »Ach, und ich soll Sie schön grüßen. Von Luisa. Sie hat vor Kurzem ihre eigene Kanzlei eröffnet.«

Damit verschwand sie wie ein Spukgespenst.

Bis Donnerstag.

Epilog

Die Natur legte sich schlafen.

Sie vergaß »Schwiegermutter« bald, wie sie überhaupt das meiste schnell vergisst, was sie so in die Welt setzt, aber sie geht ja auch seit geraumer Zeit aufs Rentenalter zu.

Ein schöner Tag zog über das Land und die Menschen beugten sich rätselnd über den Zettel, den die Natur ihnen zusammen mit »Schwiegermutter« hinterlassen hatte.

Zugegeben: Die Natur hatte eine Sauklaue, zudem aber litt sie unter Legasthenie. Was sie, zu ihrer Verteidigung, natürlich nicht wissen konnte – die Idee zur »Lehrerin« kam ihr bekanntlich erst später.

»Irgendwas mit Mutter«, stöhnte ein besonders haariges Exemplar Mensch. »Meint ihr nicht?«

»Schweinemutter?«, brummelte einer und sah sich vorsichtig nach dem Ding um.

»Schwiemelmutter«, schlug ein anderer vor. »Ist 'ne Gebrauchsanweisung dabei?«

Die gab es tatsächlich, denn die Natur war ein Fan von Gebrauchsanweisungen, allein: Sie litt unter ... siehe oben.

»Schwebemutter«, »Schwabbelmutter«, »Schwimmmutter«, prasselte es auf den Zettel nieder.

»Schwierige Mutter ... das ist doch offensichtlich«, sagte eine Frau mit Überzeugung und das Entsetzen war ihr ins Gesicht geschrieben.

»Schwiegermutter« hinter ihnen aber wurde immer lärmiger.

»Muss man sie noch mit heißem Wasser aufgießen?«, erkundigte einer sich hektisch und ein anderer: »Steht da irgendwas von einem Aus-Knopf?«

Da schritt der Abteilungsleiter heran und warf einen Blick auf den Zettel. »Schwiegermutter«, entschied der Wohlbesoldete sodann und alle nickten.

Die Gebrauchsanleitung aber konnte auch er nicht lesen und da ein Abteilungsleiter – besonders, wenn er männlicher Natur ist – Gebrauchsanweisungen ohnehin nicht braucht, landete sie auf dem Müll. Auf welchem Müll – das wusste später keiner mehr zu sagen. Aber da war das Kind ohnehin schon in den Brunnen gefallen.

Und die Moral von der Geschicht'? Wäre der Natur »Lehrerin« zuerst eingefallen, wäre uns vielleicht einiges erspart geblieben.

Obwohl ...

Die Autoren

Heike Abidi ist studierte Sprachwissenschaftlerin. Sie lebt mit Mann, Sohn und Hund in der Pfalz bei Kaiserslautern, wo sie als freiberufliche Werbetexterin und Autorin arbeitet. Heike Abidi schreibt vor allem Unterhaltungsromane für Erwachsene sowie Jugendliche und Kinder.

Mara Andeck studierte Journalistik und Biologie in Dortmund, volontierte beim WDR in Köln und lebt heute mit ihrem Mann, zwei Töchtern und einem Hund in einem kleinen Dorf bei Stuttgart. Wenn sie nicht als Wissenschaftsjournalistin arbeitet, schreibt sie Kinder- und Jugendbücher.
(Verfasserin des Prologs: *Schwierig oder nicht? Was sagt die Wissenschaft?*)

Volker Bätz war schon immer ein Geschichtenerzähler. Er war als Publication Manager und Autor für die US-amerikanische Firma Dark Age Games tätig. Im Verlauf dieser Tätigkeit wurde ihm irgendwann klar, dass er das Schreiben in seiner Muttersprache unbedingt versuchen musste.

Kerstin Bätz lebt mit ihrer Familie in einem 140-Seelen-Dörfchen im lieblichen Taubertal. Neben der umfangreichen Arbeit im ehemaligen Pfarrhaus und dem zugehörigen Garten betreut sie Kinder der Grund- und Mittelschule außerhalb des Unterrichts.

Susanne Böckle ist von Beruf Justizangestellte und lebt mit ihrer fast erwachsenen Tochter am Rande des Nordschwarzwaldes.

Manuel Bonik, geboren 1964 in Wertheim am Main, publiziert seit gut 35 Jahren. Von Schülerzeitungen und Gedichtanthologien ging sein Weg über Lokalzeitungen zur Deutschen Journalistenschule in München und zu Medien wie *BILD, Cosmopolitan, Deutschlandradio, ELLE, Flash Art, Kunstforum, Münchner Abendzeitung,* *spex, SPIEGEL ONLINE, Standard, stern, Süddeutsche Zeitung, VOGUE* und *ZEIT*, wo er über Musik, Kunst, Literatur, Mode und Computerthemen schrieb.

Akram El-Bahays größter Wunsch ist zwar nicht, »einmal selbst Teil einer Geschichte zu sein«, doch er liebt es, als Autor eigene Geschichten zu erfinden. Seine Freude am Schreiben lebt er beruflich als Journalist aus. Als Kind eines ägyptischen Vaters und einer deutschen Mutter ist El-Bahay mit Einflüssen beider Kulturkreise aufgewachsen.

Sabine Engel studierte Physik, arbeitete nebenbei für verschiedene Tageszeitungen und schrieb populärwissenschaftliche Artikel für *Spektrum der Wissenschaft*. Nach der Promotion in Kanada kehrte sie nach Deutschland zurück und wandte sich fiktionalen Stoffen zu. Heute lebt sie mit ihrer Familie in Berlin.

Regina Fackelmayer, geboren 1963, ist seit über 25 Jahren in verschiedenen Bereichen als Diplomsozialpädagogin in der Kinder- und Jugendhilfe tätig. Zudem hat die zweifache Mutter als Autorin auch einige Kinderbücher verfasst, die bei verschiedenen Verlagen erschienen sind.

Franziska Fischer studierte Spanische Philologie und Germanistik an der Universität Potsdam und arbeitet als freie Lektorin und Autorin. Derzeit lebt sie in Berlin.

Oliver Flesch wuchs in Hamburg zwischen (Flug-)Hafen und Reeperbahn auf. Er ließ sich in den Neunzigerjahren von den Popliteraten des Tempozeitalters beeinflussen und hat sich seitdem – wie er selbst sagt – literarisch ganz bewusst nicht weiterentwickelt. Er schrieb die SPIEGEL-Bestseller *Let The Good Times Roll* und *Wer einmal tief im Keller saß*. Nach einem Jahrzehnt als Reporter bei großen Verlagen und Fernsehsendern ist seine neue Heimat nun das Netz. In seinem Blog *Wahre Männer – Das eMag von Oliver Flesch* (oliver-flesch.com) schreibt er über seine Steckenpferde Liebe, Lust und Popkultur. Er hat zwei Söhne und lebt in Berlin.

Christa Goede ist Diplom-Politologin, Social-Media-Managerin (FH Köln), Klartextschreiberin, Schachtelsatzallergikerin, Rechtshänderin, Linksdenkerin, Internetbewohnerin, Blümchenliebhaberin, Punkrockhörerin, Motivationsmaschine, Monsterhäklerin, Disziplintierchen und Besserwisserin mit Sinn für Humor.

Moritz B. Hampel wurde 1973 in Berlin geboren und ist im östlichen Niedersachsen aufgewachsen. Nach dem Abitur leistete er anderthalb Jahre Zivilersatzdienst in einem Sozialprojekt mit straffällig gewordenen Jugendlichen in Dublin, Irland. Nach einem Studium der Nordamerikastudien an der FU Berlin arbeitet Bauhaus derzeit als Game-Designer. Er wohnt mit seinen zwei Töchtern in Berlin Zehlendorf.

Anna Herzog lebt mit vier Kindern, deren Vater und einer wechselnden Tierschar im Ruhrpott in einem großen, alten Haus. Es ist nicht schön, das Haus, es ist bloß noch in keiner Ex-Kohlengrube versunken; dafür wird es aber im Inneren klammheimlich von zwei Ratten zernagt.

Lucinde Hutzenlaub wurde in Stuttgart geboren. Dort blieb sie bis zu ihrem Abitur 1990 und ging dann für mehrere Semester nach England und Spanien. Nach diversen Praktika bei Tele 5, der *Bild*-Zeitung und dem SDR studierte sie sechs weitere Semester in San Francisco, diesmal Grafikdesign und Bildhauerei.

Anja Koeseling war als Journalistin und Publizistin tätig, bevor sie anfing, im Marketingbereich zu arbeiten. 2008 gründete sie die Literaturagentur Scriptzz mit Sitz in Berlin. Heute lebt sie mit ihrer Familie im grünen Brandenburg vor den Toren Berlins.

Miriam Mann wuchs in Norddeutschland und Südafrika auf. Sie studierte anglistische und angewandte Linguistik in Berlin und Sydney und arbeitete viele Jahre als Übersetzerin und Englischlehrerin. Sie lebt mit ihrem Mann und zwei Kindern in einem kleinen Ort zwischen Berlin und Potsdam.

Björn Schmidt, Jahrgang 1974, ist Diplom-Pädagoge und kümmert sich seit über zehn Jahren um die ihm anvertrauten Kunden seines Jobcenters. Es ist wahrscheinlich das einzige Jobcenter Deutschlands, das ein amtsinternes Theaterensemble beheimatet. Wenn er dort nicht gerade Stücke inszeniert oder sich den Bedürfnissen seiner vierköpfigen Familie widmet, seinen Rasen mäht oder sich rasiert, Holz für den Ofen kleinhackt oder in den Hügeln des nördlichen Saarlands lustwandelt, dann kommt es zuweilen auch vor, dass er Texte schreibt – lange, kurze, manchmal sogar lustige.

Tino Schrödl wurde 1972 geboren und arbeitet als Autor, Regisseur und Produzent von TV-Reportagen bei GEO und ARTE.

Andrea Schütze hat in ihrer Kindheit so ziemlich alle Hobbys ausprobiert, die man sich nur vorstellen kann. Irgendwann ist sie beim Lesen geblieben und schreibt deshalb auch so gern Bücher. Sie hat einen Gesellenbrief als Damenschneiderin, ein Diplom als Psychologin, aber kein Seepferdchenabzeichen. Mit ihrer Familie lebt sie am südlichsten Zipfel von Deutschland. Dort gibt es eine Stelle, an der man gleichzeitig in Frankreich, Deutschland und der Schweiz stehen kann – vorausgesetzt natürlich, man hat drei Beine.

Katharina Seck wurde am 8. Juni 1987 in Hachenburg geboren und wuchs in dieser mittelalterlichen, von einem Schloss gekrönten Kleinstadt im Westerwald auf. Nach dem Besuch des altsprachlichen Privaten Gymnasiums der fast achthundert Jahre alten Zisterzienserabtei Marienstatt arbeitet sie heute bei der hiesigen Verbandsgemeindeverwaltung im Bereich der Öffentlichkeitsarbeit (Redaktion der kommunalen Zeitung). In ihrer Freizeit beschäftigt sie sich am liebsten mit Menschen, Kunst und Kultur sowie ihrem Hund.

Impressum

Herausgegeben von Anja Koeseling und Heike Abidi
Vorsicht Schwiegermutter!
Widerstand zwecklos. Schwiegertöchter und -söhne berichten.
ISBN: 978-3944296-95-1

Eden Books
Ein Verlag der Edel Germany GmbH
Copyright © 2015 Edel Germany GmbH,
Neumühlen 17, 22763 Hamburg
www.edenbooks.de | www.facebook.com/EdenBooksBerlin |
www.edel.com
1. Auflage 2015

Dieses Werk wurde vermittelt durch die Literaturagentur Scriptzz, Berlin |
www.scriptzz.de

Einige der Personen im Text sind aus Gründen des Persönlichkeitsschutzes
anonymisiert.

Projektkoordination: Nina Schumacher
Lektorat: Christin Ullmann
Umschlaggestaltung: BüroSüd | www.buerosued.de
Layout und Satz: Datagrafix Inc.| www.datagrafix.com
Druck und Bindung: optimal media GmbH, Glienholzweg 7, 17207
Röbel/Müritz

Das FSC®-zertifizierte Papier Holmen Book Cream für dieses
Buch lieferte Holmen Paper, Hallstavik, Schweden.

Printed in Germany

Dieses Buch ist auch als E-Book erhältlich.